从智慧教室到未来教学

"人工智能+"推动干部培训创新发展

陈孟贤 / 编著

中国出版集团
中译出版社

图书在版编目（CIP）数据

从智慧教室到未来教学："人工智能+"推动干部培训创新发展 / 陈孟贤编著. -- 北京：中译出版社，2024.6

ISBN 978-7-5001-7904-7

Ⅰ.①从… Ⅱ.①陈… Ⅲ.①干部培训-数字化-研究-中国 Ⅳ.①D630.3

中国国家版本馆CIP数据核字（2024）第101307号

从智慧教室到未来教学："人工智能+"推动干部培训创新发展
CONG ZHIHUI JIAOSHI DAO WEILAI JIAOXUE:
"RENGONGZHINENG+" TUIDONG GANBU PEIXUN CHUANGXIN FAZHAN

出版发行：中译出版社
地　　址：北京市西城区新街口外大街28号普天德胜大厦主楼4层
电　　话：010-68002876
邮　　编：100088

责任编辑：张　旭

印　　刷：山东新华印务有限公司
规　　格：710毫米×1000毫米　1/16
印　　张：17.75
字　　数：320千字
版　　次：2024年6月第1版
印　　次：2024年6月第1次

ISBN 978-7-5001-7904-7　定价：89.00元

版权所有　侵权必究
中译出版社

序言

如果用流行语来形容，可以说现在这个时代很"卷"。相较于如今，我们年轻时候的确有好多机会，但那时候面临的挑战一样多，每个时代的人，各有各的难。那个时候我们的邻居阿里巴巴刚创业不久，喊着"让天下没有难做的生意"，而我们的脑子里整天燃烧着"让好教育无处不在"的激情。我当时工作的大学观念很保守，不允许老师创业，所以走下讲台，这是我面临的第一个极为艰难的抉择。老母亲根本不懂什么叫互联网，拿出所有压箱底的钱给我，仅仅希望我不要太辛苦。那个时候我们为了梦想的确是可以"入地狱"的。

作为全国干部网络培训的开创者。 从我们为苏州市委组织部研发第一家干部网络学习平台以来，20年岁月匆匆而过。至今我们成功为全国400多家省、市、县级党委组织部门及其他政府机关，近千万党员干部和企业经营管理人员建设了网络学习培训平台。此外，我们先后参与或主导了河南省干部网络学院、江苏省干部在线学习中心、云南省干部网络学院、黑龙江干部学院等知名干部信息化学习平台的设计、研发和运营维护工作。2009年，我们撰写的论文《干部在线学习平台建设的关键点》被中共中央组织部选登在《干部教育》内刊上；2011年，《中国远程教育》杂志为我们刊发了开年刊；2013年在中共中央组织部组织的全国干部培训研讨会上，我们作为特邀嘉宾发表专题演讲。特别是，先后有几百家党委组织和政府人事部门为我们发来嘉奖和表扬信。干部教育是具有战略性、基础性、先导性的工作，中国式现代化需要高素质的干部队伍，需要高水平的教育培训来支撑。能为国家干部服务，具有非常价值和重大意义，能参与到这项工作中，对于我们的确是莫大的机遇和荣幸。

作为中国智慧教育领跑者。我们于2008年和国家信息中心联合举办了第一届中国在线培训研讨会。2010年，我们和浙江大学联合举办了第二届智慧学习发展趋势高层研讨会。记得那个时候浙江大学干部培训还刚刚起步，发展至今已经形成了庞大的体系。浙江大学的办学优势不是我们可以奢望的，在线下培训受限的情况下，我们只能往技术方向做深做透。2017年我们和近百家省、市组织部以及党校联合举办了第三届全国干部培训发展趋势研讨会。其中让人记忆特别深刻的是，2010年我们主导设计研发了"浙江省领导干部网络学院"，该项目时间短、要求高、经费少，在60多天内必须完成庞大的平台建设，那段时间，我们的饮食全部在开发的电脑前解决，睡觉也是挤在电脑桌下。项目完成后，时任浙江省委组织部部长的蔡奇同志出席了开通仪式，并为网络学院题词："浙江领导干部网络学院是加强干部教育培训的创新举措，受到普遍欢迎，希望发挥品牌效应，不断提升新水平。"当蔡奇同志点击"网络学院"启动光球的时候，我们是激动万分、热泪盈眶的。

国内参加这项开发工作的同行极少，在这个规模极小的细分领域，我们只有和客户一同摸索前行。我们先后设计并主持研发了近百项自主知识产权和软件著作权，所研发的"面向大规模职业教育的智能化学习管理平台"，荣获科技部科技型中小企业技术创新基金，先后获得了国家级高新企业、浙江省技术中心、杭州市研发中心、浙江省高新技术创新示范企业等荣誉，并成立了"智慧学习联合研究院""干部教育创新赋能研究中心"等机构，主持开发的微课程在2015年国家数字化学习资源中心主办的大赛中获得一等奖。

作为干部教育方式方法创新的探索者。面对新形势，身处新时代，组织部门和党校对干部培训提出了新要求："要高度重视人工智能对教育的深刻影响，积极推动人工智能和教育深度融合，促进教育变革创新。"2023年中共中央印发新修订的《干部教育培训工作条例》，对我们的技术工作提出了非常紧迫而严峻的考验。

干部教育的数字化转型和其他领域不同，其特殊性集中体现在"人"的复杂性、多样性、动态性上：

- 复杂性要求教育保持开放度、弹性化和人文性；

• 多样性要求教育提供丰富多元的选择和灵活弹性的机制；

• 动态性要求教育着眼长远，不断更新教育理念、变革教育模式，适应未来人才培养的需要。

首先，从 2014 年起，我们就不断通过办学实践研究，摸索线上线下的打通融合。2019 年，在延安市委、市政府的支持下，我们成功创建了延安南泥湾学院。2021 年，中国延安精神研究会在延安举办"建党百年"全国研讨会时，我们向时任中央政治局委员王晨会长、陕西省委刘国中书记等重要领导演示了《如何以数字化手段弘扬好延安精神》的技术路线和思考，得到了领导们的一致好评。

其次，新的《干部教育培训工作条例》要求加强干部培训 AI 数字能力。自 2022 年起，我们为湖南省委组织部及珠海、常州、徐州市委组织部等部门研发建设了"干部教育数智化综合管理平台"，四位一体打造干部党性教育阵地、实务培训高地、现场教学基地、发展成就宣传平台，建设了全链条管控、全周期管理、全资源精准推荐的智慧学习平台，成功研发了智能导学、干部知识图谱、教育 AI 大脑、大数据资源库等系统，突出大数据和智能化全方位应用。

再次，随着信息时代快速发展，干部学员接受教育培训的方式方法越来越多样，最大问题是学习"碎片化"。学员长时间接受"碎片化"学习，必然导致学员难以置身深入思考，无法培养系统思考和全局解决问题的能力，一旦遇到复杂问题，就会陷入越来越严重的焦虑之中。总书记特别强调"培养干部系统性、全局性思维"。新的《干部教育培训工作条例》也要求在教学方式方法上推进案例式、体验式、行为方法等创新手段，助力培养干部系统性和全局性思维。

沉浸体验式教学就是在智慧教室和网络教学的基础上，通过学习空间、教学资源、智慧技术与教育教学管理的深度融合，构建一个 5C（建构、交流、联接、协作、创造）学习环境，打造支撑探究式教学、混合式教学、系统性教学和智慧型教学等新型教学模式融合发展的新生态智慧教学体系。体验式教学不再局限于有形的教室中，同时克服网络培训的"碎片化"学习弊端，教学活动的空间和时间得到了无形的拓展，使教学从二维平面变成三维立体交互，将开创"沉浸式体验立体教学"的崭新领域。

近来，我们与浙江红船学院合作创建数字化"百年干部教育主题教室"与"中外政党主题教室"，筹建"中国安全应急干部培训基地"与"中国企业家精神主题教学馆"等项目。旨在通过鲜明时代精神的具体视觉化语言，充分利用人工智能、AR、VR 等现代技术，提供远程360度沉浸式智慧培训体系，鲜活、立体、活生生地再现案例教学和全景学习内容，营造出一种强大的沉浸感、身临其境感，从而进一步增强学员的全局性、系统性的思维、理念、认知，达到再学习、再教育、再启发、再提升的效果。

一晃就到了20周年庆，在此我们把这20年来的技术研究历程、开发思路、设计路径做一次梳理，希望能给同行和相关部门提供一点参考，我相信，这样的形式比举办一次庆祝活动更有意义。借此契机，我们也要感谢很多支持、鼓励我们前行的各地组织部门、党校的领导和技术人员，没有他们的建议、指导和智慧，我们根本就摸不着前行的道路。这一路过来，很多研发人员由于各种因素离开了我们团队，也有很多研发人员一直坚持着挺过来。政府的资金支持有限，我们的收入不高，在此我对并肩作战的同事们表示我的愧意。这本书的绝大部分内容，都来自他们的艰辛努力。我的助理张玮及来自课程开发部门的童文文、肖莹、张茨茨等人投入了大量时间与精力进行整理和统稿的工作。来自技术开发部门的陈鼎、王彬、孙创创、贾铮、叶梁、皇洋洋等人，也分别负责各自技术板块的内容修改和整理。筚路蓝缕，这些成果都属于他们的辛勤劳动。我的老师艾平部长、尹秋将军则给予了我很多宝贵的建议和指导，我的领导和好友丹军也始终帮我落实出版工作，给予了我有力的实际支持。因为不同看法而造成的严重隔阂，有两位十几年间一起合作的创业伙伴的离去特别让人痛心。

毛主席曾说："政治路线确定之后，干部就是决定的因素。"我能参与到这项工作，幸甚至哉。要做成一点事，真的需要有信念支撑。我给自己和团队的座右铭就是："通过我们的工作能给干部工作有所帮忙，就是造福一方百姓。"

创见不多，敝帚自珍。以此纪念那段激情燃烧的创业岁月。

目 录

第一章 教育理论和教育哲学 001
第一节 干部教育培训理论 001
第二节 教育哲学流派概述 014
第三节 联通主义教育哲学 024
第四节 马克思主义教育哲学 036

第二章 教育技术发展史 045
第一节 国外教育技术发展演变 045
第二节 我国教育技术发展历史 052

第三章 从 E-Learning 到干部网络学院建设 063
第一节 认识 E-Learning 063
第二节 干部网络学院建设的技术要点 069
第三节 精品课程建设 074
第四节 手机移动学习平台建设 090
第五节 直播系统建设 102
第六节 人工智能教育技术（教育大脑）与干部教育培训智能发展 115
第七节 干部教育数字赋能和网络学院升级报告 146

第八节　未来虚拟数字主题教室建设研究 172

第四章　智慧教室的应用和创新 195

　　第一节　智慧教室的概念与优势 196

　　第二节　智慧教室的应用 207

　　第三节　智慧教室的创新 210

　　第四节　新生态智慧教室的智慧校园 218

第五章　沉浸式教学和未来干部教育方式方法的创新 235

　　第一节　沉浸式教学的概念与优势 235

　　第二节　沉浸式教学的应用 239

　　第三节　未来干部教育方式方法创新 263

参考文献 269

第一章 教育理论和教育哲学

第一节 干部教育培训理论

一、干部教育培训概述

干部教育培训是以各级各类领导与骨干人员为对象,以统一思想认识、提高能力素质、推动工作发展为主要目的的一种教学活动[①]。干部教育培训的对象是全体干部,重点是县处级以上党政领导干部及其后备干部。中国共产党在各个历史时期都采取具体措施设立党校,联系实际情况培养、训练干部,提高干部政治、文化、业务水平。中国共产党把干部教育视为党的干部政策的重要组成部分,党的干部工作中的一项常规性的重要任务。干部教育培训是干部队伍建设的先导性、基础性、战略性工程,在进行伟大斗争、建设伟大工程、推进伟大事业、实现伟大梦想中具有不可替代的重要地位和作用。一个马克思主义执政党,能否培养造就忠诚干净有担当的高素质专业化干部队伍,关系到能否夺取中国特色社会主义新胜利、实现中华民族伟大复兴的中国梦,关系到党、国家和民族的命运问题。

---

① 习近平干部教育培训思想研究课题组. 习近平干部教育培训思想对党的干部教育培训理论的继承和创新 [J]. 求实,2015(07):18-25.

对干部教育培训的理解离不开党的干部教育培训发展历程。干部教育培训自诞生以来，中国共产党便在艰苦的环境中探索其工作，并取得了显著成绩。1924年5月，党中央在上海召开中央执行委员会第一次扩大会议时通过的《党内组织及宣传教育问题决议案》中明确提出："党内教育的问题非常重要，而且要急于设立党校养成指导人才。"这是中共中央文件中最早有关党校的记载。中国共产党创办的第一所党校是安源党校，它于1924年12月开学，由刘少奇任校长。1925年9月在安源党校被迫停办的时候，北京党校在李大钊主持下由赵世炎具体负责筹办。北京党校是党中央创办的第一所高级党校。1929年12月古田会议召开，规定了党内教育的10项内容和18种教育方法，对党的干部教育培训产生了极为深远的影响。

1933年3月，党在中央革命根据地江西瑞金创办了马克思共产主义学校，这是今天中央党校的前身。1935年12月，瓦窑堡会议向全党发出了实现党的任务"必须大数量的培养干部"的号召。1939年，党中央专门成立了干部教育部，领导全党的马列主义学习运动和广大在职干部的教育。延安整风时期，党在全党范围内进行了一场马克思主义的自我教育运动，为取得抗日战争的胜利、夺取全国政权培养了大批领导力量。

中华人民共和国成立之后，党的工作任务重心由革命战争转向社会主义建设。为了使干部掌握原来不熟悉的建设本领和知识，中共中央相继出台了《关于举办工农速成中学和工学干部文化补习学校的指示》《关于轮训全党高、中级干部和调整党校的计划》等一系列文件政策，选拔干部上党校、大学、工农速成中学、各种技校、各种培训班，为建设和巩固新生的社会主义中国，培养了大批干部。1957年10月9日，毛泽东在党的八届三中全会上对全党干部提出"我们各行各业的干部，都要努力精通技术和业务，使自己成为内行，又红又专"的要求。"文化大革命"期间，干部教育工作受到严重影响，各级干部教育工作机构、党校陷于瘫痪、半瘫痪，甚至被撤销。这一时期影响比较大的有五七干校和七二一大学。五七干校是"文化大革命"时期干部改造的重要机构。七二一大学是依据1968年7月21日，毛泽东强调从工人中培养技术人员的批示精神而创办的学校。"文化大革命"结束后，干部教育培训工作逐步得到恢复、重建和发展。

改革开放以后，党更加重视干部教育培训工作。1982年10月3日，中共中央、国务院作出《关于中央党政机关干部教育工作的决定》，提出"要不失时机地抓紧培训干部,把干部教育工作正常化、正规化、制度化,力争在三五年内使中央党政机关干部队伍的政治、业务水平得到明显的提高"。1983年4月18日,中共中央作出《关于实现党校教育正规化的决定》。1983年10月5日,中共中央组织部印发了《全国干部培训规划要点》,对1983年至1990年的全国干部培训工作作出规划,构建了中央与地方分级分类的干部教育培训体系。

1991年12月29日,中央组织部印发了《1991—1995年全国干部培训规划要点》。从此,中共中央以五年为周期对全国的干部教育培训工作作出详细规划,对干部教育培训工作进行顶层设计和系统部署。《1996—2000年全国干部教育培训规划》适应"九五"期间新的形势任务,提出要探索和建设有中国特色的干部教育体系,推动了干部教育培训事业的全面发展。《2001—2005年全国干部教育培训规划》是指导做好21世纪初期干部教育培训工作的纲领性文件,第一次总结了建党80周年特别是改革开放以来干部教育培训的八条基本经验。

2002年党的十六大之后,我们党确定了大规模培训干部、大幅度提高干部素质的战略任务。2006年1月21日颁布的《干部教育培训工作条例(试行)》,在系统总结党的干部教育培训工作历史经验的基础上,紧密联系新形势新任务的需要,形成了干部教育培训的基本规章,充分反映了干部教育培训工作的规律和特点,标志着党的干部教育培训事业进入了一个新的发展阶段。

2007年党的十七大又提出要继续大规模培训干部,大幅度提高干部素质。2010年6月17日,中共中央办公厅印发了《2010—2020年干部教育培训改革纲要》。这是我们党第一个全面部署干部教育培训改革的规划性文件,标志着干部教育培训改革进入重点突破、全面深化的新阶段。

2012年党的十八大对加强和改进干部教育培训、提高干部素质和能力提出了更高要求,为学习型、服务型、创新型政党教育培训体系的建立指明了方向。在2013年6月的全国组织工作会议上,习近平总书记提出"信念坚定、为民服务、勤政务实、敢于担当、清正廉洁"的好干部标准,成为新时代干部教育工作的目标。2013年9月28日,中共中央印发了《2013—2017年全国干部教育培训规划》。该规划指出,干部教育培训是建设高素质干部队伍的先导性、基础性、战略性工程,在推进中国特色社会主义伟大事业和党的建设新的伟大工程中具有不可替代的地位和作用。2015年中共中央印发了《干部教育培训工作条例》,该条例体现了中央关于干部教育培训工作的新精神、新要求，吸收了干部教育培训实践中创造的新经验、新成果，根据新形势、新任务对干部教育培训制度进行了改进完善，是做好干部教育培训工作的基本遵循。2018年11月，中共中央印发《2018—2022年全国干部教育培训规划》，为新时代干部教育培训工作指明了方向。

为了确保中国共产党各个部门和单位干部教育培训的有效性，满足新时代的社会需求，整个干部教育培训的实施离不开科学高效的理论依据。干部教育培训的强大的理论支撑，主要包括行为主义学习理论、认知主义学习理论、建构主义学习理论和联通主义学习理论。

二、行为主义学习理论

行为主义形成于20世纪初期，其主要观点是学习过程是刺激（S）和反应（R）之间建立联结的过程，强化在这一过程中起着重要的作用。它们的基本假设是：行为是学习者对环境刺激所做出的反应。它们把环境看成刺激，把伴而随之的有机体行为看作反应，认为所有行为都是习得的。行为主义学习理论的主要代表有：华生的行为主义学习理论、巴甫洛夫的经典性条件反射理论、桑代克的联结主义理论、斯金纳的操作性条件反射学说和班杜拉的社会学习理论。

（一）华生的行为主义学习理论

华生认为学习就是以一种刺激替代另一种刺激建立条件反射的过程。在华生看来，人类出生时只有基础的反射（如打喷嚏、膝跳反射）和情绪反应（如惧、爱、怒等），所有其他行为都是通过条件反射建立新刺激-反应（S-R）联结而形成的。华生曾经用条件反射的原理做了一个恐惧形成的实验，将兔子和一种引起恐惧的刺激产生联系，让小孩产生了对兔子的恐惧。在形成条件反射以前，小孩在接近兔子时毫无害怕的表现。后来，在兔子出现后，紧接着就制造一个使小孩害怕的响声。形成条件反射之后，单是兔子也能使小孩害怕，最严重时小孩会对任何有毛的东西都感到害怕，如老鼠、制成标本的动物，甚至有胡子的人。原来以兔子为条件的恐惧，现在泛化到相似的刺激。在实际教育中，许多学习者的态度就是通过条件反射而学到的，例如面对危险时的应激反应。

（二）巴甫洛夫的经典性条件反射理论

巴甫洛夫的经典性条件反射理论来源于一个经典实验，即狗听到铃声分泌唾液的实验。实验分为三个阶段：第一阶段，狗看到食物分泌唾液，这是没有任何条件的，属于无条件反射。第二阶段，在给狗食物之前，先摇铃，然后给食物，反复多次。第三阶段，仅仅摇铃，发现狗也会出现分泌唾液的情况。巴甫洛夫系统地研究了这种现象，提出了"条件反射"的概念，这被后人称为"经典性条件作用"。经典性条件反射获得后若缺少持续强化，就会逐渐消退。经典性条件反射存在刺激的泛化与分化。刺激泛化是指一旦学会对某一特定的条件刺激作出反应以后，其他与该条件刺激相类似的刺激也能诱发其条件反应。刺激分化是指通过选择性强化和消退使有机体学会对条件刺激和与条件刺激相类似的刺激做出不同的反应。这一理论提示，在教育过程中，教师讲授新概念、新知识时，要尽量借助直观手段，帮助学习者形成尽量多的理性观念和感性经验、新知识与旧知识、认知与情绪等多方面联系，以加强学习者对所学知识的重视。要经常组织多种多样的联系，使学习者所学到的知识能够有机会得到不断的强化。

（三）桑代克的联结主义理论

桑代克通过"饿猫打开迷箱"的实验，提出了学习的联结-试误说。他认为学习的实质就在于形成刺激与反应之间的联结。学习的过程是一种渐进的、盲目的、尝试错误的过程。后人也称这种理论为"试误说"。桑代克的联结主义理论是教育心理学史上第一个较为完整的学习理论。桑代克根据自己的实验研究得出了三条主要的学习定律：准备律、练习律和效果律。准备律是在进入某种学习活动之前，如果学习者做好了与相应的学习活动相关的预备性反应（包括生理反应和心理反应），就能比较自如地掌握学习内容。练习律是对于学习者已形成的某种联结，在实践中正确地重复这种反应会有效地增强这种联结。效果律是学习者在学习过程中所得到的各种正或负的反馈意见，会加强或减弱学习者在头脑中已经形成的某种联结。这一理论提示在实际教育过程中教师应允许学习者犯错误，并鼓励学习者从错误中学习有关概念、原理、技能和策略。要注意在学习过程中加强合理的练习，并注意在学习结束后定期进行练习，不断巩固已经形成的联结，提升知识运用的熟练程度。

（四）斯金纳的操作性条件反射学说

斯金纳有一个著名的斯金纳箱实验，他在箱内放进一只白鼠或鸽子，并设置一个杠杆或按键，箱子的构造尽可能排除一切外部刺激。动物在箱内可自由活动，当它按压杠杆或按键时，就会有一团食物掉进箱子下方的盘中，动物就能吃到食物。箱外有一装置记录动物的动作。斯金纳认为，人和动物的行为有两类：应答性行为和操作性行为。应答性行为是由特定刺激所引起的，是不随意的反射性反应，是经典条件作用的研究对象；而操作性行为则不与任何特定刺激相联系，是有机体自发做出的随意反应，是操作性条件研究的对象。在日常生活中，人的行为大部分都是操作性行为，受强化、逃避条件作用和回避条件作用、消退、惩罚这四个规律制约。这一理论提示，在实际教育过程中，教师应多用正强化的手段来塑造学习者的良性行为，用忽视、不予强化的方式来消除消极行为，此外应当慎重地对待惩罚，因为惩罚只能让学习者明白不能做什么，但不能让学习者知道什么能做和应做什么。

（五）班杜拉的社会学习理论

班杜拉认为个体、环境和行为三者都是相互作用的，强调在社会学习过程中行为、认知和环境三者的交互作用。班杜拉的社会学习理论所强调的是观察学习或模仿学习，在观察学习的过程中，人们获得了示范活动的象征性表象，并引导适当的操作。观察学习的全过程由四个子过程构成：注意过程、保持过程、动作再现过程和动机过程。注意过程是观察者认知观察示范者的行动、特征。在保持过程中示范行为在观察者记忆中保持，将示范行为以符号的形式表象化，短暂的榜样示范就能够被保持在长时记忆中。动作再现过程是把记忆中的符号和表象转换成适当的行为，即再现以前所观察到的示范行为。动机过程是观察者模仿行为后的评价，若行为有效则会被强化下来。班杜拉把外部强化、自我强化和替代性强化这三种强化作用看成学习者再现示范行为的动机力量。在实际教育中，班杜拉的社会学习理论为教学提供了很多启示。学校和教师应该为学习者设立通向成功的阶梯。成功的经验会增强学习者的自我效能，使学习者树立成功的信心，正确看待自己的能力。教师应该给予学习者积极的鼓励和及时肯定的评价，侧重全面发展学习者的能力。能力是建立自信心的基础，能力水平提高了，学习者的自我效能自然会得到提高。

三、认知主义学习理论

认知主义学习理论是通过研究人的认知过程来探索学习规律的学习理论，它源自格式塔学派的认知主义学习论，认为学习是人们通过感觉、知觉得到的，是由人脑主体的主观组织作用而实现的，并提出学习是依靠顿悟，而不是依靠尝试与错误来实现的观点。认知主义学习理论的主要代表有：格式塔学派的完形—顿悟说、托尔曼的认知目的说、布鲁纳的认知发现说、奥苏贝尔的认知同化说和加涅的信息加工学习理论。

（一）格式塔学派的完形—顿悟说

格式塔学派产生于20世纪初的德国，是在对德国构造心理学的挑战中产生，后来在与行为主义的论战中发展起来的，主要代表人物有韦特海默、苛勒、考夫卡。格式塔学派不认为学习是刺激反应的过程，而认为有机体通过主动积极的组织作用形成与情境一致的新的完形，强调学习是有机体内部进行复杂的认知活动而实现顿悟的过程。格式塔学习理论认为知觉重组是学习的核心，一个人学到什么直接来源于他对问题情境的知觉。根据格式塔心理学的基本观点，苛勒以黑猩猩解决问题的实验为基础，设计了一个著名的实验来证明自己的观点。根据这个实验，苛勒认为黑猩猩在未解决这个难题之前，它对面前的情境的知觉是模糊的、混乱的。当它看出几根短棒接起来与高处的香蕉的关系时，它便产生了顿悟，解决了这个问题。因此，学习是由顿悟而实现的，顿悟即是完形的组织构造过程，学习就是知觉的重新组织。这种知觉经验变化的过程不是渐进的尝试与修正错误的过程，而是突然领悟的。

（二）托尔曼的认知目的说

托尔曼是受格式塔心理学影响的新行为主义者，对现代认知学习理论产生了深远的影响。他认为学习的目的性是人类区别于动物的主要标志，在他看来，动物在为逃脱迷宫时所做的具体动作本身意义不大，重要的在于这些动作最终要成功完成某个目标。所以他注重的是行为的适应性、创造性和理智性等方面。托尔曼设计了小白鼠走迷宫实验，在迷宫中有一个出发点、一个食物箱和三条长度不等的从出发点到达食物箱的通道。实验开始时，将白鼠置于出发点让它们自由地在迷宫内探索。一段时间后，再将它们置于出发点，并对各通道做一些处理，观察它们的行为。结果是，若三条通道畅通，白鼠选择第一条通道到达食物箱；若 A 处堵塞，白鼠选择第二条通道；若 B 处堵塞，白鼠选择第三条通道。托尔曼强调学习的认知性和目的性，他认为学习是有目的的，是期望的获得。其中期望是个体依据已有知识经验建立的一种内部准备状态，托尔曼将其看作通过学习而形成的对于目标的认识和期待。此外，学习是对完形的认知，是形成认知地图的过程，学习的过程就是个体在达到目的的过程中，根据头脑中的预期不断进行尝试，形成对周围环境的认知，最后建立"目标－对象－手段"三者之间联系的认知地图的过程。

（三）布鲁纳的认知发现说

布鲁纳是美国著名的认知心理学家和教育心理学家，他反对刺激－反应联结等基于动物行为学习提出的理论。他把研究的重点放在学习者获得知识的内部过程，以及教师如何组织课堂让学习者发现知识。其一，布鲁纳强调指出学习过程是一种积极的认知过程。他认为学习的实质在于主动地形成认知结构。学习任何一门学科，都有一连串的新知识，每个知识的学习都要经过获得、转化和评价这三个认知学习过程。布鲁纳曾经指出："学习一门学科，看来包含着三个差不多同时发生的过程。"同时他又强调说："不论我们选教什么学科，务必使学习者理解该学科的基本结构。"主动构建认知结构的过程就是学科的学习过程。其二，他非常重视人的主动性和已有经验的作用，重视学习的内在动机与发展学习者的思维，提倡知识的发现学习。他认为发现学习有利于激发学习者的潜力，有利于加强学习者的内在学习动机，有助于学习者学会学习，有利于知识的保持与提取。

（四）奥苏贝尔的认知同化说

奥苏贝尔是美国著名的教育心理学家，他认为布鲁纳的认知发现说过分强调发现式学习，会忽视学习的系统性和循序渐进性而影响学习效果。奥苏贝尔提出了独具特色的"有意义学习"理论，也叫"认知同化说"。他认为新知识的学习必须以已有的认知结构为基础，学习新知识的过程，就是学习者积极主动地从自己已有的认知结构中，提取与新知识最有联系的旧知识，并且加以"固定"或者"归属"的一种动态的过程。过程的结果导致原有的认知结构不断地分化和整合，从而使得学习者能够获得新知识或者清晰稳定的意识经验，原有的知识也在这个同化过程中发生了意义的变化。奥苏贝尔根据将要学习的新内容与学习者已经知道的相关内容之间的关系，把学习分为下位学习、上位学习和并列结合学习三类；根据学习者进行学习的方式，把学习分为接受学习和发现学习；根据学习过程的性质，又把学习分为机械学习与有意义的学习。此外，奥苏贝尔提出先行组织者教学策略，由教师为学习者学习新知识提供一个概括的知识框架并逐步引导，对改进课堂教学设计，提高教学效果有重要的实用价值。

（五）加涅的信息加工学习理论

加涅被公认为行为主义与认知主义、折中主义的代表，他使行为主义走向认知主义，认识到行为主义和认知主义各自不同的局限，通过综合两派的不同观点来解释学习的种类、过程和结果。加涅把学习看作信息的加工过程，并把这个过程分成若干个不同的阶段。他指出，学习过程是信息的接收和使用的过程，学习是主体和环境相互作用的结果，"个体的先前的学习导致个体的智慧日益发展"。教学上他主张给学习者最充分的指导，使学习者能够沿着仔细规定的学习程序，一步一步地、循序渐进地进行学习。他将知识学习看成动机阶段—了解阶段—获得阶段—保持阶段—回忆阶段—概括阶段—作业阶段—反馈阶段这样一个全链条，这个过程就是教学过程。加涅认为，外部事件可以通过激化、维持、促进或者增强学习的内在过程等种种方式促进执行效果。他提出的为学习而教学的教学设计观使他享誉世界，也使他成为教学心理学的开创者。

从有机体全域学习的格式塔学派的完形-顿悟说、托尔曼的认知目的说，到注重学习者学习的布鲁纳的认知发现说、奥苏贝尔的认知同化说，以及加涅的信息加工学习理论，各流派都强调学习是一种积极主动的内部加工过程。他们的观点既反映了学习是形成和发展认知结构的基本立场，也反映了他们思考问题的不同角度，为人们进一步揭示学习本质奠定了基础。

四、建构主义学习理论

建构主义学习理论是从认知主义中繁衍出来的，是对认知主义的进一步发展。建构主义强调知识是学习者主动建构的结果，学习者积极、主动并有意义地面对、接纳外界的各种刺激，解决各种问题，形成自己独特的知识结构和经验世界，从而适应并改造世界。建构主义学习理论的主要代表人物是皮亚杰、斯滕伯格、维果茨基。皮亚杰关于建构主义的基本观点是儿童通过最初的图式即通过感知觉和运动之间的关系来认识世界，从而使自身认知结构得到发展的。皮亚杰所创立的认知发展理论被公认为20世纪发展心理学上最权威的理论之一。斯滕伯格是智力三元理论的建构者，他强调在问题解决中认知过程的重要性，认为人的智力由三部分构成，即成分智力、经验智力、情境智力。维果茨基将人的心理机能区分为低级心理机能和高级心理机能。低级心理机能是自然的发展结果，是种系发展的产物。高级心理机能是社会历史发展的产物。他的文化历史发展理论强调个体的学习是在一定的历史、社会文化背景下进行的。

（一）建构主义的知识观

建构主义学习理论认为，知识是人脑内部对客观世界提供的信息材料的主观创造，是学习者主动建构的结果。知识不是固定不变的，知识的本质是生成性的、主观的、不稳定的。不同的学习者对于相同的知识未必有着相同的理解，这是因为学习者对于知识的理解，需要由学习者基于自己的经验背景建构出来，还需要取决于特定情境下的学习历程。知识是从情境性的、可以具体感知的活动中获取的，而不是干瘪的符号或词语。

（二）建构主义的学习观

学习是主体建构关于客观事物的意义的过程，学习不是机械地复写客观世界。任何学习都建立在先前学习的基础上，知识的累积是一个必然的过程，但这不是知识的简单堆积，而是原有知识的深化、突破、超越和质变。学习者的学习具有主动建构性、社会互动性和情境性。学习者的学习是一个积极、主动参与的过程。在学习的过程中，学习者会强化与他人、社会、整个世界的相互作用。面对外界的各种刺激，学习者产生困惑、问题或兴趣，调用自己的身心器官和已有知识结构，建构起有意义的知识和经验，因此，情境性有助于学习者的学习。

建构主义基于对学习本质的探究和理解，提出下列具体的学习策略：

1. 探究定向的学习。学习者在教学过程中，是一个积极、主动的知识探究者，不是被动、消极的知识接受者。教学的作用就是要形成有助于学习者独立探究的情境，让学习者自己寻求问题解决的思路和途径。

2. 情境化学习。建构主义强调学习与真实情境应该具有关联性。情境性学习的评价不是评价学生的考试成绩而是考查其认知的增长程度，考查其心智的成熟度，因此评价必须更接近真实的生活任务，并引发比较复杂和具有挑战性的心智过程，成功的情境教学的实质是知识与技能向应用相关知识的新颖情境的迁移。

3. 问题定向的学习。知识是在解决问题中产生的，学习者在问题解决过程中扮演积极的角色。学习者在思考问题、调用已有知识、寻求问题解决策略、与各种信息互动的过程中，获得新的相关学科基础知识与技能，形成新的有意义的知识概念和体系。

4. 基于案例的学习。案例通常来自现实中具有典型意义的问题。基于案例的学习能有效地加强记忆的语义表征与情节表征之间的联系，它能克服侧重概念、命题等传统学习的抽象性，加强理性与感性认知的有机联系，使一些陈述性知识或学术性知识与生活情境联系起来，有益于激发学习者的学习动机。

5. 社会性学习。在维果茨基的文化历史发展理论的影响下，学习的社会性问题受到了普遍的关注。学习者的学习是与社会文化交织在一起的。建构主义开发的以计算机技术支持的情境学习、合作学习都突出了学习的社会性。学习的社会性还可通过学习者的自我讨论、学习者与教材、计算机的互动来实现。

（三）建构主义的学习者观

建构主义学习理论强调学习者的自主性，强调学习者在学习活动中的积极作用，学习者是主动的、积极的知识探究者。学习者之所以积极主动地对面临的各种刺激产生反应，是因为学习者本身就有建构知识的潜能、动机和可能性。学习者感受到问题、刺激，为自己设定了目标，这些目标也是学习者建构学习的一部分。学习者不是被动接受已经客观存在的知识灌输，而是基于自己的经验背景，以自己的方式理解世界，从而获得具有独特意义的知识。学习者是知识意义的主动构建者，处于学习的中心地位。

（四）建构主义的教学观

依据建构主义的知识观、学习观和学习者观，可以确立一些关于建构主义的教学观念：

1. 学习者是教学情境中的主角。建构主义注重学习者的主体作用，强调学生的主观能动性。学习者不是被动地接受外在信息的刺激,而是根据先前认知结构主动地和有选择性地知觉外在信息,对外部信息进行选择、加工和处理,建构起自己理解的意义。在现代教学中,要侧重学习者的学。

2. 学习者的学习不应该仅局限于教科书。 建构主义认为,对知识的真正理解只能是由每个学习者基于自身的经验背景、知识积累等个体因素而建构起来,且与不同情况下的建构情境和建构过程密切相关。这就表明教学就不应该仅仅局限于教科书或相关的辅助材料,整个社会文化以及学习者在生活中的所有问题和情境都有助于学习者的学习和知识建构。

3. 教师是学习者学习的引导者、辅助者、咨询者、学习资料提供者。 在传统教学实践中,教学是把知识经验从外部"灌"到学生的头脑中,但在建构主义看来,教学要引导学生从原有的经验出发,建构起属于自己的新的经验。教师的价值就体现在能否激发学习者以探究、主动、合作的方式进行学习。

4. 教学活动的展开是一个过程。 在建构主义看来,学习是学习者自己主动建构知识的过程。因此,教学应该注重过程而不是结果。教师职责不是给学习者提供现成的答案,而是要提供有效的引导、支持,以及舒适的学习环境,帮助学生在原有知识经验的基础上建构起新的知识经验,这是一个过程。

5. 在教学活动中促进学习者知识的建构。 由于知识是学习者自我建构的结果,知识存在于具体的、情境性的、可感知的活动之中,因此教学就要创设或者利用各种情境,帮助学习者利用先前的知识与已有的经验在当前情境中进行学习和认知。教学不是知识的呈现、讲解和演示,而是一个激发学习者建构知识的过程。

6. 教学活动体现为合作、探究方式。 在建构主义看来,教学是师生之间的合作性建构。教学要能引导学习者主动参与知识的学习,营造人际互动、互激的情境。教师与学生、学生与学生之间的多项交流、讨论和合作,更有助于知识的有效建构。

7. 教学评价要趋于多元化。 在传统教学中,教学评价的重心总是落在教学结果上,以学习者记住多少教师教的所谓知识为基本依据和结果。但是建构主义认为,知识是学习者的一种建构结果,那么建构主义的教学评价,应该以学生为主体,将评价融入学习的过程中,建立多元化、多层次的评价体系。

五、联通主义学习理论

联通主义学习理论兴起于数字时代,是建立在互联网教学环境中的一种理念,是一种适应当前社会需求和社会变化的学习理论。西蒙斯[①]认为Web2.0技术已经改变了学习面貌,传统的学习理论的三大支柱(行为主义、认知主义和建构主义)已经不再适合描述如何在数字时代中促进学习。传统的学习理论都是在网络技术不发达和学习技术含量不高的情况下创建的。在当今社会,知识增长的速度越来越快,已不再是传统学习理论所能容纳的了。如今的技术是移动式的、侵入式的、泛在式的,对知识产生和传递过程的辅助功能也更加完善,同时对如何管理、组织知识也更加复杂,这些都需要新的学习理论的支撑和指导。新一代学习者的期望也是新的学习理论的一个要求,如今学习者的学习方式变得更多元化了,他们更适应游戏化、移动设备、即时消息、沉浸式、在线社会网络方式等新型学习方式,这些也都需要在新的学习理论中有所体现[②]。

联通主义学习理论的代表人物是乔治·西蒙斯和斯蒂芬·唐斯。乔治·西蒙斯于2005年在《联通主义:数字时代的学习理论》中首次提出"联通主义"的概念,指出学习不再是一个人的活动,学习是连接专门节点和信息源的过程,分析并扩展了现有的学习理论框架,为解决互联网时代的学习问题提供了坚实的理论支持[③]。斯蒂芬·唐斯发表了"连接性知识导论",乔治·西蒙斯和斯蒂芬·唐斯被认为共同提出了具有网络构建特征的学习理论——联通主义。

联通主义学习理论是由混沌理论、网络理论、复杂性理论与自组织理论等集成的,它将学习过程定义成相互关联的节点连接成网络的过程。联通主义视域的学习范式为社会网络的构建,学习呈现为学习者构建社会网络获得、分享、生成知识的过程。节点、连接、网络构成联通主义理论的基本要素。节点是学习者能够用来构建网络的外部实

[①] George Siemens. Connectivism: A Learning Theory for the Digital Age. Elearnspace [EB/OL]. http://www.elearnspace.org/Articles/connectivism.html. 2014-12-12.

[②] 程璐楠. E-learning时代的学习理论——联通主义[J]. 中国国际财经(中英文),2016(19): 35-38. DOI:10.19516/j.cnki.10-1438/f.2016.19.019.

[③] George Siemens. Connectivism: A Learning Theory for the Digital Age. Elearnspace [EB/OL]. http://www.elearnspace.org/Articles/connectivism.html. 2014-12-12.

体,节点可以是人、组织、图书馆、网站、书、期刊、数据库或是任何信息来源。连接是节点之间成功相互连接的结果,网络由节点和连接构成。

在信息化时代,联通主义认为,学习不仅发生在人的内部,还发生在人体外部;学习最重要的是要实现神经网络、概念网络、社会网络联通;保持知识的流通是关键的一步,因为持续的学习能力和获取知识的通道比掌握当前的知识更重要。联通主义理论倡导学习者与各种外在资源建立紧密的联系,保障网络中信息流动的流畅性和及时性。联通主义是一种将社会网络应用到学习和知识上的理论。在联通主义看来,知识即网络,是从网络的实体,甚至是现实世界中实体的相互作用中生长和发展起来的网络。西蒙斯非常强调学习发生时的社会性特征,这也为终身学习的实现提供了条件。

联通主义强调把学习置于大环境下理解,个人所学的知识形成一个网络,而这个网络又被编入各个大型网络和机构,反过来,各个大型网络和机构的知识又能回馈给个人,个人可以继续借鉴学习。联通主义教学原则是:教学即示范和演示;学习即实践和反思。联通主义作为数字时代计算机技术发展的产物,揭示了处于数字化时代的我们该如何去学习。联通主义这种新的学习模式作为近20年国际上对教育变革最有启发的创新思想,可以改变人们的学习方式,更高效地达到学习目的。

第二节　教育哲学流派概述

一、教育哲学的内涵与产生

教育哲学对教育理论和教育实践中的一些根本问题进行哲学探讨,以为教育理论和教育实践的指导,具有概括性、规范性和批判性等特点。简单来说,教育哲学就是一门研究教育的本质、原因、过程和性质目标的学科。教育哲学是教育科学的分支学科,是具有方法论性质的基础学科。

虽然教育与哲学的关系由来已久,古代思想家曾根据各自的哲学思想论述教育的基本问题,但是教育哲学成为一门独立学科,是在19世纪末。1832年,美国纽约市立大学为培养公立学校教师开设教育哲学讲座,最早使用"教育哲学"一词。1848年,德国哲学家罗逊克兰兹著《教育学体系》一书，后由美国教育学家布莱克特于1886年译为英文，改名为《教育哲学》。一般认为，此即"教育哲学"一科的由来。1899年德国哲学家纳托尔普著《哲学与教育学》一书，该书从规范科学的观点出发论述教育与哲学（主要是社会学）的关系，从逻辑学、伦理学和美学三个方面研究教育，试图建立一种比较完整的教育哲学体系。20世纪起欧美出现了众多教育哲学流派，教育哲学著作日益增多。1912年，美国教育家麦克文纳尔出版了《教育哲学教程纲要》，该书从哲学认识论和社会观方面讨论教育问题，并且首次提出探讨教育哲学学科性质的问题。在这个意义上，可以将该书视为现代教育哲学的真正开端。1916年，美国实用主义教育家杜威出版《民主主义与教育》（副标题为"教育哲学导论"），该书共26章，首次对教育本质、教育目的、教育价值及教材、教法等问题进行了系统分析，标志着教育哲学体系真正建立。

二、中国教育哲学发展

在中国教育界，开始研究和讲授教育哲学是在20世纪初。1919年五四运动前夕，杜威来到中国讲学，讲授实用主义教育哲学，对中国教育界的影响较大。从此中国学者开始陆续翻译国外教育哲学著作，不少师范院校开始设立教育哲学课程。中国第一本教育哲学专著是范寿康于1923年编写出版的《教育哲学大纲》，这是中国教育哲学初建的标志。

20世纪20年代至40年代，是中国教育哲学发展的第一个高峰，一批海外留学归来的学者投身教育哲学研究，编写了近20本教育哲学教科书。其中主要有：范寿康的《教育哲学大纲》、吴俊升的《教育哲学大纲》、姜琦的《教育哲学》、范琦的《教育哲学》、李浩吾的《新教育大纲》、钱亦石的《现代教育原理》、林砺儒的《教育哲学》、张栗原的《教育哲学》等。这一时期，中国教育哲学的研究都是从不同哲学立场出发，阐述对教育问题的不同见解。由于中国的教育哲学起步于对欧美教育哲学的引进和模仿，这些见解或多或少受到了实用主义、三民主义、马克思主义等不同哲学思想流派的影响，比如吴俊升的《教育哲学大纲》反映美国实用主义思想，范寿康的《教育哲学大纲》反映德国古典哲学思想，姜琦的《教育哲学》以三民主义为指导，李浩吾、钱亦石、林砺儒、张栗原的论著试图用辩证唯物主义和历史唯物主义的观点和方法来研究教育哲学。尽管这些学者的教育哲学中体现的是欧美的教育哲学思想，但他们不是简单地照搬，而是致力于探索中国教育哲学的发展道路。如针对教育哲学学派纷呈的状况，张君劢在《东方杂志》1937年第1期撰写《中国教育哲学之方向》，提出对各派哲学进行综合、对各时代文化进行综合，引起了学者对于这一话题的讨论。这场讨论使更多学者开始关注并致力于建构中国的教育哲学。[①]

1949年中华人民共和国成立之后，由于受苏联的影响，认为马克思主义哲学是教育学的哲学基础，教育哲学可以被教育原理代替，作为大学教育系课程的教育哲学被取消，教育哲学作为一个学科不复存在。一直到1979年，教育部在高等学校教学计划中恢复教育哲学，教育哲学才迎来了重建的机遇。

改革开放之后的中国教育哲学，继续引介和学习借鉴西方教育哲学的成果。20世纪80年代，我国教育哲学的学科体系以马克思主义教育哲学为指导，从研究对象上重建学科体系。进入20世纪90年代，教育哲学的研究更加关注教育问题或实践，与教育现实走得更近。90年代后期，教育哲学的亚领域开始出现。进入21世纪后，教育哲学的问题研究迅速升温。新时代，创新发展中国教育哲学，应以习近平新时代中国特色社会主义思想为指导，立足中国优秀传统文化，聚焦新时代的教育问题，建设具有中国特色、中国风格、中国气派的教育哲学，为人类教育发展提供中国答案和中国模式。

纵观中国哲学发展历史，我国的教育哲学发展有其自身的独特性。其一，从哲学的应用到教育的哲学，更加关注教育实践问题，强调对教育实践的关注，为教育实践服务，从而使自身成为实践哲学。其二，从模仿西方到凸显中国特色，不断建构体现中国立场、中国智慧、中国价值的教育哲学[②]。

三、教育哲学主要流派

进入20世纪以后，教育哲学流派纷呈，在发展过程中有兴有衰。根据教育哲学的演进历程及顺序，教育哲学可以划分为20世纪上半叶、20世纪中期、20世纪70年代后、

---

① 冯建军. 创新发展新时代中国教育哲学 [N]. 中国社会科学报，2020-02-10 (004).
② 同上。

进入 21 世纪四个发展时期。下面按照这四个发展时期对教育哲学的主要流派作简单的介绍。

（一）流派争鸣——20 世纪上半叶教育哲学的发端

20 世纪上半叶，教育哲学发展迅速，产生了诸多教育哲学流派，这些流派之间相互影响，形成了百家争鸣的繁荣景象。在这一时期，影响较大的有进步主义、改造主义、要素主义、永恒主义、存在主义等教育哲学流派。

1. 进步主义教育哲学

进步主义是 20 世纪上半叶对世界各国的教育产生很大影响的重要教育哲学流派。19 世纪末期，出现进步主义教育这一名词。20 世纪二三十年代，进步主义教育哲学达到发展的顶峰，"二战"以后，其影响力逐渐减少。进步主义教育哲学的代表人物是杜威。杜威在实用主义哲学的基础上构建了进步主义的教育观、课程及教学体系，认为教育没有目的，教育本身就是自己的目的；强调儿童当下的生活经验，师生关系应以儿童为中心，要让儿童从做中学[1]。杜威的教育观很大程度上弥补了之前教育与社会、儿童与实践的脱离，在教育界产生了深远影响[2]。概括来讲，进步主义教育哲学流派是以实用主义哲学为基础的，认为教育要以儿童为中心，课程要以生活为内容，要培养学生的合作精神和解决问题的能力，淡化教师所具有的权威意识。

2. 改造主义教育哲学

改造主义教育哲学是在 20 世纪 30 年代从进步主义教育中逐渐分化出来的，改造主义者自称是进步主义的真正继承者。改造主义教育哲学主要代表人物有康茨和布拉梅尔德等。改造主义者认为教育的目的在于推动社会变化，促进社会进行持续不断的改造；强调学校是改造社会的工具，课程设置应有效关注社会问题，包含各种社会问题；教师要引导学习者提高对社会问题的敏感度，形成学习者参与社会、引导实践社会变革的能力[3]。改造主义教育哲学是在美国经济危机中产生的，自称是"危机时代"的哲学，它以改造社会、建立社会新秩序为己任，但是所提出的实现这个宏伟目标的手段却软弱无力。改造主义者试图通过教育内部管理体制的改革、课程与教学方法的

---

[1] 杜威. 学校与社会·明日之学校[M]. 赵祥麟，任钟印，吴志宏，译. 北京：人民教育出版社，2008: 74-114.
[2] 詹姆士. 实用主义[M]. 陈羽伦，孙瑞禾，译. 北京：商务印书馆，2012: 32-26.
[3] 吴式颖，任钟印. 外国教育思想通史：第 10 卷[M]. 长沙：湖南教育出版社，2002: 376-408.

改变、教师的参政等民主的方法说服人们改造社会，这种想法是过于天真的。

3. 要素主义教育哲学

要素主义教育哲学是 20 世纪 30 年代美国出现的与进步主义教育对立的教育思想流派。要素主义的教育主张与进步主义在很多方面形成鲜明对比。比如，在师生关系上，要素主义强调"教师中心"，而进步主义强调"学习者中心"；在课程与教学上，要素主义注重教材的作用，注重间接经验，而进步主义重视活动课程，强调直接经验等。要素主义教育哲学在 20 世纪有过多次繁荣[1]，至今仍对美国教育有较大影响。1938 年在美国成立的"要素主义者促进美国教育委员会"是要素主义教育形成的标志。20 世纪 50 年代要素主义教育思潮开始在全美占统治地位，并且为 60 年代后美国的中小学课程改革提供了理论武器。70 年代以后的要素主义主要是针对美国教育的实际状况，提出了"回到基础学科"的呼声。要素主义教育哲学的代表人物有巴格莱、德米阿什克维奇、莫里森、坎德尔等人。要素主义教育的基本观点包括：文化的价值具有永恒性和客观性，学校教育的使命就是把社会的文化遗产传授给年青一代；重建严格的学术标准，加强对学术的严格训练；教育过程中主动权在于教师而不在于学生，应该把教师放在教育体系的中心；教育的核心是吸收规定的教材；学校应该保留传统的心智训练的方法；开展天才教育。

4. 永恒主义教育哲学

永恒主义教育哲学是提倡复古的一种教育理论，主要代表人物有赫钦斯、艾德勒等。永恒主义教育哲学形成于 20 世纪 30 年代，发展至顶峰是在 40 年代至 50 年代，然后逐渐衰落。永恒主义者怀念曾经放射出灿烂光芒的古典文明，倡导西方古老的思想和文化，提倡复兴西方古老的人文主义课程及教学[2]。永恒主义教育哲学认为，控制人和人所生活的世界的真、善、美原则是永恒不变的，教育的性质也是永恒不变的；教育的目的是要引出人类天性中共同的因素，教育应集中发展人的理性能力；永恒的古典学科应该在学校课程中占有中心地位。虽然永恒主义教育哲学的某些观点被后来证明是具有积极意义的，但他们在教育问题上所得出的结论和提出的主张，大多依赖于哲学思辨，缺乏较为坚实的心理学理论和社会学理论作为其实证依据。

---

[1] 金传宝. 美国教育之要素主义的世纪回顾与展望[J]. 教育学报，2005 (2): 32-36.
[2] ADLER MJ. Reforming Education-the Schooling of People and Their Education Beyond Schooling [M]. Boulder: Westview Press, 1977: 133-187.

5. 存在主义教育哲学

存在主义教育哲学产生于 20 世纪 20 年代。存在主义教育哲学是一种以存在主义为其哲学基础的教育理论，主要代表人物有雅斯贝尔斯、海德格尔等。存在主义者认为，本质问题只适用于物，而不适用于人。人首先存在着，然后通过自己的选择创造自己、决定自己的本质。人的本质就是人的自由，自己设计自己的未来，选择自己的行为标准，并对自己的选择负责，人的一生只是追求自我人格圆满完成的过程。存在主义以人为中心，尊重人的个性和自由，强调个人主观性、个人选择这一根本特点。在教育目的上，存在主义者认为教育的目的是使学习者认识到自己的存在，形成自己的生活方式和生活态度；在课程与教学上，存在主义者强调学习者个体的需要、兴趣和经验，重视人文学科的学习，采用个别化教学；在师生关系上，存在主义者反对教师的专制和控制，认为教师的作用在于帮助学习者做出适合他们自己的自由选择[①]。存在主义教育强调个性的发展，主张教育个性化，提倡积极的师生关系，但存在主义教育过分强调个人意志和自我选择，以及本身存在消极因素，从而使其教育主张客观上带有偏激性和片面性。

（二）"效率"主导——20 世纪中期教育哲学的变革

20 世纪中期，世界局势进入"冷战"时期，世界各国通过教育开展国力的竞争，在教育上追求"效率"和"优秀"，都想尽快培养出杰出人才为国家服务，这意味着世界教育进入了一个新的阶段。与 20 世纪上半叶相比，这一时期的教育哲学走向科学化，由丰富多元趋向集中且单一，其中影响较大的教育哲学流派有分析教育哲学、结构主义教育哲学和新行为主义教育哲学。

1. 分析教育哲学

分析教育哲学是将分析哲学的原则和方法应用于教育领域而形成的一种学术性教育哲学思潮，主要代表人物有奥康纳、彼得斯等。分析教育哲学萌发于 20 世纪 40 年代，50 年代至 70 年代进入活跃期，70 年代以后走向衰落。分析教育哲学认为，教育哲学领域的争论都是由于语言误用造成的，因此教育哲学的研究目的是对现存教育思想中的语言进行语义分析和逻辑分析，澄清教育的概念、术语、命题、关系等，避免教育

---
① 考夫曼. 存在主义 [M]. 陈鼓应，孟祥森，刘崎，译. 北京：商务印书馆，2012：32-36.

思想的混乱[①]。在课程与教学目标上，分析教育哲学指出需要对诸如"目标"等词进行分析，才能得出最终结论；在师生地位上，分析教育哲学认为语言是教师开展教学活动的重要媒介，教师比任何其他行业都需要密切关注语言，因而教师需要具备良好的语言能力，学习者需要做好"听众"，师生共同参与教学过程，提高教学质量[②]。分析教育哲学对教育理论及其实践中的一些基本概念进行了严格且明晰的逻辑分析，力图弄清其与教育学有关的哲学争论问题，并积极训练、培养人们明确而清晰地进行逻辑分析和批评的能力，具有一定的积极意义。然而，分析教育哲学回避了教育中的价值和伦理问题，在方法上过于注重语言的分析，脱离了教育实践，最终逐渐衰落。

2. 结构主义教育哲学

结构主义教育流派的最初萌芽可以追溯到20世纪30年代瑞士心理学家、教育家皮亚杰的工作。然而，作为一个与教育的实际有着更为紧密关系的教育思潮，它的出现和兴盛的标志则是20世纪50年代末60年代初，以布鲁纳为首的一大批认知心理学家、科学家在美国推动的一场结构主义课程改革运动。结构主义教育哲学主要代表人物有皮亚杰、布鲁纳、施瓦布、费尼克斯等。在课程与教学内容方面，结构主义教育哲学强调学科知识的基本结构，倡导发现学习和探究学习；在师生关系上，结构主义教育哲学强调学习者的主体地位，将教师视为学习者进步的促进者和辅助者[③]。结构主义教育哲学重视学习者对学科基本结构的认知和把握，促进了教育学科的科学化。然而，该流派过分强调学科结构，重视理论知识，忽略了实用知识和技能[④]，导致教材偏难，引起了人们的争议。

3. 新行为主义教育哲学

新行为主义教育哲学是20世纪50年代形成于美国，60年代波及众多国家的国际性教育流派，重要的代表人物有普莱西、斯金纳等。新行为主义教育哲学认为教育就是塑造行为，教育研究应以教和学的行为为研究对象。新行为主义教育哲学注重教学机器的使用，认为通过教学机器的运用，可以使学生的学习行为得到及时的和足够数量的强化。新行为主义教育哲学认为教师在教育过程中应该处于中心地位，学习者应

[①] WEITZ M. Twentieth-century Philosophy: the Analytic Tradition[M]. New York: The Free Press, 1996: 13-24.
[②] 陈波. 分析哲学：回顾与反省[M]. 成都：四川教育出版社，2001: 85-113.
[③] 皮亚杰. 结构主义[M]. 倪连生，王琳，译. 北京：商务印书馆，1984: 37-51.
[④] BELSEY C. Post-structuralism: A Very Short Introduction[M]. New York: Oxford University Press, 2002: 69-88.

处于被动地位。新行为主义教育流派的产生是以行为主义心理学为基础的，而其在教育实践上的主要表现是程序教学。"所谓程序教学，就是将教材内容按照逻辑顺序系统编排，使之由浅入深、循序渐进的一种自动教学的模式。"[①] 程序教学对促进计算机辅助教学发挥了巨大的作用，对丰富教学手段也是一个很大的贡献。新行为主义教育哲学有助于学习理论的发展，但也具有机械主义的特征。

（三）承上启下——20世纪70年代后教育哲学的发展

20世纪70年代之后，随着经济技术的发展和多元文化的发展，教育哲学不再聚焦于促进"优秀"和"效率"，不再局限于某一流派的沿袭和拓展，而是在"承上""启下"中寻求突破，总结20世纪各教育哲学流派的优点和不足，继承优点，规避不足，并在此基础上，思考提出有益于未来发展的新的教育思想。后现代主义、终身教育就是20世纪70年代后产生的代表性教育哲学思潮。

1. 后现代主义教育哲学思潮

后现代教育思想作为整个后现代思潮的一部分，是在人们为了使教育适应"后工业社会"，对教育的"现代性"进行深刻反思的基础上形成的。后现代主义教育哲学主张怀疑教育的强权叙述、挑战基于确定性的知识传统，强调从相异性、多元性、对边际学术的认同以及对文化危机的认识等方面来理解教育问题。后现代主义者对现代的教育模式提出了质疑和批判，认为以培养"完人"为目的的教育模式，严重地扭曲了人的差异性的特征。后现代主义极力主张学科之间界限的消除以及科际的整合，因而在课程理论上，后现代的教育学者大部分都同意课程不应分主题或为学科设限的主张。后现代主义者倡导反思性、批判性评价，重视模糊评价，推崇评价的多元化，提倡发展性评价。后现代教育模式强调沟通、交流、平等对话，提倡多元化、差异化、开放性。后现代视野中的师生关系，充满了对权威的消解和民主、平等的对话，同时也提倡对话中的反思和批判精神。然而，后现代主义一味追求批判求异而忽视了对优秀教育教学的传承[②]，其崇尚的模糊性评价也给教育评价操作带来了困难。

2. 终身教育思潮

---

① 陆有铨. 现代西方教育哲学 [M]. 北京：北京大学出版社，2012：168.
② 伊格尔顿. 后现代主义的幻想 [M]. 华明，译. 北京：商务印书馆，2000：148-152.

在20世纪的教育实践中，人们越来越认识到"教育不仅仅与人生某一个或某几个特定阶段有关，应该与人的一生共始终"。终身教育思想由联合国教科文组织提出，得到了各国学者们的积极响应①。20世纪70年代，在与非学校化、人文主义等思潮平等竞争的情形下，终身教育最终成为最重要和最广泛的现代国际教育思潮。终身教育思潮的主要代表人物为朗格朗，1965年他在《终身教育引论》中提出终身教育的思想，之后终身教育思想成为世界性的教育思潮和社会运动。终身教育是指人从出生到死亡整个一生的教育，教育并不限于青少年阶段，而应贯穿人的一生，并且人一生的教育是相互联系、相互作用的。教育并不限于在学校中进行，学校以外的社会机构也应当承担教育的功能，把教育扩展到社会整体中，并寻求各种教育形式的综合统一。终身教育是现代社会的需要，不仅从宏观上影响着世界各国教育战略的规划，而且从微观上涉及教育理论和实践的各个具体方面。很多国家将终身教育作为教育改革和发展的战略重点，积极建立学习型社会。

（四）引领未来——21世纪教育哲学的发展

随着人工智能、大数据、物联网等新兴技术的迅猛发展和广泛应用，教育方式也发生了巨大的转变。在线学习MOOC的兴起使得越来越多的学者、研究者、党校管理者等各界人士开始接触并试验这种开放、多元的课程学习模式。此外，当前世界正处于一场百年未有之大变局，新兴市场国家和发展中国家正在快速崛起，这个时代需要新的理论，而马克思主义恰恰具备一种全球意识、全球视野和历史意识。马克思主义、联通主义就是21世纪的代表性教育哲学思潮，有力地推动了现代教育哲学的发展。

1. 马克思主义教育哲学

"马克思主义教育哲学"是2013年公布的教育学名词，是探讨教育与政治、经济、文化和社会进步之间关系的学说。马克思主义教育哲学作为教育哲学中的一个主要流派，在我国教育界具有广泛影响。它以马克思主义为其核心理论，深入研究教育议题，特别是人的全面成长、教育的社会功能等方面的问题，同时对人类历史上各种不同形态的教育思想进行了系统而深入的分析总结。它批判揭示了资本主义教育的本质及规律，创立了共产主义教育的基本原理，阐明了教育与政治经济的关系；教育与环境的

---

① 保尔·朗格朗. 终身教育引论[M]. 周南照, 陈树清, 译. 北京: 中国对外翻译出版公司, 1985: 2-18.

关系；教育与学校教育的关系；教育与社会斗争的关系；教育与儿童智力和体力发展的关系；社会主义教育与综合技术教育的关系；人的全面发展与社会条件的关系；人的全面发展与教育同生产劳动相结合的关系；人的全面发展的诸因素如智育、体育、综合技术教育、道德教育以及美育之间的相互关系；资本主义社会中无产阶级和资产阶级的矛盾反映在教育领域中的斗争等。

马克思主义教育哲学强调，教育不仅是生产力再生产的一种方式，也是培育全方位发展人才的有效途径，并且教育应当与生产劳动紧密结合。这些观点在我国教育界具有广泛影响，也构成了马克思主义教育理论的核心观点。它对于我们今天坚持党的教育方针，贯彻德、智、体、美、劳全面发展的方针，具有重要的现实意义。马克思主义的教育理论为社会主义国家在制定教育方针和政策时提供了核心指导，它构成了社会主义教育科学的理论根基，指导着我国的教育事业健康地向前发展。在社会主义的教育过程中，中国共产党正在不断地完善、丰富和发展马克思主义教育学说。

2. 联通主义教育哲学

联通主义理论兴起于数字时代，是一种基于互联网教学环境的理念。2005年，乔治·西蒙斯首次提出了"联通主义"的概念，为解决互联网时代的学习问题提供了坚实的理论支持[①]。该理论认为学习发生在网络化和社会化环境中，是创建新网络和更新旧网络的过程。学习者能够整合不同来源和属性的信息，在复杂的环境中发现各种信息之间的联系，并创建有用的信息模式。

联通主义的基础在于以下理解：知识基础的快速变化会导致决策的变化，新信息的持续获取以及重要信息与非重要信息的区分能力至关重要。联通主义从个人出发，个人的知识形成了一个网络，这个网络与各种组织和机构相互连接，反过来，这些组织和机构的知识又反馈给个人网络，为个人的持续学习提供支持。

联通主义理论将学习过程定义为相互关联的节点连接成网络的过程。连接是节点之间成功相互连接的结果，网络由节点和连接构成。在信息化时代，学习是网络构建的过程。联通主义理论倡导学习者与各种外在资源建立紧密的联系，构建学习网络，保障网络中信息流动的流畅性和及时性，使学习者在解决实际问题的过程中准确获取所需资源。节点、连接和网络是联通主义理论的基本要素。节点可以是人、组织、图

---

① George Siemens. Connectivism: A Learning Theory for the Digital Age. Elearnspace [EB/OL]. http://www.elearnspace.org/Articles/connectivism.html. 2014-12-12.

书馆、网站、书籍、期刊、数据库或任何信息来源,它们是学习者用来构建网络的外部资源。

联通主义是近 20 年来对教育变革最有启发的创新思想,其理论内涵不仅可用于理解学习现象,更是教育哲学层面的理论创新。联通主义反映了"互联网+"时代教育的联通新本质,其具体表现分为微观联通的"学习即连接",中观联通的"资源共建共享"和宏观联通的"组织生态开放互联"。[①] 联通主义学习模式使学习不再是个人学习活动,而是具有网络结构的共享性。个人所学的知识形成一个网络,并被分享至各个大型网络和机构。反过来,各个大型网络和机构的知识也能传输给个人,个人可以继续借鉴学习。这种新的学习模式可以改变当代人们的学习方式,更高效地达到学习目的。

第三节 联通主义教育哲学

一、联通主义基本概念

在互联网环境下,出现了一种新的学习方式,被称为联通主义学习。2005 年,加拿大学者乔治·西蒙斯在他的文章《联通主义:数字时代的学习理论》中提出了这个学习理论。由于网络时代信息量庞杂且碎片化,知识更新的速度大大加快,我们每天都要面对大量新知识的涌入。然而,我们的精力是有限的,无法将所有的知识都储存在我们的大脑中。因此,我们需要以自己有限的精力和存储能力来处理海量的知识,并在应用知识的同时推动知识的更新,即创造新知识。为了实现这一目标,联通主义应运而生——学习不再是单独个体的活动,而是连接知识节点和信息源的过程。

(一)西蒙斯的联通主义理论

2004 年,乔治·西蒙斯将联通主义(connectivism)描述为"数字时代的学习理论"。

---

① 陈丽,徐亚倩. 联通主义的哲学观及其对教育变革的启示 [J]. 教育研究,2023, 44 (01): 16-25.

尽管数字技术的兴起对联通主义的形成产生了重要影响,但它并非对数字化的回应,而是一种利用数字化启示解决长期困扰学习与发展领域问题的方法。

在《关联主义:数字时代的一种学习理论》中,西蒙斯提出了联通主义(又译为关联主义)的八条基本原理[①]:

1. 学习和知识体现在多样化观点之中(存在于网络中而不是仅集中于一个地方);
2. 学习是把特定节点或信息源连接起来的过程;
3. 学习可能存在于不是人的事物中(比如一个组织或数据库);
4. 知晓更多知识的能力比已经掌握的知识更加重要;
5. 必须发展和维护连接才能促进持续学习;
6. 能挖掘不同领域、观点和概念之间的连接是一种核心技能;
7. 与时俱进(准确、最新的知识)是一切联通主义学习活动的目的;
8. 决策本身就是一个学习过程。

后来为了进一步完善这些观点,西蒙斯又做了五条补充[②]:

1. 在理解中将认知和情感加以整合非常重要。思维和情感会相互影响,单一的学习理论只考虑了学习活动的一小部分,而忽视了更大的部分,例如学习如何发生。

2. 学习最终的目标是发展学习者"做事情"的能力。这种能力是一种实践技能,或其他在知识时代发挥重要作用的能力(自我意识、个人信息管理等),学习不仅是获得技能和理解,还包括行动。

3. 课程不是学习的渠道,学习发生在许多不同的方式中,如电子邮件、社区、对话、网络搜索、邮件列表和阅读博客等。

4. 个人学习与组织学习是相互整合的过程。个人知识组成网络,该网络又融于组织和机构的学习中,组织和机构的学习又反馈于个人网络中,并继续为个人学习提供支持,联通主义试图理解个人与组织是如何相互学习的。

5. 学习不仅是消化知识的过程,也是创造知识的过程。

从这八条基本原理和五条补充中,王志军教授归纳了四层丰富的内涵[③]:

1. 学习和知识的多样性是对行为主义和认知主义静态学习和知识观的回应,也

---

① 西蒙斯. 关联主义:数字时代的一种学习理论 [J]. 李萍,译. 全球教育展望,2005,34 (08):D9-13.
② 同上.
③ 王志军,等. 联通主义:"互联网+教育"的本体论 [J]. 中国远程教育,2019 (8).

是自身建构主义立场的表达,即联通主义学习是建立在建构主义的知识多样性基础之上的。

2. 网络环境下的学习是将不同专业节点或信息源连接起来的过程,这是其核心意思。为此,学习不仅存在于人的头脑中,发生在人的内部,还发生在人体外部,还存在于各种工具中,如学习社区、邮件、微博、微信、存储硬盘,可以由技术来存储或操作。这样,每个人都有内外两个网络,一个是人的内部网络,另一个是外部社会网络,要想促进持续学习就需要培养和保持各种连接。西蒙斯指出:"关联主义的起点是个人,个人的知识组成一个网络,这种网络被编入各种组织与机构,反过来各组织与机构的知识又被反馈给个人网络,提供个人继续学习。这种知识发展的循环使得学习者通过自己所建立的连接在各自领域保持不落伍。"[①] 这种循环就是流通,就是新知识不断地产生,就能使人不落伍,这也就是联通主义学习的目的。

3. 在网络环境下,持续学习能力、发现与识别能力(看出不同领域、理念与概念之间联系的能力)很重要,数字时代知识更新快,旧知识被淘汰得快,就需要持续学习。学习需要持续终身,而人的学习能力来自各种连接的建立。由于知识成倍增加,人的大脑已无法存储如此之多的知识,这样只能依赖于外脑,而外脑中存储的知识非常复杂,良莠不齐,这就需要我们去判定和辨别。

4. 在网络环境下,学习与工作活动界限不再那么清晰,在许多情况下甚至合二为一,在工作中遇到和需要处理的各种问题并不是都可以凭借我们已有的知识和经验所能解决的,有些问题需要我们随时上网学习,因此,工作中的决策本身就是一种学习过程。

(二)三网联通与学习革命

联通主义学习理论对于网络环境下的学习行为具有强大的指导作用。联通主义专注于研究网络环境下的学习,通过网络连接的新视角定义了知识的产生和学习的过程,学习过程不再仅限于学习者内部,也可以发生在学习本身之外的社会网络中。大量的知识存储和传输功能被机器设备和社会网络替代,学习成为学习者、机器设备和网络协同连接和生产知识的过程。

---

① 西蒙斯. 关联主义:数字时代的一种学习理论 [J]. 李萍,译. 全球教育展望,2005,34(08):D9-13.

陈明文教授提出，学习的核心是实现三网连接，即神经网络、概念网络和社会网络的连接，将个体内部与外部融为一体，这是一场学习的革命。[①]三网连接包括寻径、意会和应用三个阶段。具体而言，在网络学习中，首先要从寻径开始，树立网络学习意识，理解网络学习的含义，掌握网络学习的方法和技能。在此基础上，将网络作为工具，给自己设定方向，建立自己的知识网络，并与社会网络相连。这样就能启动内外脑的全脑学习，实现神经网络、概念网络和社会网络的互通。同时，内外脑有各自的功能分工，内脑除了完善基本的认知结构外，更多的是负责学习和掌握知识的路径，以取得更好的学习效果。通过寻径和连接之后，网络学习的第二步是意会，将建立的知识网络与社会网络相连，以贡献于他人。同时，在内外脑的交互中识别社会网络中各种知识和信息源，实现三网连接，生成意义，实现知识的创新。将新知识应用于连接的实践中，这是网络学习的第三步，也是学习循环的最后一步。当然，学习不会停止，学习过程将无限循环下去。

联通主义以网络联通的新视角定义了知识的生成和学习过程。学习不再局限于学习者个体内部，而可以在社会网络之外发生。大量的知识存储和传输功能被社会网络取代，学习变成了学习者、机器设备和网络相互连接和产生知识的过程。联通主义学习理论对于网络环境下的学习行为具有很强的指导意义。

二、联通主义教育哲学观

由于历史时期的发展局限，早期教育基本理论研究在一定程度上忽视了技术要素。[②] 21 世纪以后，有少数研究从教育目的、要素、过程等角度重新审视了科技进步对教育的深层影响，但本质上仍将技术视为教育的手段或外部因素。[③] 实际上，进入21 世纪以来，以互联网为核心的新一代信息技术不仅仅是手段、工具和媒介，更是教育教学中新的信息空间和社会文化系统，对教育根本性问题产生了革命性影响，比如，学习是什么，教育的本质是什么，如何界定知识的内涵和价值等。

---

① 陈明文，万金湖，等. 干部网络教育培训理论与实践创新研究 [M]. 湖南：湖南大学出版社，2022.
② 余清臣. 教育实践的技术化必然与限度——兼论技术在教育基本理论中的逻辑定位 [J]. 教育研究，2020 (6).
③ 李政涛，等. 面对信息技术，教育学理论何为？[J]. 华东师范大学学报（教育科学版），2019 (4).

联通主义是近 20 年来对教育变革最具启发意义的创新思想，它不仅重新认识了学习现象，还反映了一种共建共享的大资源观和互联互通的组织生态观，揭示了知识的新本质、新内涵，提供了一种认识和改造世界的新方法论，是教育哲学层面的理论创新。陈丽教授将联通主义分为"学习即连接"的微观联通、"资源共建共享"的中观联通和"组织生态开放互联"的宏观联通。[①] 本节综合现有研究和实践的积累，深入分析联通主义的哲学思想，探讨了它对"互联网+"时代教育变革的指导意义，为研究者和实践者提供了新的思想和思路。

（一）微观联通：学习即连接

首先，联通主义理论指出学习是建立连接和形成网络的过程，揭示了"学习即连接"的新本质。人类的大脑并非像书籍一样记录事实、句子和观点，而是一个由数以亿计的神经元组成的复杂生物系统。个体的学习实际上是神经网络的生长和发展，是外部信号输入引发的连接激活和网络结构特性的改变，而不是对内容的直接处理和加工。因此，联通主义认为，学习是一个网络形成的过程。这个网络由不同的节点和边组成，节点代表学习者的知识或概念，边代表学习者的关系和网络。学习者通过探索、交互和反思等过程，建立和修改这个网络，从而获取新的知识和技能。联通存在于人与人、神经元、概念和想法之间，个体的学习是在内部认知神经网络、概念网络和外部社会网络的共同作用下发生的。[②] 个体通过网络学习，也在学习中发展网络。不同网络之间通过感知、交流和会话相互作用，就像把石头扔进池塘会产生冲击和波浪，这是水分子通过相互作用对外界变化做出的反应。人类的大脑比池塘复杂得多，外部世界的变化会在个体内部网络保留影响的痕迹，如改变节点或连接，从而提升适应外部世界和与之交互的能力。

联通主义强调学习的情境性。学习是与具体的情境和语境紧密联系的。学习不是为了获得或积累特定的内容，而是为了不断发展成长以应对复杂多变的情境。知识和技能的理解与应用需要考虑到具体的背景和情境，学习者需要将新的知识和已有的经验联系起来，形成情境性的理解和解决方案。

---

① 陈丽，徐亚倩. 联通主义的哲学观及其对教育变革的启示[J]. 教育研究，2023, 44 (01): 16-25.
② George Siemens. Connectivism: Learning as Network-creation [EB/OL]. http://www.360doc.com/content/07/0518/23/18017_507942.html.

此外，联通主义拓展了学习的关注视角，即群体学习。以往的学习理论主要从个体角度描述学习发生的过程，即使是社会建构主义也更关注社会交互对个体意义建构的影响和支持。[1]然而，学习是一个社会性的过程，它不是一个人的事情，而是在与他人的社会互动中进行的。社会和文化背景对个体的学习和发展有着重要影响，学习者通过与他人的交流和合作，构建自己的理解和知识。联通主义的补充原则强调"个体学习和组织学习是相互整合的过程"[2]，学习不仅存在于个体头脑中，也存在于群体内部与群体之间。个体会受到周边文化、社会压力、组织规范、互惠关系、重要他人、机会、成员差异等外部群体因素的影响。[3]反过来，这些因素也助力了群体凝聚力的提升、推动了知识生产的进程，群体层面的知识涌现也是个体和组织相互影响的结果。因此，联通主义提供了一种解释个体和组织相互学习、共同发展的新视角。

（二）中观联通：资源共建共享

资源在教育变革创新中一直是关注的重点。传统资源建设以供给驱动为特征，师生在资源选择和优化中的话语权较弱，导致了供需不平衡、结构性短缺、重复建设、使用率低以及内容陈旧等问题。联通主义认识到知识、信息和资源都是随需应变的，资源生产也需要适应快速变化的环境和需求。互联网能够削弱"中介"的权利，使资源的实时流通成为可能，个人有更多机会参与内容的再修改和再创造。因此，联通主义强调内容在群体中流动，在共同分发、应用和创造的循环中生长更新，充分利用网络上碎片化和分布式的学习资源，强调个体在资源选择上的自主权以及对原有资源的反馈和贡献，强调联通主义系统设计的去中心化、分布式、动态化、去中介等原则。[4]

联通主义提倡树立动态生成、共建共享的大资源观，为解决传统资源建设过程中的问题、满足多样个性的教育需求提供了创新实用的思路。陈丽教授将其内涵概括为以下四点[5]：第一，资源建设主体多元，不仅仅限于政府主导的专业机构，社会机构、企业、个人都可以成为建设者，全社会优质资源得以联通汇聚用于教育服务；第二，"消

---

[1] 王佑镁，等. 从联结主义到联通主义：学习理论的新取向 [J]. 中国电化教育，2006 (3).
[2] 王志军，等. 联通主义学习理论及其最新进展 [J]. 开放教育研究，2014 (5).
[3] 徐亚倩，等. 生生交互为主的在线学习复杂性规律探究 [J]. 中国远程教育，2021 (10).
[4] 同上.
[5] 陈丽，徐亚倩. 联通主义的哲学观及其对教育变革的启示 [J]. 教育研究，2023, 44 (01): 16-25.

费驱动、用户评价、持续迭代"的资源动态优化机制,以需求方的选择、推荐、反馈、评估为基础推动资源的更新迭代;第三,资源类型更加丰富多样,少数群体的需求、小众数字教育资源通过联通获得重视,内容的针对性、特色性和精细化程度大大提升;第四,"线上线下混合、跨区跨校协同"的灵活服务方式,打破资源共享的时空界限,传播速度加快,灵活性提高,共享范围扩大,全社会学习者可以自主、灵活地享受优质资源。除了数字资源外,优质师资、物理空间资源也可以通过互联网实现共享和联通。例如,大型开放式网络课程 MOOC 作为公共网络教学平台集合了国际名校大量免费、高质量的课程,为学习者提供在线支持,包括课程任务布置、学习评估、师生和生生之间的互动交流。如北京市开放科学实践课,通过公共服务平台预约和共享学校、企业、研究机构等的线下科学实践场地。

(三)宏观联通:组织生态开放互联

随着技术和社会发展的加快,大众对教育的需求也在增加,要求也在不断提高。然而,由于受环境、思维、资源等多方面因素的限制,教育面临着不平等、资源稀缺、资金支持和复杂学习挑战等问题,仅仅依靠教育系统无法满足未来社会发展对人才的需求。因此,联通的价值和重要性日益凸显。建设人力资源强国、构建高质量的终身教育体系不仅是教育系统内部的责任,更需要全社会共同承担。联通主义不仅仅是一种学习现象,更是一种互联互通的组织模式。[①] 构建开放互联的组织生态,实现教育内部各子系统之间、教育与社会之间的互联互通,共同建设多主体提供服务的知识社会,集结全社会的力量,为人们的终身学习和发展提供服务,这是联通主义在宏观层面的体现。

"组织生态开放互联"表现在教育内部子系统和教育内外大系统两个层面。首先是教育内部各子系统之间的开放互联,例如高等院校之间加强开放合作,实现资源共享、数据联通和学分互认。其次是教育系统与社会系统的开放互联。[②] 这一方面体现为正规教育机构的角色从"控制"转向"服务",利用慕课平台拓展和强化高等学校人才培养的社会化服务职能,打破传统的以专业为单位、以学校为场所、只面向少数精英的服

[①] 陈丽,等. 开放、联通:互联网思维与开放大学创新发展——访北京师范大学副校长陈丽教授[J]. 终身教育研究,2017(3).

[②] 王志军,等. 联通主义:"互联网+教育"的本体论[J]. 中国远程教育,2019(8).

务模式，向全社会开放选课权限，为数百倍甚至数万倍的学习者群体提供服务，有效推动高等教育的大众化。另一方面，教育体系也不再是孤立无援的封闭系统，而是向所有有意愿、有能力提供教育服务的机构和个人开放，汇集全社会的智慧来弥补学校教育的不足，共同为人们的培养和发展提供服务，以满足各类学习者多样灵活的教育需求。组织生态的开放互联还需要关注终身学习成果认证制度的创新和完善，例如，学习证书，以及各类学习成果转换制度，推动校内外教育的融合互补，实现全社会的联通共育，构建新型的教育生态。

（四）知识即网络

唐斯认为，除了质性知识和量化知识，还有联通知识。[①] 知识不是作为内容存在于某个地方，而是一种实体相连的网络架构，知识即网络。一个人的知识是他们头脑中基于经验的神经元之间的连接状态。举例来说，同样一幅图像可能因为个体网络架构的差异不同，每个人的理解是不一样的，即知识理解存在个体差异性。大脑内部的神经元网络构建了个体所知晓和想象的世界。一个人不能简单地获取这种连接模式，必须通过重复的互动和学习形成或重塑连接。因此，从这一角度而言，知识是增长和发展的，而非获取的。知识不是一成不变的，它具有适应性、流动性和可塑性。[②] 由于外部事物和情境在不断变化，即使现在有一个正确的知识，由于信息环境的改变，它也可能不再适用。[③]

"知识即网络"还意味着信息过载和认知负荷只是对"死记硬背式"学习观念的挑战和限制，而不是联通主义学习需要解决的问题。[④] 丰富的内容、大量的问题讨论和复杂的环境旨在激发学习者的体验和互动，学习者只需根据自己的需求选择所需的内容。就像我们不必记住或浏览互联网中每天产生的海量信息一样，也不会因为它们的存在而感到认知负荷，我们只需要在需要时能够辨别它们。

[①] Downes, S. Connectivism and Connective Knowledge: Essays on Meaning and Learning Networks [DB/OL]. http://www.downes.ca/files/books/Connective_Knowledge-19May2012.Pdf.
[②] Cabrero, R. S. & Román, O. C. Psychopedagogical. Predecessors of Connectivism as a New Paradigm of Learning [J]. International Journal of Educational Excellence, 2018, (2).
[③] Mlasi, S. M. & Naidoo, R. An Exploratory Study of the ODL Course in Structural Engineering [A]. Granda, J. J. & Cellier, F. E. Proceedings of the 10th International Conference on Computer Supported Education [C]. Funchal, Portugal: SciTePress, 2018. 246-251.
[④] 史蒂芬·道恩斯，等. 突破机构教育之囿：网络世界的个人学习 [J]. 中国远程教育，2015 (5).

早期社会人类的生产和生活过程具有明确的分工，社会发展缓慢。我们更加重视系统化、经过社会选择、经过检验认可、易于记录和传播、能够提高效率的经验。[①] 在印刷技术的支持下，知识分子将这些经验进行抽象提炼，并撰写成书籍。在实践场景相对确定的情况下，学习者可以通过接受规范统一的学校教育，快速掌握所需的知识结构并投身相应的实践岗位。然而，精细加工后的书籍只能有效地表达一部分知识，只能算作庞大知识网络的冰山一角，许多知识难以依靠传统媒介进行传播，往往在知识的传授和学习过程中流失。

新一代信息技术的出现拓展了知识的表征方式和载体形式，赋予了更多个体表达经验的机会和权利，缩短了知识共享和传播的链条。这使得原本隐性、多元的知识有更多可能性出现在人类的视野中，能够在网络中流动的不仅是公式和定理，还有生活经验、思维模式、情感价值观等，它们共同促进知识网络的更新和发展。科技的进步推动了许多领域更新发展的齿轮，知识的半衰期缩短，知识流量急剧增加且不可控制，知识变化快得令人应接不暇。当实践情境复杂多变，确定性随时可能被颠覆时，相比于掌握已有的知识结构，保持知识的时新性、识别潜在模式、构建和发展知识网络的能力变得更加重要，这也是理解新知识观的价值所在。

总而言之，联通主义揭示了"互联网+"时代知识观的发展[②]：知识的内涵变得更加丰富，包括大量碎片化知识、个人主观化知识和综合情境化知识；知识具有时效性和情境属性，只有在特定情境和条件下才能有意义，它不断产生、更新、发展和消亡，以适应环境变化；知识的生产主体变得更加多元化，不同身份、经验背景的个体甚至机器都被赋予了知识生产和传播的权力；问题驱动和群智汇聚成为知识创造的重要方式，知识的生产与传播同时进行；对知识价值的共识性要求降低，更多地以是否满足个体需求为标准；视频、图像、声音、文本、程序等多模态的知识载体提高了整合、记录、生产、传播和应用的效率。[③]

---

① 石中英. 教育哲学 [M]. 北京: 北京师范大学出版社, 2007. 101.
② 陈丽, 等. "互联网+教育"的知识观: 知识回归与知识进化 [J]. 中国远程教育, 2019 (7).
③ 王怀波, 等. 网络化知识的内涵解析与表征模型构建 [J]. 中国远程教育, 2020 (5).

三、联通主义对教育实践的启示

联通主义对建构面向"互联网+"与人工智能时代的教育理论体系具有重要意义，为认识和研判"互联网+"时代的教育变革提供了全新的哲学思想指导，为构建服务全民终身学习的教育体系、培养拔尖创新人才、重构教育理论体系提供了强有力的思想武器和方法武器。

（一）在个体学习过程中，主动转变思想认识

联通主义理论是在技术发展的背景下诞生的。它所描述的学习环境与传统教室教学不同，而是一种网络环境，即分布式学习环境。所有资源和入口都通过服务器和服务提供者之间的关系网连接起来。在这样的学习环境中，联通主义的学习是基于网络环境的学习。道恩斯认为，未来的虚拟学习环境将成为个人学习环境。它将赋予学习者更多控制权，使其能够管理自己的学习体验，包括管理资源、学习过程中产生的作品以及参与的活动等。学习者可以通过个人学习环境与组织机构的系统进行内容访问、评价和图书馆访问等操作。学习者与小组其他成员之间的信息交流和互通是个人学习环境存在和发展的基础。在Web2.0时代，学习者之间的交流不仅限于语言文字，还包括图片、视频、音频等多媒体形式。对话中涉及的学习资源是动态的、相互连接的，不仅可以由学科专家创造，还可以来自共同体中的其他成员，包括学习者自身。这要求各级干部在学习过程中积极转变对学习的认识，充分利用现有技术手段和学习平台，适应新的学习方式，以取得更好的学习效果。

（二）在教育教学上，推动开放体系建设

在新时代，我国教育面临的主要矛盾已经转变为单一、标准化的教育服务体系与人们日益增长的灵活、优质、多元、个性、终身的教育需求之间的矛盾。[①] 而联通本体论为构建服务全民终身学习的高质量教育体系提供了重要的思想基础。联通本体论强调教与学方式的创新，学习本质的核心转向教与学方式的变革，教师的定位、课堂的

---
① 陈丽，等. 互联网驱动教育变革的基本原理和总体思路——"互联网+教育"创新发展的理论与政策研究（一）[J]. 电化教育研究，2022 (3).

职能、课程设计的重点和策略、教学的结构和流程均需做出改变。E-Learning2.0 的思想也为这种体系的构建提供了理论上和技术上实现的可能性。通过使用各种 Web2.0 新技术工具，使得学习环境更有可能成为个性化的、社会化的和灵活的学习环境。通过技术手段帮助学生实现了以往网络学习中不能实现的学习活动，比如与各种远程服务之间的联结，与其他潜在的学习同伴之间的联结，知识和内容的快速传播、不受限的获取，资源的分享，学习体验的交流和互动等[①]。

联通本体论强调树立大资源观，不只强调教育体系内的资源共享，更要利用线上线下空间融合的优势，整合全社会的数字教育资源、空间资源、人力资源，发挥消费驱动对资源建设和优化的导向作用，为学习者的发展提供更加个性化、多样化、灵活化的优质教育服务。联通本体论强调学校形态的发展变化，"互联网+"时代学校可以有更多的形态，承担不同的职责，考虑以不同的方式为不同的人群和特定的教育需求服务。提供个性化的教学服务，教育外包服务，学习中心式的党校，随时随地的灵活学习服务。[②] 努力整合优质教育资源，提高教育人才培养质量，大力开展多种形式的干部教育，建设服务干部终身学习的教育服务体系。

（三）在组织发展上，深入开展教育实践，培养创新人才

培养拔尖创新人才的关键，在于教学方法和教授内容的选择。传统意义上对知识的认知被知识网络化的思想颠覆，知识不仅仅是能够表达的观点，更多的是知识无法直接通过教师复制和传播给学习者。特别是在迅速发展的前沿领域，知识的确定性降低，知识的发展路径和速度难以掌控，许多知识在形成体系之前就已经过时。这个观点可能有些费解，但却至关重要，它不仅是联通主义理论的核心，也揭示了培养拔尖创新人才的关键，同时也是理解素质教育和"双减"政策的关键所在。换句话说，要培养适应"互联网+"时代的拔尖创新人才，必须树立全新的知识观。新的知识观要挑战标准化、确定性和强调计划与控制的知识教育方式。

在知识爆炸和环境快速变化的时代，教育的目标不是定义和传授更多清晰、抽象

[①] 徐亚倩，等. 互联网推动教育理论与学术创新的主要方向——"互联网+教育"创新发展的理论与政策研究（五）[J]. 电化教育研究，2022 (5).

[②] OECD. Back to the Future of Education: Four OECD Scenarios for Schooling [EB/OL]. https://www.oecd.org/education/back-to-the-future-s-of-education-178ef527-en.html.

的内容和结构，学校和教师的角色不是传播可以表达的观点，而是要培养学习者在复杂信息环境中搜索、辨别、选择、整合和创造的能力，在没有教师支持的情况下适应和应对无法预测的复杂问题和情境。学科的内涵和人才培养模式也需要重新定义，既有基础性学科具备完整、独立的知识体系，也有以实践创新问题领域为核心的新兴交叉学科，后者更需要以新的知识观为认识论基础，注重信息素养、协作自主、问题思维、批判创新等能力培养，创新跨学科、多模式的实践育人机制，向社会输送能够适应和引领改革潮流的时代新人。

（四）在系统层面，加强教育主体间的沟通与合作

教育是一个复杂系统，具有多个层次和网络化的特点。然而，目前科学方法在揭示教育系统的复杂性规律方面仍有不足之处。为了推动教育研究，国家自然科学基金委自2017年起增设了代码教育信息化科学与技术项目，吸引了众多自然科学领域的学者参与教育研究。我们认为，首先，全国教育科学规划可以借鉴自然科学基金委的做法，设立专门的资助项目，支持理论和实践应用方面的教育研究。其次，应推进计算教育学的学科建设，培养具备多学科背景的计算教育学专业人才。最后，制定探索鼓励学科交叉的新机制，以促进多学科协同合作的学术文化。

联通主义为教育思想带来了创新，需要更多人共同探索。联通主义理论让我们认识到，新一代信息技术（如互联网）对教育产生的影响远远超出形式和手段的范畴，改变了教育的基础性和根本性问题。教育现代化不仅仅是手段的信息化，更需要理论的现代化。教育信息化推动教育现代化进程中的许多误区并非来自技术本身，而是源于理论创新滞后于实践的结果。推动"双轮驱动"的教育变革需要教育理论界承担重任，但这是一条漫长的道路。

联通主义学习理论是一种宏观性、系统性的理论，用于认识人类社会在高速发展的信息时代中学习与教育方式的变革。当前，联通主义正在不断发展。联通主义为我们提供了一个全新的视角来看待人类学习与教育。然而，该理论仍处于发展阶段，要使其被广泛接受和推广，还需要更多的研究和系统化的实践探索。

第四节 马克思主义教育哲学

一、马克思主义教育哲学产生背景

当代中国是一个在马克思主义的指导下建立起来的社会主义现代化国家。马克思主义哲学思想是一种科学的世界观和方法论，对社会各个方面、各个领域都具有普遍的指导意义。马克思的教育哲学思想运用马克思主义辩证法和唯物史观来考察、分析、批判资产阶级教育现状和教育理论，科学地回答近现代教育学、教育哲学等基本问题，并在实践和理论中不断探索和逐步形成了一系列关于教育问题的相关理论和哲学观点。马克思的教育哲学思想是马克思主义哲学思想体系中的重要组成部分，对中国特色社会主义教育事业具有强大的指导能力和分析研究能力。它不仅没有随着社会的发展进步而过时，而且具有长远而普遍的现实指导意义。随着教育改革实践的发展，马克思主义的教育哲学思想不断发展变化和创新完善，在当代中国体现出很高的时代和理论价值。回顾历史，马克思主义教育哲学的产生有其独特的时代背景、科学背景和理论背景[①]。

（一）马克思主义教育哲学的时代背景

在 19 世纪 40 年代，马克思主义哲学产生之际，西欧国家的资本主义生产方式正逐步发展成熟。无产阶级作为一股独立的现代政治力量逐渐崛起，迫切需要一种科学理论来指导他们的革命实践。在教育领域，西欧资产阶级国家建立了普遍的、国立的、强制性的国民教育体系，取代了过去由教会或慈善机构主导的教育形式。同时，各国相继颁布了《福斯特法令》等一系列教育法规，推动了现代意义上的儿童义务教育、中等教育和大学教育的兴起，并建立了国家主义的国民教育体系。此外，在受到黑格尔等古典哲学家影响的同时，一些富有新思想的教育家开始尝试不同形式的教育改革

---

① 董朝霞. 马克思的教育哲学思想与当代价值探究[J]. 佳木斯职业学院学报，2018 (03): 106-107.

实验，提出了一些新的教育理论和观点，为马克思的教育哲学思想的产生提供了基础和土壤。

（二）马克思主义教育哲学的科学背景

现代教育的发展伴随着科学技术的进步。科学知识成为教育的核心内容，同时科学技术也推动了教育形式、教学手段、教学方法和教育哲学思想等方面的发展和变革。在 19 世纪 30—40 年代，第二次科技革命迅速发展，人类在自然科学领域取得了巨大的成就。解剖生理学、天体演化学、有机无机化学等新学科相继涌现，细胞胚胎学说、达尔文的生物进化论、能量守恒定律等重要理论问世。这些现代科学的进展为马克思主义哲学和马克思的教育哲学思想提供了重要的科学基础和前提。

（三）马克思主义教育哲学的理论背景

马克思的教育哲学思想并非凭空产生，而是通过吸收、思考、批判、继承和创新英国古典政治经济学家、德国古典哲学家关于教育思想的过程中逐渐形成的。举例来说，马克思在康德、黑格尔、费尔巴哈等人提出的有关教育与人的发展思想上进行了批判和继承，汲取了关于人的发展具有现实社会性、历史规定性和制约性等思想，并提出了人是人的活动和物质生活条件的产物，因此教育的对象应该是真实存在的个体。此外，马克思还继承了空想社会主义的一些思想，对资产阶级、小资产阶级的教育思想以及资产阶级教育现状进行了深入批判，并从他独特的唯物史观出发，进一步批判了资本主义教育的自私和不公正之处，提出通过推翻资产阶级政权、建立无产阶级政权的方式来根本改变教育的性质，使得教育能够真正有利于实现人的自由和全面发展。

二、马克思主义教育哲学在西方的发展

在 20 世纪 50 年代，美国教育哲学界开始关注马克思主义的教育问题。1955 年，由美国全国教育学研究会编辑出版的《教育哲学》将《关于马克思主义的教育哲学》列为专门的一章。《教育的哲学基础》是当代再版次数最多的教育哲学教材之一，由 H. A. 奥兹门和 S. M 克莱威尔合著，其中一节专门介绍了马克思主义教育哲学。他们

肯定了马克思教育哲学的出发点是为了解放人类，摆脱资本主义制度下的非人状态；对马克思关于教育与环境、主体与客体关系的辩证分析也给予了高度评价。实际上，马克思主义教育哲学对西方教育产生了巨大影响。古特克说："不管马克思的意识形态如何，马克思都被认为系统地构建了一个西方思想的强大理论体系。马克思主义给我们提供了一个分析历史、社会和教育因素及其发展趋势的新视角。"①

葛兰西是马克思主义以及马克思教育哲学对西方社会影响的重要人物之一。他发展了马克思的霸权主义理论，并提出了"文化霸权"的概念，为后来的法兰克福学派以及英美的批判教育理论奠定了基础。"文化霸权"指的是一个社会集团的霸权地位在统治和知识与道德的领导权两个方面表现出来。②统治是通过国家机器实现的，资本家能够剥削工人并合理化、合法化这种行为，是因为他们掌握了国家机器，这是一种霸权。马克思很少谈到另一种霸权，但葛兰西通过对马恩著作的研究提出了第二种霸权：文化霸权，即知识和道德的领导权。

后来，西方的马克思主义学者特别是批判教育理论家沿袭了葛兰西的思路，继承和发展了马克思主义思想。例如，鲍尔斯与金蒂斯探讨了教育的组成因素，在《资本主义美国的学校教育》一书中，他们得出了一个基本观点：资本主义美国的学校教育可能会促进个别社会地位的提升，但总体上不会改变社会的经济结构，也不会改变社会财产的分配制度，实际上只是复制了资本主义的生产关系和财产关系。这就是著名的"再生产理论"，又称为"教育的经济再生产理论"，实际上是对马克思与恩格斯在《共产党宣言》中对资本主义教育性质的论述进行的新研究。鲍尔斯与金蒂斯还说道："真正平等、自由的教育制度只能在致力于改变经济生活的广泛运动中产生。在这个运动中，私人占有基本生活资料的制度必须被废除，对生产过程的控制权必须归劳动人民所有。从这个意义上说，这个运动具有社会主义的性质。"③这句话的意思是，在现有的资本主义生产关系和社会关系中，真正平等、自由的教育制度是不可能建立起来的，只有在社会主义运动之后才能真正实现。

鲍尔斯和金蒂斯提出了社会主义教育的五条原则，这些原则是改变资本主义教育的基本方向和路径。为了实现教育的民主化，他们运用了一种关于人的发展、权力和

---

① 古特克. 哲学与意识形态视野中的教育 [M]. 北京：北京师范大学出版社，2008：273.
② 葛兰西. 狱中札记 [M]. 曹雷雨，姜丽，张跣，译. 北京：中国社会科学出版社，2000：38.
③ S. 鲍尔斯，H. 金蒂斯. 美国：经济生活与教育改革 [M]. 上海：上海教育出版社，1990.

人际关系的辩证教育哲学。这实质上是应用和发展马克思主义关于人的主体性和环境改变的哲学。教育工作需要站在斗争的前列，与其他工人阶级成员组成联盟，并建立统一的阶级意识。布迪尔和帕斯隆进一步将资本理论从经济资本扩展到社会资本和文化资本，他们主要强调在社会资本和文化资本占有方面处于弱势的人群在学校中同样处于弱势。因此，学校再生产了社会的价值等级和社会的文化资本。这一理论被称为"教育的文化再生产理论"。

弗莱雷提出了"被压迫者教育学"，他强调了通过实践来摆脱压迫并改变世界的重要性。他认为，只有通过对世界的反思和行动，人们才能不再被压迫力量所奴役，打破压迫的枷锁。[1]这种观点实际上强调了对境遇、人与世界关系以及未来可能性的提问，并认为人们首先应该敢于提问，然后才能定义和改变各种关系。这种思想具有启蒙价值。弗莱雷的基本思想是变革的空间永远存在，只要人们愿意改变，只要意识到自己具有主体性，就可以改变自己的环境。吉鲁强调教师要成为"转化性知识分子"，即使教育更具有政治性，使政治更具有教育性。[2]教育不仅仅是传授专业知识，它是一座桥梁，将过去和现在、个人和社会、现实和可能连接起来，帮助学习者从一种状态提升到另一种更理想的状态。

三、马克思主义教育哲学在中国的传播

十月革命的一声炮响为我们带来了马克思主义。在此之前，一些先进的知识分子和游学欧美、日本的学者已经接触到了马克思主义，并翻译了《资本论》等重要著作。在十月革命之前，马克思主义只是一种理论学说，而在其之后，它成为一种实践哲学，成为社会运动的指导理论。

当马克思主义传入中国时，我们国家传统的儒家教育思想仅仅关注教育如何培养内圣外王的能力，"内圣"是指发现并培养自己的德行，"外王"是指治理国家的方法。因此，当时中国的教育具有浓厚的伦理和政治色彩。传统的中国哲学家很少用结构主义的视角来探讨教育与社会的关系。然而，随着马克思和恩格斯的学说以及他们对教

---

[1] 保罗·弗莱雷. 被压迫者教育学[M]. 上海：华东师范大学出版社，2001:7.
[2] 亨利·吉鲁. 教师作为知识分子——迈向批判教育学[M]. 朱红文，译. 北京：教育科学出版社，2008:154.

育的论述传入中国，中国的马克思主义者对教育与社会的关系产生了新的认识。例如，李大钊认为："不改造经济组织，单求改造人类精神，必致没有效果。不改造人类精神，单求改造经济组织，也怕不能成功。"他还指出："劳动人民要想改变自己的命运，也必须通过斗争赢得教育权。劳动人民赢得教育权的斗争，也必须与他们追求自身解放的根本利益相一致。"① 因此可以得出结论，劳动人民的教育不仅仅是为了个人进步和发展，它与整个劳动阶级的解放息息相关。所以在新民主主义时期，教育成为劳动人民赢得解放的力量。

此外，陈独秀在《教育界能不问政治吗？》一文中谈到教育与政治的关系时说："在私产制度下的教育，无论倚靠不倚靠政府，全体，至少也是百分之九十九有意或无意维持资产阶级底势力及习惯，想在这种社会状况之下实现善良教育而且是普遍的，我想无人能够相信。"② 在当时的背景下，一些教育家提出了教育应该独立的观点，包括教育经费、制度和事务等都应该独立运作。他们认为教育应该由专业的教育家来管理，而政治家不应干涉。这种观点听起来很美好，但陈独秀却认为，这只是一种美好的愿望而已，因为教育无法摆脱政治的影响，政治家会对教育进行干预。

在中华人民共和国成立初期，毛泽东受到杜威实用主义教育思想的影响。当杜威在湖南发表演讲时，毛泽东曾担任他的书记员。毛泽东还在《湘江评论》上发表了一些关于介绍和讨论杜威实用主义教育思想的文章。因此，在早期，毛泽东办起工人夜校和农民夜校，推动文化和知识的普及，实际上融入了一些实用主义教育思想的元素。在后来的革命实践中，毛泽东意识到"农村里地主势力一倒，农民的文化运动便开始了。不久的时间内，全省当中有几万所学校在乡村中涌出来，不若知识阶级和所谓'教育家'者流空唤'普及教育'，唤来唤去还是句废话"。③ 这句话的意思是，如果乡村的经济制度不改变，如果农民仍然受地主的控制和剥削，他们将没有时间接受普及教育，因为他们连自己的生活都无法保障。按照毛主席的看法，农民最关心的是生存问题。要解决教育权问题，要普及教育，首先必须解决农村的生产关系问题，解决温饱问题之后才有余力发展教育。

中华人民共和国成立后，马克思主义教育哲学逐渐走向中国化，毛泽东对教育的

---

① 韩一德. 李大钊文集（下）[M]. 石家庄：河北人民出版社，1984：68.
② 陈独秀. 陈独秀书信集[M]. 北京：新华出版社，1987：348.
③ 毛泽东论教育（第三版）[M]. 北京：人民教育出版社，2008：1-2, 293-294, 272, 291.

"人民性"有了深刻的认识。毛泽东说:"中国教育史有人民性的一面。孔子的有教无类,孟子的民贵君轻,荀子的人定胜天,屈原的批判恶君,司马迁的颂扬反抗,王充、范缜、柳宗元、张载、王夫之的古代唯物论,关汉卿、施耐庵、吴承恩、曹雪芹的民主文学,孙中山的民主革命,诸人情况不同,许多人并无教育专著,然而上举那些,不能不影响对人民的教育,读中国教育史,应当提到他们。但是就教育史的主要侧面来说,几千年来的教育,确是剥削阶级手中的工具,而社会主义教育乃是工人阶级手中的工具。"[1]

1956年党的八大明确提出,中国已经从新民主主义社会进入社会主义社会。在新民主主义社会的教育背景下,1957年提出的教育方针强调了培养学习者的社会主义觉悟,培养有社会主义觉悟的劳动者。这方针体现了马克思恩格斯教育目的在中国的具体表现,其中强调了教育必须为无产阶级政治服务,必须与生产劳动相结合。劳动人民要知识化,知识分子要劳动化。

改革开放以后,中国特色社会主义进一步发展,以邓小平、江泽民、胡锦涛、习近平同志为核心的党中央不断丰富和发展中国特色社会主义教育,在教育的性质、目的、价值等方面都有了新的发展。尤其是党的十八大以后,习近平对于教育工作发表了许多重要的论述,其中2018年9月10日教师节在全国教育大会上的论述最为系统和完整,重新阐发了马克思主义关于教育的一些基本主张,中国特色社会主义教育理论体系已经形成系统和成熟的理论体系。这些都是马克思主义教育哲学在当代中国的新的发展。

四、马克思主义对教育实践的启示

马克思主义教育哲学与当代社会紧密相关。马克思主义教育哲学是一种非常重要的方法论,它将教育问题与人类问题、社会问题联系起来考虑,始终具有社会、历史和文化的视角。当前世界正经历着百年未有之大变局,这个变局既具有国家性质,也具有全球性质。从全球的角度来看,世界利益格局和文化关系正在发生深刻的变化,其中最显著的就是中国的崛起。总体而言,用传统理论来解释当今世界的变化并把握

---

[1] 毛泽东论教育(第三版)[M]. 北京:人民教育出版社,2008:1-2,293-294,272,291.

未来变化的趋势已远远不够。习近平总书记曾在庆祝中国共产党成立100周年大会上的重要讲话中指出："以史为鉴、开创未来，必须继续推进马克思主义中国化。"他还强调："中国共产党为什么能，中国特色社会主义为什么好，归根到底是因为马克思主义行！"

中国共产党始终坚持马克思主义基本原理，坚持实事求是，从实际出发，不断推进马克思主义中国化时代化进程。在这个过程中，产生了毛泽东思想、邓小平理论、"三个代表"重要思想、科学发展观和习近平新时代中国特色社会主义思想。这些理论为我们党团结带领人民创造了新民主主义革命的伟大成就、社会主义革命和建设的伟大成就、改革开放和社会主义现代化建设的伟大成就以及新时代中国特色社会主义的伟大成就提供了科学的理论指导，并对于我们当代党员干部来说也具有深远的意义。

（一）提供丰富的理论指导

马克思主义是时代的产物，同时随着时代的发展不断变革创新。当代中国的发展道路是一条马克思主义中国化的道路，是马克思主义与中国具体实践相结合的中国化发展道路。在百年未有之大变局时代，马克思主义教育哲学焕发出强大的生命力，对国家和个人的发展有着无与伦比的指导意义。

从国家的角度来看，马克思主义对我国革命实践以及建设中国特色社会主义有着重要的指导意义。中国共产党的指导思想就是马克思主义，通过与中国实践相结合，形成了毛泽东思想、邓小平理论、"三个代表"重要思想、科学发展观和习近平新时代中国特色社会主义思想等马克思主义中国化的理论成果。我们党在探索符合中国国情的社会主义建设道路问题上逐步形成了一系列十分重要的认识，丰富和发展了马克思主义哲学。在马克思主义中国化的指导下，我国取得了一系列的成就，如新民主主义革命的胜利、中华人民共和国的建立、社会主义制度的确立、中国特色社会主义的建设，等等。可以说没有马克思主义的指导，就没有今天我国取得的巨大成就，就没有中国特色社会主义道路。未来我们党开创并不断深化中国特色社会主义的探索，也离不开马克思主义哲学的指导。

从个人的角度来看，马克思主义是我们实践的行动指南。具体体现在：第一，马克思主义之所以能够在170多年后的今天依旧影响深远的一个重要原因，就是它坚持与时俱进。作为当代党员干部,肩负着建设祖国的使命,只有跟上时代的步伐,才能够看清世界的变化,才能不断完善自己。第二,马克思主义要求我们学会理论联系实际,将知识更好地应用到实际中去。第三,马克思主义指导我们坚持实事求是的态度,学会辩证地看待问题、思考问题,使我们能够明辨是非。第四,马克思主义指导我们树立远大的理想,并不断为之努力,为实现共产主义这个崇高理想而不懈奋斗。

从教育培训主体来看,党校的教育工作者要以马克思主义教育哲学为指导,不仅要教育引导学习者,还要大力发扬学习者的主观能动性和创造性,将外在影响与自我改造结合起来,从而实现其全面发展。同时,党校工作者要认识到自己既是教育的主体,又是教育的对象,既担负着引导和指导学习者的责任,也必须不断提高自身的素养。

(二)培养干部的开拓创新精神

创新是一个民族进步的灵魂,是一个国家兴旺发达的不竭动力,也是一个政党永葆生机的源泉。新时代,我们面临着更加严峻的挑战,需要更加敢于创新、勇于担当、勤于奉献的党员干部。年轻干部将会在工作中遇到更多新情况、新问题,工作任务越来越繁重,难度进一步加大。在加快推进马克思主义学习型政党建设、学习大国建设的进程中,党员干部更需要以创新意识适应和引领社会发展节奏,在面对新环境新事物时,用新思维新方式不断提高分析解决问题的能力。

马克思教育哲学强调实践对认知的决定作用和认知对实践的能动作用,同时在尊重受教育者身心发展规律的基础上,充分发挥教育主体的主动性。当代年轻干部群体思维活跃,个性强烈,擅长独立思考,针对这一系列特质,教育工作者应合理引导党员干部们向优势延续和扩大的方向发展,不应沿袭老一套。为此,马克思主义教育哲学注重在实践过程中激发主体的主动性,将理论学习与社会实践、党校教育与工作实践相结合,鼓励自由探索、开拓进取、尊重个性和创新,展现鲜明的时代精神,培养更多优秀干部人才以建设创新型国家。

(三)树立干部正确的价值导向

近年来,随着网络信息化步伐的日益加快和大众传媒的迅速发展,文化多元化已成为当今社会文化的基本特征,对世界政治、经济和社会生活产生了深远影响。我国也受到这股潮流的强烈冲击,一方面有利于我们树立自强意识、创新意识、成才意识、服务意识，但同时也导致了我们价值观念和行为方式的多样性、多变性和矛盾性，容易诱发自由主义，滋生拜金主义、享乐主义、极端个人主义等腐朽思想。此外，西方发达国家利用自身在信息化进程中的主导优势极力推行的"文化殖民主义"，给发展中国家在意识形态领域带来了巨大挑战。因此，需要各级各地干部树立科学的世界观、人生观和价值观，找到符合社会发展方向的个人定位。

马克思主义哲学所讲的物质世界的统一性、联系与发展、唯物辩证法等都具有现实意义，以这些理论作前提，来进行日常的学习和工作可以避免走弯路、犯错误。中国能否消除多元文化中的负面引导，能否确保中国特色社会主义沿着正确的轨道前进，关键在于能否引导年轻党员干部树立正确的价值观。研究马克思主义教育哲学，引导党员干部学会正确处理国家、集体和个人的关系，正确选择人生目标和发展道路，树立坚定正确的政治方向，具有极重要的导向作用。此外，还有助于将中国教育事业的发展深深扎根于每个人的价值追求中，坚定人才培养的社会主义价值取向，引领更多的人成为中国特色社会主义建设的新一代奋斗者和践行者。

第二章 教育技术发展史

第一节 国外教育技术发展演变

关于教育技术的定义，随着科技的发展也在不停地演变。美国教育传播与技术协会（简称 AECT）在 1994 年发布了第一个被普遍认可的有关教育技术的定义：教育技术是关于学习资源和学习过程的设计、开发、利用、管理和评价的理论和实践。目前最新的是 AECT 于 2017 年发布的有关教育技术的定义：教育技术是通过对学习与教学过程和资源进行策略设计、管理和实施来加强知识、调解和提高学习与绩效的研究以及对理论、研究、符合伦理道德的最佳实践。

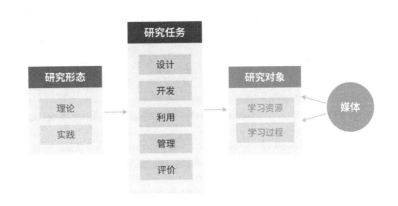

图 2-1　关于教育技术的 AECT '94 定义的结构

有关"学习资源"和"学习过程"的相关理论与实践问题通常被解释为教育技术，其相关研究对象认为其突破了之前"教学过程"的说法，更加凸显了现代教学观念中从以教为中心转向以学为中心，从传授知识转向学生学习能力的重大变革。学习过程是学习者通过与信息、环境的相互影响获得知识和技能的认知过程，学习资源是学习过程中所要利用的各种信息和环境条件。新的教学理论是要求学生由外部刺激的被动接受者转变为能积极进行信息处理的主动学习者，而教师要提供能帮助和促进学生学习的信息资源和学习环境。从 21 世纪社会发展和人类发展的要求出发，建造一个可支持全面学习、自主学习、协作学习、创造学习、终身学习的社会教育大系统。

古代老师使用言语讲授和引导的教学方法。近代开始，西方夸美纽斯提倡班级授课制后，开始出现粉笔和黑板的教学技术。19 世纪末到 20 世纪，科学技术迅猛发展，新的教学媒体出现，为教学提供了生动的视听效果，使教学获得不同以往的巨大变革。教育技术手段从兴起到发展的过程也是教育的发展过程，它经历了二十多年的应用实践与理论研究道路。现如今在全球教育以及教育技术的领域中，知晓国外教育技术发展与演进过程，对推进我国的教育技术的发展和进步可起到学习借鉴作用。下面我们围绕教育技术中一个最活跃的因素手段——教育媒体，了解国外教育技术是如何发展的，以及国外教育技术是如何演进的。

一、从口耳相传到文字教材

人类祖先最起初的教育活动是凭借我们的身体器官进行的。人的感官，比如我们的嘴巴、耳朵是主要的教育工具；教育者的口述和受教育者的耳闻，教育信息在双方的个人之间相互传播；偶尔教育者还带有相关肢体动作或者借用其他实物帮助口述，让受教育者更容易理解或进行模仿。这至少在 10 万多年前就已经存在。因为这种现象是人类意识能动性的表现，也可以称其为是有目的的教育技术的出现。

语言的出现、文字体系的产生、造纸和印刷技术的相继发明为文化教育事业的发展创造了有利的条件。语言和记录语言的文字符号相结合，成为交流思想和传播社会经验的主要工具。像是辅助教育工具编印的教科书，更使"阅读与写作"成为与"口耳相传"同样关键的教育途径，使教学信息的来源丰富多彩，从而打破了教育只能师生面对面交流的单一局面。

二、从直观教具到音像教学媒体

（一）直观教具的先例出现

在近代欧洲，开始初步出现了直观教具，但是在我国北宋时期也有相关记载。1026年，御用大夫王惟一设计铸造了一尊针灸铜人像，它工艺精细，绘有十二经图，直观地展示了人体的经络脉穴位置，被用于传授针灸知识。这堪称世界医学模型的首创，也证明了直观教具在我国的第一次出现和使用。

人们耳熟能详的捷克教育家J. A. 夸美纽斯主张，"让一切学校布满图像""让一切教学用书充满图像"，并于1658年编写了一本附有150幅插图、历时20年之久的教科书《世界图解》，从而被西方国家誉为"直观教学之父"。

17世纪后期，瑞士教育家J. H. 裴斯泰洛齐指出，在学生学习初步计算时，最好能借助自己的手指或者小豆、石子等实物等来学习数量关系运算；比如在地理教学中，可以让学生先观察用黏土塑造的地形模型，逐步过渡到使用地图等。他在教分数、小数时，采用许多积木堆成一个正方形，并把整个正方形当成整数"1"，再用它来对比整体与部分的关系。

（二）近代的直观教具种类

17世纪至19世纪，随着社会生产和科学技术的发展以及教学理念的不断推动，直观教具飞速发展，且种类、功能各异，为提高教学效果提供了一定的物质技术基础条件。直观教具主要通过学生的视觉器官传播教学信息，因此又称视觉教具。按照反映事物的空间范围不同，它可以分为平面视觉教具和立体视觉教具。平面视觉教具包括图片、图表、地图、照片、磁贴等，立体视觉教具包括实物、模型、标本、地球仪、计算器等。

值得一提的是平面视觉教具中还有一个特殊的工具，那就是黑板。黑板几乎是近代学校的象征，是班级授课几乎少不了的教学工具。描述黑板的第一个文献是1809年在美国费城出版的《算术书》。书中说："三英尺见方的木板，涂上墨水，被挂在适当的地方，班级里的学生，坐在它的前面学习。"

（三）早期的音像媒体

音像媒体是指传递声音和图像信息的载体。但是，相较于先前提到过的语言文字、教科书、直观教具等传统的教育手段，音像媒体是在现代科学技术条件下产生和发展的。

提到图像传播，较早出现的方式有幻灯机、老式放映机和无声电影。幻灯机在18世纪末由法国发明，其渊源是中国古代的走马灯和皮影戏。而在1898年，法国的国家教育陈列馆已经推出了幻灯展，并设立幻灯片复制处。再追溯到1832年，比利时和奥地利发明了老式放映机。1889年，美国科学家爱迪生把老式放映机改进为电影放映机，并预言"电影将是教育工具中最伟大的一个"。但最初电影放映机只有35mm型的，而且胶片易燃，在教室使用既不方便又不安全。直至1923年，16mm型放映机和安全胶片产生后，教室放映电影才有了推广的可能。

稍早出现的传播声音的器械有留声机、录音机和无线电收音机。1877年，美国发明家爱迪生发明了留声机。1898年，丹麦人蒲尔森制成了第一架永磁钢丝录音机。1920年，美国匹兹堡的KDKA电台正式建成并开始播音作业。1928年，威斯康的"空中学校"利用无线电台播送7个科目，供5—12年级的学生教学收听。1942年，德国人开始使用磁带录音机。

最早的视听结合的信息传播设备是有声电影，20世纪30年代起有声电影开始运用于学校教育，成为教育技术现代化的标志性里程碑。

（四）教育电视

有声电影在教育领域风靡一时之际，电视也悄然由试验阶段进入实用阶段。20世纪50年代末，闭路电视系统在许多大学和地区开始建立。60年代以后，电视在教育中的应用快速发展。在发达国家中，日本学校的电视利用率最高，1968年为17%，而1970年已达71%。1970年，美国已有75%的公立学校初步使用教学电视节目。与此同时，一些发展中国家也跃跃欲试，比如尼日尔的电视教学实验涵盖了全部的小学课堂。从70年代中叶开始，为了增加其普适性和适用性，随着电视技术的突飞猛进，电视作为新的教育手段向远距离、大范围和近距离、小范围两个方向齐头发展。1974年，美国发射"实用技术卫星6号"，开始直接转播地面站发射的电视教育节目，从此电视教育手段开始普及全球。

三、从程序教学到计算机辅助教育

（一）早期的教学机器

最早的教学机器是指装入预先编制好的程序教材后，能自动起到刺激—反应—强化作用的教学设备，又称程序教学机。它不但能呈现视觉材料，还能针对学生的学习情况提供反馈信息，即具有一定的交互功能，这是教学机器与音像媒体的重要区分。

1924年在美国心理学协会的会议上，S.L 普莱西发布了关于这个问题的第一篇论文并宣布自己已设计了一台可以进行测验、计分和教学的简单仪器。1932年，普莱西又介绍了一种可以用于自动计分装置的答案纸，它能记录学生所发生的错误，从而为老师改进教学提供线索。由于当时社会对"自动教学"的需求并不强烈，科技条件也受限，教学机器在较长一段时间里仅供少数专家进行研究和改进。

（二）斯金纳教学机

20世纪50年代中期，美国著名心理学家 B.F. 斯金纳根据操作条件反射原理，进一步提出教学材料程序化的设想，设计并优化了新一代的教学机器，被人称为斯金纳型教学机。这个"小盒子"成功提高了美国教育的效率，为教育的大规模推广提供了可能。

斯金纳型教学机由输入、输出、储存和控制4部分组件构成，教学机器通过将学习的过程划分为清晰的步骤，让学生通过知识推演过程强化知识，学习的同时帮助学生建立了知识框架。具体的实践表现为教学机器将教学内容分成一个个小的内容单元，依次呈现给学生供他们学习。每个单元学完后，呈现一些测验题，测验学生的学习效果。如果学生做对测验题，教学机器就主动呈现下一个单元的教学内容；如果测验中学生出现错误，则要返回到先前学过的内容，重新进行学习。斯金纳教学机器实现了教与学的分离，它的应用使得教学形式从传统的教师课堂讲授转变为教师提前设计教学程序并在课堂指导学生使用教学机器。

1958年，美国哈佛大学和拉德克里佛大学用10架程序教学机进行人类行为课程的教学。60年代初，程序教学机已在一些国家的各级各类的教学和训练中推行。1961年，美国空军应用教学机器进行了为时6个月的军事技术训练，不仅缩短了训练时间，也降低了训练成本。

（三）计算机辅助教育

计算机于20世纪40年代问世，是一种可以实现高速精确自动地计算和处理信息的现代化电子设备，已经被广泛地应用于社会的各个领域。计算机应用于教育不仅完善了教学机器和教学程序的功能，还可以辅助教学过程的控制，从而辅助教学活动的管理，实现教育管理自动化。因此，计算机教学堪称是教育领域中的一次信息革命，是教育技术现代化的又一里程碑。

在应用范围上，计算机辅助教育主要分为CAI（computer-assisted instruction，计算机辅助教学）和CMI（computer-managed instruction，计算机管理教学）两大方面。偏重辅助的CAI主要包括操练与练习、个别指导模拟和演示、问题解决、信息查询等应用模式，偏重管理的CMI包括学习跟踪、学习诊断、作业分配、测试评价、分析报告等功能。

世界上最早开展计算机辅助教育实验的是美国IBM公司，1958年旗下的沃斯顿研究中心研发了第一个计算机教学系统，利用一台IBM650计算机连接一台电传打印机向小学生教授二进制算术，并能根据学生的要求产生练习题。与此同时，美国的伊利诺斯大学也开始研制著名的PLATO教学系统，该系统从1960年的Ⅰ型发展到1979年的Ⅴ型。它可以储存百余门课程及6000套教学程序，一年可供千余万人学习，相当于一所拥有2.4万名学生的全日制大学的教学能力。这一阶段开发和应用的主要为中小型计算机分时教学系统，一般有数十至数千个教学终端，分布又较广，必须用电话通信网络或局域网将各教学终端与中央主机相连。

到了70年代中期，微型计算机问世，至此计算机教育应用进入第二阶段。由于设备价格直线下降，运行费用大幅度减小，使计算机在学校和社会上的普及率快速增长。在这个阶段，美国的计算机教育应用的重点从大学移向中小学，至80年代末中小学计算机拥有量已超过2百万台，其中用于辅助教学的时间占总用机时间的1/3以上。加拿大中小学计算机普及率已达60%以上。1986年，日本文部省投资20亿日元发展这项事业，至80年代末日本高中有80%以上学校装备了计算机教室，而初中和小学的拥有量也在60%以上。

四、走进信息化教育

信息化教育的概念是在 20 世纪 90 年代随着信息高速公路的兴建而提出来的。美国克林顿政府于 1993 年 9 月正式提出建设"国家信息基础设施"（俗称"信息高速公路"计划），其核心是发展以 Internet 为核心的综合化信息服务体系和推进信息技术在社会各领域的广泛应用。特别是把信息技术在教育中的应用作为实施面向 21 世纪教育改革的重要途径。美国的这一举动引起世界各国的积极反应，世界各国相继推进本国教育信息化的计划。

从技术层面上看，信息化教育的基本特点是数字化、多媒化、网络化和智能化。

（一）数字化。从广义上讲，信息技术古而有之，但我们现在所说的信息技术，主要是指以计算机为基础的数字化电子技术。数字化使得教育技术系统的设备更加简单、性能更加可靠和标准更加统一。

（二）多媒化。以计算机为基础的多媒体技术使得传媒设备一体化、信息表征多元化、真实现象虚拟化。

（三）网络化。当今的数字化信息网络做到了"天网"（如数字卫星通信系统、移动数字通信系统）和"地网"（目前以 Internet 为主）合二为一。网络化的优点是资源共享、时空不限、多向互动和便于合作。

（四）智能化。人工智能将成为信息化教学系统的核心技术，智能化将使得系统能够做到教学行为人性化、人机通信自然化、繁杂任务代理化。

从教育层面上看，信息化教育的基本特点是教材多媒体化、资源全球化、教学个性化、学习自主化、任务合作化、管理自动化和环境虚拟化。

（一）教材多媒体化。教材多媒体化就是利用多媒体，特别是超媒体技术，建立教学内容的结构化、动态化和形象化的表示。如今也有越来越多的教材和工具书多媒体化，它们不但包含图文，还能呈现声音、动画、录像以及模拟的三维景象。

（二）资源全球化。利用网络，特别是 Internet，可以使全世界的教育资源连成一个信息海洋，供广大教育用户共享。网上的教育资源有许多类型，包括教育网站、电子书刊、电子虚拟图书馆、电子虚拟软件库、新闻组等。

（三）教学个性化。利用人工智能技术构建的智能导师系统能够根据学生不同的性格特点和需求进行教学和提供帮助。

（四）学习自主化。由于以学生为主体的教育思想日益得到认同，利用信息技术支持自主学习成为必然的发展趋向。

（五）任务合作化。要求学生通过合作的方式完成学习任务，也是当前国际教育发展的主流方向。信息技术在支持合作学习方面可以起重要作用，其形式包括通过计算机合作（网上合作学习）、在计算机面前合作（如小组作业）、与计算机合作（计算机扮演学生同伴角色）。

（六）管理自动化。我们熟知的CMI既包括计算机化测试与评分，也包括学习问题诊断、学习任务分配等功能。最新的发展趋势是在网络上建立电子学习档案，其中包含学员电子作业、学习活动记录、学习评价信息等。利用电子学习档案可以支持教学评价的改革，实现面向学习过程的评价。

（七）环境虚拟化。教育环境虚拟化意味着教学活动可以在很大程度上脱离物理空间的限制，这是电子网络化教育的重要特征。现在已经涌现出一系列虚拟化的教育环境，包括虚拟教室、虚拟实验室、虚拟校园、虚拟学社、虚拟图书馆等，将虚拟教育与实体教育相结合，校内教育与校外教育贯通，这是未来信息化学校的发展方向。

第二节　我国教育技术发展历史

一、电化教育的发展

电化教育在我国很早就投入了应用，其在我国教育技术发展的早期阶段，对于教育技术的发展和积淀功不可没。南国农先生是我国著名学者，出生于20世纪20年代，从事电化教育事业几十年，一直坚定不移地称中国教育技术领域为电化教育，其观点也引发国内学者的普遍关注。

电化教育（Audio-Visual Education），是指根据教育理论，运用现代化教育媒体，有目的地传递教育信息，充分发挥多种感官的功能，以达到最优化的教育活动。比如大众熟知的运用声、光、电、机械或化学原理，强化对多个感官的刺激，有益于教与学的效果等，都属于电化教育范畴。在过去的 20 世纪，随着幻灯片、无声电影、有声电影、无线电广播、电视、投影等视听媒体的发展，大大提高了知识传播质量和效益。我国从 20 世纪二三十年代开始推广电影、播音教育，1978 年后电化教育重新起步，在学校教育中开始运用幻灯片、投影、闭路电视、录像、语言实验室，还举办广播电视大学、卫星电视教育等，形成了一套具有中国特色的电化教育技术。

1936 年，我国首次确立电化教育的名称和学术内涵。[①] 当时的国内外环境为我国电化教育的诞生提供了有利条件。19 世纪，科学方法变成人们解决问题的重要手段。在社会领域，人们开始用科学方法解决社会生活中出现的各种问题，也促使一些新学科的产生。第二次工业革命不仅推进了科学文化事业的繁荣发展，更提高了民众的文化素养，而且使科学技术逐渐成为推动社会发展的重要因素。到了 19 世纪末，随着科学技术的发展，照相、幻灯片、无声电影开始出现在人们的生活之中，对人们的生活方式产生了巨大的影响。

1919 年的"五四运动"推动我国的新文化运动进入了高潮，资产阶级民主主义者对封建传统教育进行严厉的抨击，教育家们提出科教救国的理念。我国的教育实践者对西方较为先进的教育思想积极选择和吸收，也开始尝试了各种各样的教育实验，初步形成了形形色色的教育思想和教育运动。比如晏阳初的平民教育、梁漱溟的乡村教育、蔡元培的社会教育、陶行知的生活教育，等等。同时，北洋政府迫于形势，也进行了一些教育改革，在 20 世纪 20 年代初步形成了中国现代教育观念和教育制度。第一次世界大战期间，中国一大批拥有科技管理知识、富于冒险创业精神的年轻企业家开始出现。他们与第一代民族资本家在知识结构、价值观念和企业精神方面有较大的差异，他们更注重科技与人才。

"电化教育"一词产生后，沿用了六十多年，直至 20 世纪 90 年代左右出于各种方面的考量，原国家教委将"电化教育专业"更名为"教育技术专业"，自此我国电化教育以教育技术这个新名字进入了发展的新时期。国内学者对我国电化教育的发展进行了总结，按照事物发展的一般规律，将我国电化教育的发展概括为初创、奠基、发展和深入发展四个阶段。[②]

[①] 孙健三. 1936 年电化教育在中国诞生的经过与相关文献史料 [J]. 电化教育研究，2009 (02): 112-120.
[②] 李龙. 信息化教育：教育技术发展的新阶段（上）——四论教育技术学科的理论与实践 [J]. 电化教育研究，2004 (04): 6-7.

（一）初创阶段（20世纪20年代至40年代末期）

从20世纪20年代在南京、上海、无锡、苏州等地开展的最初的电化教育实验开始，至新中国成立之前，出现了"电化教育"这一专有名词。旧中国经济不发达，科学技术等多方面因素相对落后，政府对教育的重视度和投入度不足，电化教育只是在少数城市和地区有所开展，还未能大规模推广。

（二）奠基阶段（20世纪50年代初期至60年代中期）

1949年10月1日新中国成立后，电化教育也因为教育事业的发展而更加得到重视。到1965年，我国的电化教育工作已经初步发展并达到初步的规模，取得了很大的成绩。60年代中期至70年代中后期，受"文化大革命"的影响，电化教育处于停顿状态。

（三）发展阶段（20世纪70年代末期至90年代初期）

党的十一届三中全会以后，电化教育也和其他事业一样得到了快速发展。设立了电教机构，为此配备了专职电教人员，出版电化教育书刊，制作电教教材，创办了电教专业，广泛系统化地开展了电化教学。这一时期的主要特点是引进了以教学设计为代表的系统方法，开始有意识地注意行为主义和认知学习理论对教学的影响，媒体以音像技术为主，并开展了计算机辅助教学实验。

（四）深入发展阶段（20世纪90年代中期以后）

90年代中期以后，我国学者对国外教育技术的研究逐步深入，尤其是美国AECT '94定义的引入，对我国教育技术的进一步发展起到了极大的促进作用。在此基础上，我国教育技术工作者对教育技术学科的定义、定位、学科体系进行了深入的讨论，取得了丰硕的成果。

二、视听技术与媒体的发展

教育技术最早研究和应用的技术就是视听技术。视听技术是将视觉和听觉结合起来的综合媒体技术，主要的媒体包括摄像机、电视机、录像机、影碟机等。由于视听媒体具有鲜明、生动、直观形象的图像，加上听觉语言的有机配合，可以使教学内容得到充分表达，有助于激发学生的学习动机和集中注意力，促进学生对知识的理解和记忆。[①]

在技术的发展过程中，学者们的研究主要针对不断出现的新技术，研究其教学应用的有效方式，同时在投影技术、录音技术、录像技术、广播电视技术和多媒体技术上也开展了大量的实践研究与探索。

（一）投影技术

随着科学技术的进步，投影技术也在不断发展，现阶段有光学投影、CRT 投影、多媒体投影、3D 全息投影等类型的投影技术。

光学投影器在使用时只需距银幕 1—2 米，讲解者可以站在投影器旁边，面对观众边演示边讲解，非常适合教室和会议使用，可以近距离放映出大而清晰、明亮的画面，使教师可以在大的平台式放映台面上直接书写即可投影出去，给教学带来了极大的方便。

CRT 投影技术也叫三管彩色投影机，将输入的信号源，通过电路分解到红、绿、蓝三个 CRT 显像管，由阴极射线电子束扫描击射在成像面上，使成像面上的荧光粉形成图像，再投射到屏幕上。CRT 投影色彩饱和度佳、对比度好、分辨率高，对信号的兼容性强，且技术较为成熟。CRT 的出现，淘汰了光学的投影器，开启了电子投影的时代。

随着多媒体技术的发展，幻灯技术进入了数字化时代。多媒体投影机是与计算机相连接，用来放大计算机图像的显示设备。根据图像显示器件的不同，可分为 LCD 和 DLP 两种，根据焦距的不同，可以分为正常的投影和短焦的投影。

3D 全息投影技术是一种利用干涉和衍射原理记录并再现物体真实的三维图像的技术，是一种无须佩戴眼镜的 3D 技术，也被称为裸眼 3D 技术，观众可以看到立体的虚拟世界。[②]其实它最初的原理来自"海市蜃楼"。一般而言，这种立体电影或画面，我们需要佩戴 3D 眼镜才能看到，而现在这一系列产品就是将图像投射到视网膜的裸眼技术，让人们在不借助任何工具的情况下可以亲眼感受。3D 技术正逐渐在知识创新、深

---

① 李兴保，刘成新. 现代教育技术应用基础 [M]. 济南：山东科学技术出版社，2004：72.
② 潘燕. 让 3D 全息投影技术走进课堂 [J]. 亚太教育，2016 (11)：273.

度学习、虚拟实验、技能训练等方面彰显优势，为教育应用创新提供新环境、新平台、新资源和新工具。

（二）录音技术

录音技术发展到现在，记录声音的方式主要有四种：机械录音、磁性录音、光学录音、电子芯片录音。最早出现的是机械录音，也叫唱片录音，是靠振膜振动直接推动刻纹针在唱片上刻出声音的痕迹。约20年后，科学家选择钢丝作为磁性材料，使录音音质和灵敏度大大增加，随着磁性录音技术的发展，录音机逐步晶体化和集成化，磁带取代了钢丝被广泛应用。光学录音在20世纪20年代出现，将声音转换成光线变化，照射到感光胶片上，冲洗后在胶片上留下音迹，有利于长期保存，可以达到很高的质量要求。20世纪80年代后，随着数字技术和大规模集成电路的发展，电子芯片录音将声音先进行数字化处理，以电信号形式储存在电子芯片中，重放时，取出电信号还原成声音。

（三）录像技术

录像就是记录图像，照相和电影技术就是利用光学录像技术来保存图像的方法。随着电子技术、电视技术、磁性材料和计算机科学的迅速发展，录像技术的发展可以分为VCR（Video Cassette Recorder，盒式或磁带录像机）、DVR（Digital Video Recording Equipment，数字录像设备或硬盘录像机）和计算机屏幕录像三个阶段。1956年，美国安培公司首次成功研制出磁带录像技术。到20世纪90年代中后期，视频压缩数字录像机面世。由于视频压缩数字录像机采用了数字压缩编码技术，它在尽可能保证视觉效果的前提下大大减少了记录数据量，从而降低了信号处理、记录的难度及成本。进入21世纪，计算机屏幕录像可以通过录屏软件轻松地完成声音、图像捕捉，并永久保存。

（四）广播电视技术

中国最早出现的是无线电广播，1928年陈果夫创办了国民党中央广播电台。此后直至1937年，国民党统治区先后建立了78座广播电台。新中国成立后，中国广播事业得到了较大的发展，到2000年为止，我国共有广播电台304台，人口覆盖率达到92.4%。

我国的电视技术发展较晚。1956年，原中央广播事业局开始筹办电视广播。1958年9月2日，我国正式开播了黑白电视广播。我国彩色电视事业起步于20世纪70年代中期，80年代初我国彩色电视事业乘着改革开放的东风，引进了世界先进技术和设备来发展自己的民族彩电工业。新时代，彩色电视信号处理已由模拟向数字化迈进，显示器由球面到平面，以至于掌握大屏幕等离子、背投、液晶、立体、高清晰度等彩色技术，创新的步伐越来越快。

（五）多媒体技术

多媒体技术以计算机为中心，把语音处理技术、图像处理技术、视听技术都集成在一起，把语音信号、图像信号进行数字化处理，这样，计算机就可以很方便地对它们进行存储、加工、控制、编辑、变换，还可以查询、检索。正是由于这些优势，在教学中多媒体计算机替代了某些电子媒体，比如录音机、幻灯机和投影器等，使之退出了教学的舞台。其中，多媒体教室就是多媒体技术集成应用的最主要的场所，能够将多种教学媒体有机结合在一起，具有实时性、互动性和随意性，可满足传统教学、电化教学、多媒体教学等多种需要。

随着网络技术的发展，出现了基于网络的多媒体技术和移动学习技术。E-Learning就是基于网络的学习，它简化了传统教育方式对师资、费用、教育环境的要求，展现出新技术对教育改革的潜力，开拓了教育的新时空，学习者可以随时随地学习，也拓展了教育对象，它是教育技术实践的新领地，必将成为终身学习社会的重要教育模式。[①]

三、计算机网络教育的发展

（一）计算机辅助教育

计算机辅助教学（Computer Assisted Instruction, CAI）是在计算机辅助下进行的各种教学活动。[②] CAI把计算机系统的功能和教师的课堂讲授有机地结合在一起，它既

---

① 许成果，艾伦. 从教学媒体看教育技术的发展 [J]. 中国教育技术装备，2007 (07): 3-6.
② 胡凯. 浅谈计算机辅助数学教学 [J]. 电子世界，2017 (05): 18.

包括为学生提供系统学习指导的课程内容，也包括为某一教学内容所补充的教学模拟、游戏以及向学习者提供某种作业的辅导、操练和实践等。

随着科技的发展，计算机系统作为教学内容和教学策略的主要储存装置，通过人机对话的活动方式按先前预定的教学策略向学生传播适当的学习内容，包括概念和规律的呈现，提问和回答，以及根据学生的反应所给予的反馈，以达到预期的教学目标。CAI 最早产生于美国，在我国尽管 CAI 的研究起步较晚，但发展很快，自 20 世纪 80 年代起，以北大、清华、中国科大为代表的一些实力雄厚的高等院校都把 CAI 的发展列为重点研究课题。

20 世纪 90 年代的 CAI 软件主要是课件的形式，自 21 世纪初起，计算机辅助教学越来越受到研究者们和一线教师重视和欢迎。当今的教学中，计算机辅助教学的使用已经越来越普遍，它使课堂变得生动形象。但是随着多媒体课件在课堂上的广泛应用，越来越多的弊端逐渐显现了出来：教师开始照本宣科，课堂互动减少，学生对学习的热情逐渐丧失等。对此有学者从学生学习层面、教师技能层面和 CAI 使用层面提出针对教师技能教育与学生学习模式的优化措施来打破这种现状，从而提高学习效率。[①]

美国是进行计算机辅助教学研究和应用最早的国家，所以 CAI 的历史基本上是以美国 CAI 发展历史为主线。近四十年来，计算机辅助教学的发展大体上经历了五个阶段。

1. 1958—1965 年

这是 CAI 发展的初期阶段。在这个时期，主要是以大学和计算机公司为中心开展的软件硬件开发研究工作，并出现了一些有代表性的系统，如 PLATO 系统。

2. 1965—1970 年

这一时期的特点是研究规模扩大，并且将以前的研究成果投入应用。斯坦福大学在 1966 年研制了 IBM1500 教学系统。

3. 1970—1975 年

这一时期，CAI 的应用范围不断扩大，并进一步趋向实用化。开发的科目除了数学、物理之外，在医学、语言学、经济学、音乐等多种学科领域均开展了 CAI 的应用。

4. 1975 年—20 世纪 80 年代后期

微型计算机进入教育领域之后，形成了极大的冲击，使之成为多种教育环境中的

[①] 张红伟，秦丽珠，杨天林. CAI 在中学教学中的弊端及优化措施 [J]. 中学教学参考，2019 (24): 52-53.

理想工具。

5. 20 世纪 80 年代末以后

20 世纪 80 年代末和 90 年代初，多媒体计算机的出现，被称为计算机的一场革命，它具有能够综合处理文字、图像、声音、图形的能力，显示了计算机在教育方面的非凡才能，很快成为 CAI 发展的重要方向。

（二）网络教育和远程教育

1998 年 12 月，教育部制定《面向 21 世纪教育振兴行动计划》，明确提出要建设"现代远程教育工程"。1999 年 3 月，教育部批准清华大学、浙江大学、湖南大学、北京邮电大学四所高等院校开展远程教育试点。自此，"网络教育"一词出现在中国教育的舞台上，并不断发展壮大。

根据中国互联网络信息中心（CNNIC）2021 年 2 月发布的第 47 次《中国互联网络发展状况统计报告》，截至 2020 年 12 月，我国在线教育用户规模达 3.42 亿，占网民整体的 34.6%，中小学联网率达 99.7%。网络教育和远程教育已成为我国高等教育的重要组成部分，为推进我国的高等教育大众化进程做出了重要贡献。

（三）多媒体网络教室

多媒体网络教室是一种新型教学系统，是一种集多媒体教室、网络及教学软件为一体的复合体。多媒体网络教室也称网络化多媒体教室，是充分运用当今最新的计算机网络技术和多媒体技术，将单调、乏味的课堂知识形象地体现在声音、图像、影视、动画中，通过计算机网络技术的运用，使得真正基于交流、讨论的这种全新的教学方法成为可能，极大地增强了学生的教学参与意识，进一步提高了学校的教学质量，可以说计算机多媒体网络教室的产生无异于教育界的一场革命。

多媒体网络教室主要包括多媒体计算机、服务器、网络系统、多媒体教学软件。与传统计算机网络教室相比，硬件结构上没太大的区别，软件结构上主要增加多媒体教学软件，而功能上区别较大，主要是能将教师的日常教学手段通过多媒体教学软件进一步发挥，增强教学效果，充分发掘计算机应用的潜能，软件系统升级方便。借助多媒体网络教室，教师可以通过网络将自己的影像、语音、教学课件、VCD、外接音视频源等教学节目传送给学生，同时教师可以对学生进行遥控辅导、锁定、复位或进行示范教学。网络教室还可提供电子论坛分组讨论功能，学生可以相互讨论，交流信息。

四、智能技术与智慧教室的发展

（一）虚拟现实技术

虚拟现实技术（VR）是21世纪发展起来的一项全新的实用技术。虚拟现实技术包括计算机、电子信息、仿真技术，其基本实现方式是以计算机技术为主，利用并综合三维图形技术、多媒体技术、仿真技术、显示技术、伺服技术等多种高科技的最新发展成果，借助计算机等设备产生一个逼真的三维视觉、触觉、嗅觉等多种感官体验的虚拟世界，从而使处于虚拟世界中的人产生一种身临其境的沉浸式体验，启发人的创造性思维活动。随着2016年中国最早的西安虚拟现实工程技术研究中心的成立[1]，国内学者对虚拟现实技术的研究也开始逐渐升温。

如今，虚拟现实技术已经成为促进教育发展的一种新型教育手段。传统的教育只是一味地给学生灌输知识，而现在利用虚拟现实技术可以帮助学生打造生动、逼真的学习环境，使学生通过真实感受来增强记忆，相比于被动性灌输，利用虚拟现实技术来进行自主学习更容易让学生接受，这种方式更容易激发学生的学习兴趣。此外，各大院校利用虚拟现实技术还建立了与学科相关的虚拟实验室来帮助学生更好地学习。

虚拟现实技术可以为教育带来更加生动、直观、安全、便捷、个性化、多样化的学习体验，从而提高学生的学习兴趣和效果。虽然虚拟现实技术在教育领域的应用还存在一些挑战和问题，但是随着技术的不断发展和应用的不断推广，相信这些问题也会逐渐得到解决。

（二）教学自动测评技术

教学自动测评是计算机辅助评价（Computer-Assisted Assessment, CAA）的核心内容和研究前沿之一。其基本流程是"学生看演示—做练习—提交结果—教师指导、评价

---

[1] 曹娟，赵旭阳，米文鹏，等. 浅析虚拟现实技术 [J]. 计算机与网络，2011 (10): 65-66.

和讨论",也就是说把问题和任务通过计算机终端传给学生,学生通过计算机输入问题的答案,计算机自动或半自动判断答案并记录分数。CAA 在诊断性、形成性和总结性等三类评价中均可得到有效应用,既可以用于学生的自我评价,也可以用于教师对学生的评价。CAA 系统的构成主要包括题库与组卷、测试环境与自动阅卷、测评数据的统计分析三个方面。

目前,CAA 应用研究主要集中在以下三个方面。

1. 客观测试。测试题的答案从预先定义好的答案中选择或比较,计算机对考题答案的评分不需要任何的主观因素参与,客观测试主要用于评估知识覆盖型和事实记忆型为主的课程。

2. 计算机化自适应测试。指在具有一定规模的精选试题组成的题库支持下,按照一定的规则抽取试题,从而为每个人配置个性化考试。

3. 基于 Internet 的远程考试。客观测试和计算机化自适应测试的相关的理论、方法与技术已相当成熟,能比较好地解决知识层面的评价问题。

（三）智能导学系统

智能导学系统采用高科技先进手段和一流设备,具备轻松互动、海量数据存储、操作简单、信息安全、制作快捷、技术国际领先等无与伦比的优势。结合人性化的设计,为各种公共区域量身定做实用高效的智能导学系统,适用于大型商场、会展中心、医院、住宅等公共区域。

学习平台上资源众多,为提高学习推送的精准性、实现资源的服务最大化,利用 Agent 技术,由专业的技术员来建立智能导学系统,使不同学习类型、层次的学员都可以通过这一系统满足自身个性化的导学服务,这样就在很大程度上增强了计算机网络教学的针对性和预见性。以智能导学系统为辅助基础,其可以结合不同学习者的需求来制定及实施科学的导学方案,从而帮助学习者更好地完成系统中生成的各种问题,并以此为依据对计算机网络教育学习者的学习情况进行优化计算,从而为每个学习者提供个性化的自主学习服务。[1]

---

[1] 关博. 人工智能技术在计算机网络教育中的应用 [J]. 电子技术与软件工程, 2019 (03): 240.

（四）智慧教室

教室的发展经历了"传统教室—电子教室—多媒体教室—多媒体网络教室—智慧教室"的过程。智慧教室是一种典型的智慧学习环境的物化，是多媒体和网络教室的高端形态，它是借助物联网技术、云计算技术和智能技术等构建起来的新型教室，该新型教室包括有形的物理空间和无形的数字空间，通过各类智能装备辅助教学内容呈现，便利学习资源获取，促进课堂交互开展，实现情境感知和环境管理功能的新型教室。智慧教室旨在为教学活动提供人性化、智能化的互动空间。通过物理空间与数字空间的结合，本地与远程的结合，改善人与学习环境的关系，在学习空间实现人与环境的自然交互，促进个性化学习、开放式学习和泛在学习。

智慧教室具有智能化、数据化、互联网化的特点。智能化体现在智慧教室利用数字化技术实现了智能化的教学模式，学生可以自主选择学习的方式和节奏，教师也可以根据学生的需求进行精准化教学。智慧教室通过数字化技术实现了教学过程的数据化，可以对学生的学习状态和学习效果进行实时监控和评估，以帮助教师更好地了解学生的学习情况，提供更加精准的教学服务。此外，智慧教室通过互联网技术将教育教学与社会资源进行深度融合，让学生可以更加广泛地获取教学资源和信息，同时也让教师可以更好地分享教学经验和资源，提高教学质量。

第三章 从 E-Learning 到干部网络学院建设

第一节 认识 E-Learning

一、E-Learning 的概述

E-Learning 的英文全称是 Electronic Learning，中文一般翻译为"数字（化）学习""电子（化）学习""网络（化）学习"等。除此之外，E-Learning 也会被翻译为"在线学习"。美国 E-Learning 专家马克·J. 罗森柏格认为在线学习（E-Learning）意指利用因特网传送一大系列能强化知识和绩效的解决方案。它建基于三大根本标准：第一，在线学习互联成网，使它能即时更新、储存、取用、分配和分享教学或资讯；第二，在线学习利用标准的因特网技术，经由电脑传送给终端用户；第三，它所注重的是最宏观的学习——超越传统培训典范的学习解决方案。[①]

E-Learning 起源于美国。20 世纪 80 年代初至 90 年代初，是 E-Learning 的准备期。从 20 世纪 90 年代初到 2000 年，是 E-Learning 概念的形成与发展期，E-Learning 的概念被正式提出是 2000 年 6 月在美国召开的教育技术首席执行总裁论坛——ET-CEO 论坛上，

[①] 马克·J. 罗森柏格. 在线学习：强化企业优势的知识策略[M]. 北京：机械工业出版社，2002: 21-22.

E-Learning 被定义为数字技术与课程内容的整合。① 从 2001 年开始，是 E-Learning 的重新调整期。②

E-Learning 自 20 世纪初引入我国。目前，E-Learning 主要应用在学校教学、企业培训、党政培训、学习者自学等方面。E-Learning 的应用方式大致可以分为两种，一种是把 E-Learning 作为传统面授教育的辅助手段，比如学校教学中的网课等；另一种是让 E-Learning 完全替代传统面授教育，比如学习者在在线教育平台自学等。总体而言，E-Learning 并没有彻底取代面对面的授课方式，而是不断地与传统教学方式相互融合。

随着我国互联网的繁荣发展，数字基础设施加快建设，E-Learning 在我国得到了很好的发展。根据中国互联网信息中心 2021 年 2 月发布的第 47 次《中国互联网络发展状况统计报告》，截至 2020 年 12 月，我国在线教育用户规模达 3.42 亿，占网民整体的 34.6%；手机在线教育用户规模达 3.41 亿，占手机网民的 34.6%。2020 年 1—10 月，我国在线教育企业新增 8.2 万家，新增占比在整个教育行业中达 17.3%。③ 未来随着云计算、大数据、人工智能、物联网等现代新技术在教育领域的广泛应用，E-Learning 在这些新技术的支撑下，会有不可估量的前景。

二、政策助推干部培训进入 E-Learning 时代

E-Learning 在我国的一大应用领域是干部教育培训。我国一直以来存在大规模培训干部、大幅度提高干部队伍素质的战略要求，E-Learning 给我国的干部教育培训带来了新的机遇，能够增强干部教育培训的系统性、针对性和实效性，拓宽干部教育培训的渠道。因此党和政府一直在助推网络培训广泛应用于从中央到地方、全国各系统各行业的干部培训中。

2001 年 1 月 21 日，中共中央印发了《2001—2005 年全国干部教育培训规划》。这是进入 21 世纪的第一个干部教育培训五年规划。《2001—2005 年全国干部教育培训规划》提出"推进干部教育培训信息化和教学手段现代化建设"，要求"积极采用电化教育设

---

① 上超望，尹爱青，吴圆圆，段智辰，周孟. E-learning 3.0：内涵、挑战与生态框架 [J]. 现代教育技术，2016 (26): 18-23.
② 聂竹明. 从共享到共生的 e-Learning 理论与实践 [M]. 芜湖：安徽师范大学出版社，2015: 69-71.
③ 中国互联网信息中心. 第 47 次中国互联网络发展状况统计报告 [R]. 北京：中共中央网络安全和信息化委员会办公室，中华人民共和国国家互联网信息办公室，中国互联网络信息中心，2021: 55-57.

施和计算机等多媒体手段开展教学。推进干部教育培训网络化建设,充分利用现有的广播、电视等手段,发展远程教育,逐步在全国干部教育培训系统建立远程教学网"。

2006年中共中央印发的《2006—2010年全国干部教育培训规划》提出"积极开展网络培训""大力推广网络培训、远程教育、电化教育,提高干部教育培训教学和管理的信息化水平"。

2012年9月27日,中国干部网络学院正式开通,促进优质培训资源互联互通、共建共享。中国干部网络学院的宗旨是为科学发展服务、为干部成长服务,具有信息发布、在线学习、教学考评、培训管理、课程共享、交流互动等功能,可方便干部通过多种方式参加在线学习,有效拓展了学习培训的途径和方式。中国干部网络学院以县处级以上领导干部为重点对象,开展专题培训、定制培训、衔接培训和干部选学。首先在中央和国家机关、北京市开通,2015年扩展到全国所有司局级干部,2017年扩展到所有县处级干部,逐步建设成为满足全国所有干部参与在线学习的平台,成为高容量、高水平、高效能的干部网上大学校。

2013年9月28日,中共中央印发了《2013—2017年全国干部教育培训规划》。《2013—2017年全国干部教育培训规划》提出"拓展网络培训,保证网络培训达到一定覆盖率和人均年学时数",并提出党政干部网络培训量化指标:厅局级干部网络培训全国覆盖率2015年要达到100%,每人每年达到的网络培训学时数不低于50;县处级干部网络培训全国覆盖率2017年要达到90%,每人每年达到的网络培训学时数不低于50;科级及以下干部网络培训全国覆盖率2017年要达到80%,每人每年达到的网络培训学时数不低于80。在基层干部的培训措施方面,提出"积极利用在线学习平台、党员干部现代远程教育网络、广播电视等信息化手段开展教育培训,提高培训效率和效益,努力实现全覆盖"。在干部教育培训内容方式改革方面,提出"加快网络培训平台建设,逐步实现全国干部在线学习平台的互联互通。充分发挥中国干部网络学院的作用,2017年前实现全国县处级及以上干部在线学习。2015年前建立全国统一的干部教育培训工作信息管理系统"。

2015年10月18日,中共中央印发的《干部教育培训工作条例》提出"干部教育培训以脱产培训、党委(党组)中心组学习、网络培训、在职自学等方式进行""充分运用现代信息技术,完善网络培训制度,建立兼容、开放、共享、规范的干部网络培训体系。提高干部教育培训教学和管理信息化水平,用好大数据、'互联网+'等技术手段"。

2018年11月1日,中共中央印发的《2018—2022年全国干部教育培训规划》在

"着力提升学习培训效果"方面，提出"深入研究理论教育的特点和规律，搭建理论学习网络平台，不断增强理论学习教育的吸引力感染力说服力"。在"培训方式方法创新"方面，提出"鼓励和支持干部运用网络培训、专题讲座等形式开展各方面基础性知识学习"。在"干部教育培训和互联网融合发展"方面，提出"统筹整合网络培训资源，建设兼容、开放、共享、规范的全国干部网络培训体系。加强网络培训标准建设，2020年前形成较为完备的干部网络培训标准体系，2022年前实现各类各级干部网络培训平台资源共建共享、数据互联互通。积极探索适应信息化发展趋势的网络培训有效方式，推行线上线下相结合的培训模式。加强中国干部网络学院及其分院建设，建设在线学习精品课程库，迭代开发移动学习平台。严把网络培训的政治关、质量关、纪律关。加快干部教育培训机构'智慧校园'建设。完善干部教育培训信息管理系统，建立全国统一、分级管理的干部教育培训电子档案信息系统"。

2020年7月21日，国家市场监督管理总局和国家标准化管理委员会联合发布公告，《干部网络培训 业务管理通用要求》等十项干部网络培训的国家标准正式公布。这十项干部网络培训的国家标准分别是：《干部网络培训 业务管理通用要求》（GB/T 38856—2020）、《干部网络培训 课程信息模型》（GB/T 38857—2020）、《干部网络培训 平台数据要求》（GB/T 38858—2020）、《干部网络培训 课程评价指标》（GB/T 38859—2020）、《干部网络培训 学员学习档案技术要求》（GB/T 38860—2020）、《干部网络培训 课程制作流程》（GB/T 38861—2020）、《干部网络培训 课程审核》（GB/T 38862—2020）、《干部网络培训 平台数据接口技术要求》（GB/T 38863—2020）、《干部网络培训 课程共建共享通用要求》（GB/T 38864—2020）、《干部网络培训专题班规范》（GB/T 38865—2020）。这十项干部网络培训的国家标准自2021年2月1日起实施。

2023年9月19日，中共中央发布修订后的《干部教育培训工作条例》（以下简称《条例》）。《条例》提出"充分运用现代信息技术，完善网络培训制度，建立兼容、开放、共享、规范的干部网络培训体系。提高干部教育培训教学和管理数字化水平，用好大数据、人工智能等技术手段"。与2015年修订前的《条例》一样，都凸显了网络培训的重要性，不同之处在于强调了人工智能在干部教育培训教学和管理中的应用。

2023年10月，中共中央印发了《全国干部教育培训规划（2023—2027年）》。《全国干部教育培训规划（2023—2027年）》在第六部分专门讲述了如何"推动网络培训体系建设，提升干部教育培训数字化水平"，内容包括推进网络培训平台建设、加强网络培训课程建设和加快培训管理数字化三方面。在推进网络培训平台建设方面，提出"健全干部网络培训国家标准体系"，"逐步形成互联互通、开放共享的网络培训格局"。在加强网络培训课程建设方面，提出"充分发挥网络培训优势，推动优质资源下基层。用好网络直播培训形式，增强现场体验感。实施干部网络培训提质增效计划"。在加快培训管理数字化方面，提出"加强大数据技术的运用，用好培训记录、培训需求、参训表现等数据，绘制可量化、可评价的干部'学习图谱'。加快干部教育培训机构'智慧校园'、'智慧课堂'建设"。

以上回顾了我国干部网络培训这么多年以来的相关政策规定和措施。这些政策规定和措施都有力地推动了我国干部教育培训进入 E-Learning 时代。干部网络培训已经成为我国干部培训中最常规、最主要的方式之一。

三、E-Learning 应用于干部培训的特点和优势

（一）干部网络培训的特点

E-Learning 作为新兴的学习方式，有其自身的特点和优势。E-Learning 目前在我国干部培训中主要体现为网络培训。具体而言，干部网络培训具备一些独特的特点和优势，这些特点和优势也是干部网络学院建设的方向和目标。与传统面授教室培训相比，它主要表现为以下特点。

1. 培训灵活性

不同于传统面授教室培训，干部网络培训不再局限于固定的时间、固定的场地、固定的教师，突破了时空的限制。学员只要有网络就可以上课，可以自己安排学习时间。学习能力强的学员，也不会因为必须和其他同学一起学而耽搁学习进度。这些都体现了干部网络培训的灵活性。

2. 学员自主性

传统面授教室培训是一次性的课堂教学，与传统面授教室培训不同的是，学员接受网络培训，对于课程内容有没听清的地方，有不明白的地方，都可以反复观看课件，直到掌握知识点。学员接受网络培训，缺乏老师的督促和同学的相互鼓劲，更需要有自律自觉自主的学习精神。这些都体现了在干部网络培训中，学员要有自主性。

3. 资源共享性

传统面授教室培训，课程资源来自少数教师的讲授，而且接受培训的学员数量也比较有限。干部网络培训，可以容纳大规模的学员接受培训，云端可以存储海量的课程资源。只要联网，学员就可以共享优质的教育资源。

（二）干部网络培训的优势

基于干部网络培训的特点，通过借助一个良好运行的网络学习平台，干部网络培训能够发挥出以下优势：

1. 突破时空限制，带来学习的便捷性

干部网络培训突破了时空的限制，学员可以根据自身的情况，灵活安排学习和考试的时间，可以不用去特定的地方参加培训，节省了交通的路程和时间。只要有电脑或者手机等工具，能够联网，就可以参加培训。总之，学员可以随时随地进行学习，充分满足新时代学员的碎片化学习需求。

2. 课程资源丰富，壮大培训师资力量

传统面授教室培训，课程资源局限在课堂教学，只能邀请有限的师资参与培训，而且有些教师可能不会接受异地的上课邀请。借助网络学习平台，培训单位可以建立课程资源体系，拥有海量的课程资源；可以建立师资库，让更多的优秀教师参与培训。

3. 课程内容定制，满足个性化的学习

一个建设良好的网络学习平台，不仅能够拥有海量的课程资源，而且能够通过大数据分析，找出在线培训的薄弱点、亟须加强的盲区点、学员能力的突破点，精准选题，为学员定制课程，充分满足新时代学员的个性化学习需求。

4. 降低培训成本，扩大培训对象范围

传统面授教室培训，由于场地的限制，参加培训的学员数量也受到了限制。在制订培训计划时，只能限定于某一类或者某几类学员。要覆盖所有需要培训的学员，可能需要多次举办相同的培训班，增加了培训时间和培训费用。干部网络培训在理论上可以容纳成千上万的学员同时学习，单门课程的费用被极大地分摊了，不仅扩大了培训对象范围，节省了培训时间，而且降低了培训成本。

5. 课程形式多样，使学习的效果更好

网络培训可以从课件呈现入手，用丰富、多样、新颖、有趣的形式吸引学员，以

达至最优学习效果。网络培训课件可以通过对讲授内容进行高提炼、深加工，对课程的相关知识内容进行扩展，并穿插精美图片、高清视频、趣味动画、实用案例等，让课程富有趣味性和层次感，不仅可以起到加深知识理解的作用，而且可以使课程摆脱枯燥、寓教于乐，让学员更乐于学习。另外，网络培训课件的知识点明确，学员可以在网上反复观看学习，更易于掌握课程内容，学习的效果会更好。

第二节 干部网络学院建设的技术要点

要充分发挥出干部网络培训的所有优势，离不开干部网络学院的建设。干部网络培训成功与否，与干部网络学院的建设紧密联系。网络学院作为党政干部和公务员培训、学习的一种有效手段，也是信息化建设的一种必然趋势。

干部网络学院建设，核心是内容、技术和服务，即课程资源体系、平台软件系统和运营维护体系的建设。课程资源体系是平台成功的关键；平台软件系统是平台成功的基础；运营维护体系是平台成功的保障。建设好干部网络学院，才能最大限度地发挥出干部网络培训的特点和优势。

一、"内容是王"——课程资源体系建设

"内容是王"，课程资源体系是干部网络学院建设成功的关键。课程的质量、数量、费用以及课程与平台的融合性是课程资源体系建设必须考虑的要点。

（一）课程的质量

课程是干部网络培训的核心，课程质量决定着干部网络培训的质量。课程定制化服务是干部网络学院课程资源体系建设的亮点。课程必须包括授课文件及考试文件两部分。考试文件可以大大减轻组织部门后期的工作量，也方便学员自测，提高学习效果。

（二）课程的数量

没有课程，干部网络学院就是空架子、空摆设。没有大量的优质课程，干部网络

学院就不会是一个优秀的培训平台。对于课程资源体系建设来说，高质量的课程资源越多越好。

（三）课程的费用

在保障课程质量的基础上，课程的费用要如何更低廉、更优惠？课程资源可以分为外购和自建两种。外购有两个途径，一是直接向专门的课程提供商购买，二是市面上有干部培训公司既能搭建网络学习平台又能提供课程，可以在让它们负责建设网络学习平台同时采购它们的课程。

例如杭州精英在线教育科技股份有限公司是国家级高新企业、软件企业，是干部在线学习的优秀品牌，目前已成功地为国内众多组织部及其他机关的领导干部建设了大规模的干部教育平台，为全员智慧学习提供优质的解决方案。精英在线公司与国内主流的课程提供商都有长期合作关系或者购买了课程版权，同时在杭州和北京都建有课程开发中心，可以为各个干部教育培训单位开发各类课程，大大减少后期单个单位课程采购的工作量和费用支出。从精英在线公司购买，比直接向课程提供商采购价格要低许多，主要原因是版权保护问题，因为精英在线公司承担了课程版权保护的责任。

（四）课程与平台的融合性

不同的课程供应商会提供不同标准的课程，所以必须实现学习管理系统与各种类型课程的兼容，特别是非标准课程能实现与标准课程相同的管理要求。

二、"基础设施是神"——平台软件系统建设

思科全球培训部总裁汤姆·凯利（Tom Kelly）说："在因特网的世界，内容也许是王，但基础设施是神。"[1] 平台软件系统是干部网络学院的基础设施，是干部网络学院建设成功的基础。一个良好的平台软件系统，必须注意以下几个关键点。

（一）能支持以课程知识点为考核基础的进度管理和学习流管理

干部网络学习平台学习质量跟踪和评价管理体系，常用的有两种技术手段，其中

---

[1] 马克·J. 罗森柏格. 在线学习：强化企业优势的知识策略 [M]. 北京：机械工业出版社，2002：113.

一种是采用打开课程计算在线学习时间作为评价标准，这种标准的优势是对技术要求较低，软件开发比较容易，缺点是以在线学习时间来衡量无法科学评价学员对课程知识点的掌握程度。比如，某学员学了一半课程内容后再重新学习，当他重复学习时，如果按照学习时间计算，那么学习平台上展现出来的是他已经完成学习了，实际上他只学习了一半的内容，并没有真正学完整门课程。

网络学习管理系统要支持以课程知识点为考核标准，在技术要求上必须能全面兼容 AICC、SCORM 国际标准课程和流媒体、三分屏等非标准课程。特别是对非标准课程的支持，如果不支持或者对这些非标准课程的管理没有很好的解决方案，最后的学习管理和学习竞赛等都无法实现，进而培训制度化、规范化管理也将无法实施，也无法建立科学、合理的学习质量跟踪和评价管理体系，而这是网络学习管理系统中最核心、最关键的技术要求之一。

平台管理系统要能支持课程进度管理和学习流管理。每门课程中的信息反馈点不少于 200 个，使学员学习过程的管理和数据采集更细致准确，并且学员能够从上一次停止的位置继续学习，不能同时播放多门课程等。

（二）采用混合式的教学管理先进理念，建设以学分制考核为基础的自主选学培训信息化管理系统

比如以身份识别技术为基础，实现面授自动签到，能够很好地把线下学习管理、培训管理、集中培训等网络教学和传统教学的手段有机融合，这样可以大大减轻教育主管部门的工作压力和工作量。比如对学员培训自动签到和远程身份识别、课程自动录制系统、实时教学交互系统、网上图书馆等。

（三）系统对支持大容量用户访问和大流量课程学习有很好的解决方案

对于干部培训来说，组织部应用系统涉及学员层面复杂、地域分布广，从节省项目投资费用和课程学习流畅稳定性考虑，必须实施集中分布式的系统。系统可以采用集中分布式架构和重定向负载均衡，这是组织部干部在线学习系统和大流量课程学习必须具备的核心技术之一。

（四）页面防篡改与课程内容扫描和加固技术

干部在线学习平台巨大的影响力和访问量，很容易引起不法企图者利用平台网站的漏洞、80端口等，篡改平台页面和课程内容，穿插一些反动或者不法宣传等，在学员中会造成非常不好的影响。页面防篡改与课程内容扫描和加固技术能杜绝此类不良现象的发生。

（五）实现课程在线学习过程的有效科学监控

网络学习中往往会出现以下几种"无效学习"的情况。

其一，一个学员账号同时播放多门课程，或者同时播放多门不同形式的课程。特别是针对同时播放不同形式课程的监控难度很大。学员如果用一个账号同时播放多门不同类型的课程，会导致学员网络学习进度和学分、学时获得过于容易，影响考核制度的严谨性、科学性。

其二，一台电脑同时可以登录几个账号学习。比如有些学员，可能会帮其他若干个干部在一台电脑上用不同的账号同时登录播放课程，成为干部网络学习的"职业作弊者"。

其三，课程在播放，而学习者实际已经离开或者干别的事情，没有真正在学习。虽然大部分学员都是非常认真地完成网络学习，学习作弊仅是少部分学员的学习行为，但建立干部网络学习平台必须有效规避类似这些作弊手段，从软件架构和技术体系上实现科学合理的学习质量跟踪和学分评价标准。

为解决上述问题，在网络学习管理系统中可以使用如下技术：

一是考试防作弊技术。 考试防作弊一直是网络学习平台应用的难点。网络学习管理系统可以采用单题作答、随机组卷、乱序功能、随机抓频等多种技术手段，提高网络考试的防作弊能力。例如精英在线干部网络学习管理系统的考试管理防作弊技术在全国同类产品中是最先进和最完善的。

二是流量监控和优化技术。 例如精英在线公司利用多年在专业化领域的技术积累，为了提高网络资源利用最大化而成功研发了流量监控优化管理系统。可同时对连接数、CPU 资源占用率以及带宽利用率等负载条件设置均衡调度阈值，能提供基于 Web 的实时带宽流量监测服务报告；带宽利用率达到 80% 以上时，增加带宽预警告，从而减少硬件和带宽投入的可行性分析；能够对网络学习提供强大的实时流量监控服务，等等。

该公司流量监控优化管理系统就好比高速公路上的电子警察，提供对高速公路车流了如指掌的监控，这对平台的成功应用具有基础性和关键性的辅助作用，以此来保证学习平台可靠有序地运行，并为设备扩容提供科学分析数据。

三、"运维体系是纲"——运营维护体系建设

内容是王、是目，运维体系是基础、是纲，纲举才能目张。运营维护体系是干部网络学院建设成功的保障。建设网络学习平台，不能仅考虑一些软件功能的花哨和所谓的"先进性"，没有成熟高效的运营维护体系作为基础，平台就难以稳定运行，主办者也会如同"坐在火山口上"，每日穷于应付各种故障或者学员投诉。

（一）把握运维体系的基础

软件和课程能够高度兼容，以及软件平台本身的成熟度，是软件设计的关键点，也是运维体系的基础。

干部网络学习平台采购和应用的大部分课程，主要是视频、三分屏等各种非标准课程，课程来源途径繁杂，涉及多个课程提供厂商。不像企业网络学习平台，采用的大部分是国际标准课程，来源途径也相对简单、明确。所以，软件与课程，特别是与非标准课程的高度兼容性是非常重要的。课程和平台软件的兼容度差，不仅学习质量跟踪管理的科学性、合理性要受到学员质疑，而且学分计算容易出错，会导致学员对学分这个最敏感的管理功能的大量投诉。

另外，要高度关注学习平台软件本身的成熟度。初次开发出来的软件，会由于大量软件BUG的存在而导致学员投诉，增加运维工作量。而客户应用较少，或者系统架构不成熟、开发经验缺乏的软件，在实际系统应用中，学员体验感必然差，多次软件改动、功能调整和增加，又有大量故障发生而增加运维工作量。

（二）重视运营维护体系的整体性

要从整体性来建设和规范运营维护体系。整体运维服务最大的好处是专业人员集中为用户提供服务，其优势与特点是：降低维护管理成本，精减人员；保证服务的连续性，不会因人员的流动给用户方造成影响；针对不同行业应用特点，提供专业、标准、

快速、低成本的服务；及时提供新技术服务与培训；服务质量有保证。

整体性运营维护体系的内容主要有：

1. 系统开发安装服务。包括学员信息数据优化，硬件和网络环境的规划设计、联合安装测试等。

2. 课程规划、定时更新和联合安装调试。

3. 售后服务机制建立。包括热线电话、E-mail、传真、在线答疑、远程诊断和故障排除、客户服务档案、现场支持等。

4. 服务响应机制建立。包括一般故障和重大问题响应、通常问题答复、重大问题解决、解决方案优化机制等。

5. 运维服务机制建立。包括性能压力测试、网络压力测试、网络管理优化、安全优化和预警体系等。

6. 系统升级服务机制建设。包括技术文档规范、需求规范、程序BUG优化等。

7. 开通设计和培训机制。

8. 管理办法和学分体系设计和执行。

9. 学习质量跟踪机制建立。

10. 激励和考核机制建立。

11. 咨询服务体系。包括分析报告、学员咨询辅导、在线交流、成本控制机制等。

总之，强大的运营维护体系是干部网络学院成功的保障，与课程资源体系、平台软件系统等构成了建设干部网络学院的整体解决方案。

第三节　精品课程建设

"内容为王"，课程是干部网络培训的核心，课程质量决定着干部网络培训的质量。打造出精品课程，才能切实提高干部教育培训的质量。

在课件定制开发领域，精英在线公司自2004年成立以来，积累了大量丰富经验，拥有出色、高效的项目实施开发能力，制定了严密且运行有效的开发流程制度，确保每个环节都能在第一时间响应客户的制作服务需求，以最优化的技术流程投入到开发中,确保单个课件开发周期低于 10 天。

精英在线公司拥有国内最早介入课程定制开发的专业制作团队,以创意为核心驱动力,拥有专业化的创意、策划、导演、摄影、剪辑制作、动画设计、配音及制片队伍,其中骨干人员拥有 10 年以上课件制作经验。同时,配有航拍无人机、全高清摄影机、大型摇臂、室内小型平衡摇臂、重型轨道车、电动轨道车、影视灯光(组)等行业顶级设备,以充分保证项目顺利实施。当客户提出制作服务需求时,精英在线公司第一时间响应,在客户要求的时间段派员提供上门视频录制服务。为了更好服务客户,该公司还对项目进行本地化驻地服务,协助客户完成课程的定制开发及上传、调试等一系列工作。

精英在线公司基于视频拍摄、后期制作、视频抠像、H5、VR、MG 动画、三维动画等先进技术,创新研发出形式多样的课程,可以充分满足客户的制作需求。每年根据国内外政治、经济、文化、社会等方面的变化,为国内多家机关单位、企业事业单位策划实施课程制作项目。

该公司课程符合当前国内主流课程资源标准,运用专利独创技术,使课程在 PC 端和移动端(安卓系统和 IOS 系统)均可以自然适应,无须任何调整,无须安装任何插件。基于学习状态判断学习是否完成,而不是根据学习内容进行判断,学习进度通过属性值记录暂停、学习完成等状态,并支持中途暂停 / 退出后再次进入时的进度恢复。

该公司在杭州、北京建立了两个课程开发中心,并与国家信息中心、北京大学、清华大学、凤凰卫视等机构合作,目前已经拥有 2 万多门权威全面的电子课程,在精品课程建设方面拥有丰富的经验。以下总结该公司打造精品课程的经验来说明如何建设好精品课程。

一、精品课程的形式和类型

精英在线公司的精品课程是混合型的在线学习资源,结合多种媒体形式,画面精美,知识点突出,采用目前最先进的课程开发技术,具备续播功能以及多重防作弊功能,支持互动学习,课程播放适应各种网络学习环境,以达到最佳的学习效果,很受领导干部欢迎。

该公司的精品课程形式多样,包括多种类型。目前主要提供给客户的课程根据时长可以分为大课和微课。大课以 30—45 分钟为宜,1 小时左右的课程通常安排为两节课。微课一般在 10 分钟以内。根据展现形式，大课有精品三分屏课程、专家讲授精制视频课程、富媒体课程、融课四种类型；微课有彩课、专家解读微课、动画微课三种类型。课程会提供配套的课程资料和试卷。除了上述课程类型以外，精英在线公司还创新研发了 VR 实景类、H5 全课类、三维仿真类、模拟训练类、游戏互动类等课程类型。

1. 精品三分屏课程

精品三分屏课程，以专家讲座为基础，专职文编人员对授课内容进行二次提炼，形成逻辑清晰的知识结构和要点提示，并充分运用 H5 技术、动画技术等，将课程完美呈现。课程实现了"学中练、练中学"的互动学习要求，画面精美，栏目功能展现清晰，符合在线学习的特点和心理诉求，保证了学员学习的主观积极性和个性化学习需求，体现了"以人为本"的设计思想。

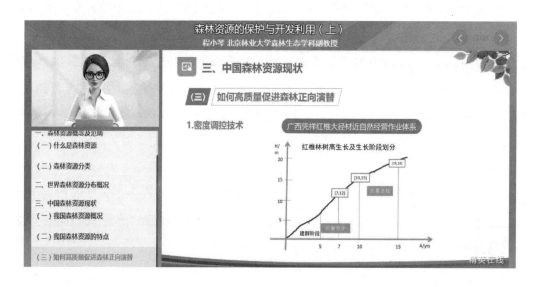

图 3-1　精品三分屏课程

（二）专家讲授精制视频课程

聘请国内一流的专家学者，针对某一问题进行深入解读剖析，专业摄像师全程拍摄，包括前期设备粗剪（配备 SONY 高清放映机）、场地布置等，采用视频抠像+PPT 讲义+后期精剪（包括高清素材剪辑、全片调色等）等技术完美呈现，课程画面精美，视觉效果佳，符合当前国内主流课程资源标准，且能在学习平台上正常使用。

图 3-2　专家讲授精制视频课程

（三）富媒体课程

富媒体课程结合精品三分屏课程和专家讲授精制视频课程的特点和优势，画面更加精美，视觉效果更佳，课程呈现形式更加多样、新颖、有趣，以精练概括的文字、结构性的图表、直观形象的图片、高清视频素材和动画效果等对老师讲授的内容进行解析呈现、补充说明，以更好达到学习效果。

图 3-3　富媒体课程

（四）融课

融课采用实拍素材加特效制作的方式呈现，穿插经典的视频资料加以辅助理解，强调"情、景、理交互融合"，把知识教育和实地宣传融为一体，拥有研讨式教学、案例式教学、体验式教学、情景模拟式教学等多种教学模式的课程效果。

图 3-4　融课

（五）微课

微课程教学精练实用、生动活泼、寓教于乐。通过简短的动画短片对课程内容进行提要、对课程涉及的相关知识内容进行扩展，起到加深知识理解的作用，并采用数字化的教学方式，穿插精美图片、事例视频、动画情景剧，富有趣味性和层次感，起到"五分钟一思考、一课程一启迪"的教学效果。

1. 彩课

课程特点：采用实拍素材加特效制作的方式呈现，以经典的视频画面为主，特效制作辅助理解，提升画面的可看性，加深学员的记忆，再以简单平实的语言娓娓道来，在一场"润物细无声"的视觉盛宴中学习知识。

图 3-5　彩课

2. 专家解读微课

课程特点：采用专家讲解＋影视资料＋素材实拍＋后期内容制作的方式呈现，以丰富的内容和鲜活的表现形式为学员呈现身临其境般的教学感受。

图 3-6　专家解读微课

3. 动画微课

课程特点：用生动有趣的动画人物、场景模拟、动画故事演绎知识。选题主要来源于实际工作场景，内容相对独立，易于通过移动互联网传播且符合个性化学习需求。

图3-7　动画微课

（六）VR实景类课程

精英在线公司提供的VR实景课程，将被动型的学习转化为主动学习，在虚拟空间内，提高学生们的求知欲和好奇心，在不经意间影响学生原来的学习习惯，能够极大程度地提高学习积极性，激发自主学习的能力。在一些具备高风险性的学习过程中，例如消防应急演练或地震避灾演练等，通过VR来完成，能够将教学安全风险降到最低。

该公司提供的VR实景课程可以模拟出，身在三维立体空间的真实视觉效果，使用者可以对图像进行调整，进行放大、缩小、移动观看等操控，辅以编程，实现场景中的热点连接，多个场景之间的虚拟漫游，让人们在各个场景中随意走动，清清楚楚地观看到其中的每一处细节。

（七）H5 全课类课程

精英在线公司专利独创技术，专为客户学习培训设计。采用 H5 网页形式，手机、PC 等终端自适应式呈现，具有动画、声音、视频和交互性的信息传播特点。一门课就是一个专题：涵盖动画、视频、音频、图文、测试等功能模块。一键单击，便能方便快捷地将相关知识点全部囊括，是当下非常流行的课程形式。

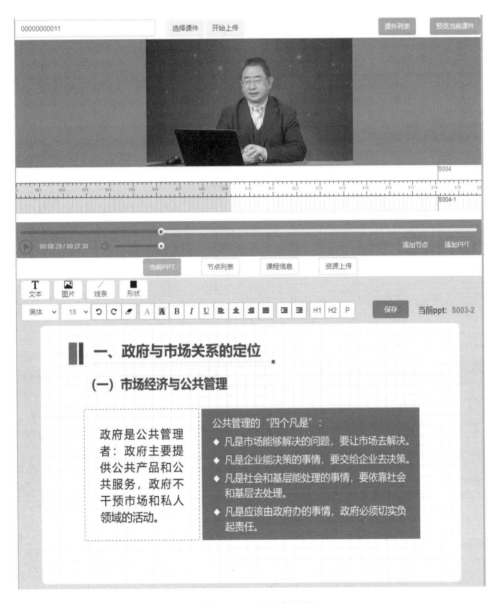

图 3-8　H5 全课类课程

（八）三维仿真类课程

通过三维仿真的方式，把复杂的机械设备、产品设备建成三维模型，让学员完成模拟真实环境下的操作训练和接受相应的知识讲解，三维仿真技术具有真实、灵活、可重复使用等许多优点。学习者在虚拟仿真环境中进行学习，就如同在飞行模拟舱中学习，成本低、可重复训练、可规避伤害风险。

（九）模拟训练类课程

采用动画、虚拟现实等模拟技术，虚拟一个模拟的场景，学习者通过人机互动的形式参与其中，课程中设计了大量的案例与事件，学员需要在课程中不断做出正确的决策推动课程的发展。

基于模拟仿真技术，模拟真实的业务流程、场景、模型、现象或过程，形成仿真的学习环境，提高学员的学习兴趣和效率，培养学员实际分析问题、解决问题的能力，将不容易课堂讲授的隐性知识形象地表达出来，并让学员在虚拟实践中学习。

（十）游戏互动类课程

以学员参与的互动游戏作为主要教学方式，把教学知识点与游戏紧密结合，体现了"在做中学"和"在玩中学"的设计理念。

二、精品课程的技术指标

精英在线公司提供超过行业技术标准的课件制作服务，所提供的课件符合各在线教育平台的制式标准，一般为 MP4 标准 H264 视频文件格式，其技术指标如下。

（一）视频信号源

1. 稳定性：全片图像同步性能稳定，无失步现象，CTL 同步控制信号必须连续，图像无抖动跳跃，色彩无突变，编辑点处图像稳定。

2. 信噪比：图像信噪比不低于 55dB，无明显杂波。

3. 色调：白平衡正确，无明显偏色，多机拍摄的镜头衔接处无明显色差。

4. 视频电平：视频全信号幅度为 1Vp-p，最大不超过 1.1Vp-p。其中，消隐电平为 0V 时，白电平幅度为 0.7Vp-p，同步信号为 -0.3V，色同步信号幅度为 0.3Vp-p（以消隐线上下对称），全片一致。

（二）音频信号源

1. 声道：中文内容音频信号记录于第 1 声道，音乐、音效、同期声记录于第 2 声道，若有其他文字解说记录于第 3 声道（如录音设备无第 3 声道，则记录于第 2 声道）。

2. 电平指标：-2db—-8db 声音应无明显失真，放音过冲、过弱。

3. 音频信噪比不低于 48db。

4. 声音和画面要求同步，无交流声或其他杂音等缺陷。

5. 伴音清晰、饱满、圆润，无失真、噪声杂音干扰、音量忽大忽小现象。解说声与现场声无明显比例失调，解说声与背景音乐无明显比例失调。

（三）视频压缩格式及技术参数

1. 视频压缩采用 H.264/AVC（MPEG—4 Part10）编码、使用二次编码、不包含字幕的 MP4 格式。

2. 视频码流率：动态码流的最低码率不低于 2M。

3. 视频分辨率：前期采用高清 16:9 拍摄时，设定为 1280×720 或 1920×1080。

4. 视频帧率为 25 帧／秒。

5. 扫描方式采用逐行扫描。

（四）音频压缩格式及技术参数

1. 音频压缩采用 AAC（MPEG4 Part3）格式。

2. 采样率 48kHz。

3. 音频码流率 128kbps（恒定）。

4. 采用双声道，并做混音处理。

（五）封装交付

采用 MP4 封装。

三、精品课程的制作流程

精英在线公司的精品课程有多种类型，不同类型的课程在制作人员配备、制作流程方面会有所差异，但也会有共性的地方。在干部网络教育培训领域，需求量最大的是专家讲授精制视频课程，现就以专家讲授精制视频课程为例来讲述精品课程的制作流程。专家讲授精制视频课程的制作流程大致可以分为6个步骤，分别是确定课程选题、确定授课教师、安排课程录制、制作课程文稿、制作课程脚本、课程后期制作。

（一）确定课程选题

根据教学内容规划设计部门的工作计划或者客户的需求，紧紧围绕党和国家的重大方针政策，紧跟社会动态，抓住当今政治、经济、社会、文化、科技、军事、外交等各领域发展的主流，聚焦热点问题以及各行各业的新创新、新知识、新成就，提出课程选题方案。除此之外，还需要考虑课程的具体学员对象，有针对性地设计课程选题。

在提出选题方案以后，要根据可行性、创新性和研究价值等因素进行评估，最终确定课程选题。另外，党政类课程选题还要考虑政治性。党政类课程选题要符合党的基本路线、基本纲领和方针政策，与马克思列宁主义、毛泽东思想、邓小平理论、"三个代表"重要思想、科学发展观和习近平新时代中国特色社会主义思想的理论内涵和精神实质相一致。

（二）确定授课教师

根据课程选题，在相关领域内，依据专业性、权威性标准，兼顾口头表达能力、美誉度等条件，邀请国内著名研究机构和高等院校的权威专家和资深学者来授课。在聘请授课教师时，要与授课教师充分沟通，告知授课教师相关信息，帮助授课教师更好地备课，比如课程所面临的学员对象、课程选题、课程大概时长、课程内容要求、备课要求，等等。课程内容要求必须符合党的理论路线方针政策，不能有涉敏感性及涉密内容等；备课要求是准备与课程相关的PPT或者文稿。

（三）安排课程录制

1. 录制前准备：制订课程录制计划，做好课程录制前的准备工作，比如根据不同的课程需求，先决定好授课教师是站立拍摄还是坐着拍摄，然后布置好课程录制场所，包括机位、灯光效果、录制背景等，还要避免周围有噪声；和授课教师沟通课程录制的时间和地点、录制的时长，告知课程录制的注意事项，包括注意着装的整洁干净、得体、专业，服装款式以简洁为主，不应过于花哨，无过多的配饰，不推荐过于鲜艳的颜色；要求讲课声音清晰，包括语速不能过快、音量不能过低、普通话不能过于不标准等会导致含混不清的现象，确保课程讲解流畅、易于接受；重申干部培训课程内容要符合政治性原则。

2. 正式录制：录制采用新型的专业摄影器材，并具备一系列辅助器材，如多个大灯和小灯、绿幕布、提词器、专业录音设备等。由专业的摄影师实时把控摄影器材位置、老师状态、灯光效果、录音是否有噪声等情况，确保课程录制流畅。全程采用高清的像素录制，便于后期做效果等操作。

完成录制以后，需要授课教师提供课程题目、个人简介、课程 PPT 或者文稿等以供后期课程制作使用。

（四）制作课程文稿

由专业的文编人员制作好课程同期声，并完成文稿校对工作，确保课程文字、标点的正确性。这只是课程脚本制作前初步的文稿整理。在课程脚本制作完成以后，还要依据脚本对课程内容层次结构的划分，以及对文字的删节，按照规范统一的排版要求，把课程文稿最终整理成与课程配套的资料。

（五）制作课程脚本

根据客户的课程形式要求、制作要求和课程整体风格要求，按照党政领导干部学习的特点和要求，由专业的文编人员完成课程脚本的制作工作。脚本部分包括课程名称、教师及教师简介、课程简介、目录、课程同期声、课程版面等内容。

脚本制作的工作内容包括：

1. 在授课教师提供的课程名称基础上，根据课程实际内容，以及考虑是否有与以往课程重名等情况，决定是否更改课程名称；根据课程内容和时长，决定课程是否需要分成两节课、三节课等多节课程。综合考虑以上因素，确定最终的课程名称。

2. 检查教师人员信息，确保正确无误。如果教师提供的个人介绍比较详细，选取最有代表性的个人简介信息呈现在脚本中。

3. 根据课程内容概括出课程简介。课程简介要包含课程的教师名称、教师的单位或职务、讲课的主要内容等信息。

4. 在校对好的文稿基础上，厘清课程内容结构层次，撰写一级标题、二级标题、三级标题、四级标题等各级标题，提炼出课程大纲，形成规范的课程目录。

5. 根据课程主题以及课程的完整性、政治性、规范性、科学性、准确性等要求，结合录制好的视频，删掉同期声文稿中影响课程质量的内容，比如偏离主题的无关紧要的内容，重复性的内容，影响课程逻辑性的内容，教师口误讲错的内容，教师讲课时有喝水、咳嗽、停顿等不规范举止的内容，涉及政治、历史、社会热点等敏感问题，会引起争议的内容，等等。形成最终的课程同期声版本，作为后期剪辑视频的依据。

6. 将课程内容进行细分，提炼出每部分内容的要点，突出重点知识，用关键词、关键句子、知识点结构图、表格等精准概括，收集并使用符合课程内容的图片、音频、视频等相关素材，形成课程版面。

7. 验证课程内容，确保出现在课程版面上的内容的正确性，尤其是教师提到的名人名言、法律法规条文、引自各类著作和政策文件里的原文等，都要保证出处正确清晰，文字准确无误。

脚本制作要求确保课程内容正确、内容概括精要、语言精准、重点突出、逻辑严谨、层次清晰、深入浅出、设置恰当、创意新颖、构思巧妙、节奏合理。课程素材收集时，要注意文字、图片、音频、视频、动画等各类素材符合政治正确原则，准确反映课程内容，无知识产权纠纷。

脚本制作完成以后，文编人员会进行课程配套资料的整理和试卷的制作。课程资料和试卷有助于课程知识的掌握和巩固。在课程同期声最终版本的基础上，根据脚本对内容的层次结构划分和确定的各级标题，按照规范统一的排版要求整理成课程资料。课程试卷是在规范统一的试卷模板上制作而成的，试题的编制应涵盖主要知识点，内容表述准确规范，满足课程目标的要求。

（六）课程后期制作

专业的后期制作人员先对拍摄好的视频素材进行初步处理，比如抠像、噪声处理等。在课程脚本完成以后，根据课程脚本，对课程素材文件进行后期编辑、加工和开发，完成课程的后期制作。从操作流程来讲，后期制作人员根据课程需求进行版面设计、风格设计，定主体基调；根据设计风格，使用 AE 等特效软件进行特效制作，如开场动画、展示动画等；使用 PR、剪映等剪辑软件合成剪辑；使用达·芬奇等调色软件进行调色并最终处理输出。从具体内容来讲，后期制作人员按照不同的课程主题设计不同风格的版式，例如科技风、党政风、古风等；进行课题片头设计、展示老师姓名与职称的人名条设计，将老师讲课的状态进行美化，添加符合主题的背景，并把课程中的重点内容进行美化展示与排版。课程后期制作要求确保课程图像、动画、声音、文字、结构设计合理，媒体多样，编排适当，动画连续，色彩逼真，文字醒目，画面清晰悦目；配音标准，音量适当，快慢适度，声音悦耳。

四、精品课程的审核机制

对课程进行审核，这是保证课程质量的重要环节。课程实行"三审三校"制度。专业的审校小组，对课件内容进行严格审核校对，以确保教学课件的文字错误率低于0.3‰。

（一）课程选题阶段

由专业的编辑团队或者特聘专家对选题的政治导向、社会影响、是否符合党和国家的大政方针和政策法规、是否符合客户要求等方面进行审核。

（二）课程制作阶段

由专业的审核团队对课程主题、文字、画面、声音、图片等所有内容进行全面细致的审核和校对。

审核包括但不限于以下内容：

1. 检查视频、音频和课件内容是否对应，视频或音频是否有无法辨认、无法播放的情况。

2. 检查视频中的课程标题、授课教师信息等是否正确，是否和课程资料里的相关信息一致。

3. 检查教师讲课时的小动作、停顿、重复的内容、错误的内容等是否已删去。

4. 检查视频是否有声音、音量大小是否合适，是否有噪声、画面清晰度、黑屏、花屏、卡顿、抠像与调色等方面的问题。

5. 检查是否有错别字、病句，标点符号使用是否规范，数字、表格等是否有误。

6. 检查课程呈现的字体、文本、图片、音频、视频、动画、人物肖像等各类素材，确保这些素材使用正确，与授课内容联系紧密，无常识性错误和学术谬误，无知识产权纠纷。

7. 检查课程内容排版、格式等，保证规范、合理、清晰、美观，课程整体风格统一。

8. 检查课程内容是否涉及政治、历史、社会热点等敏感问题，是否存在反党反社会等错误导向性、煽动性的言论。

9. 检查课程中党旗、党徽、国旗、国徽、国歌、地图等是否符合党和国家的规定。

10. 检查是否存在未经采购人同意的与课件内容无关的广告、启示等。

11. 检查与课程配套的资料、试卷、课程简介等是否正确。

12. 检查其他影响课件正常播放的情况。

审核完毕，形成审核意见文件。制作人员根据审核意见作出修改后，审核人员对修改的内容再次审核，直至无误。

（三）课程审核阶段

在课程交付给客户之前，先由课程制作部门的主管根据课程的完整性、政治性、规范性、科学性、准确性等要求进行最终的审核和校对，确保课程符合党和国家政策、符合客户需求。

课程制作部门的主管审核包括但不限于以下内容：

1. 课程章节划分正确，课程资料无文字和内容错误；文字排版规范；制作画面时准确把握关键字，如标题、章节文字的使用准确。

2. 课程整体风格一致，制作样式统一，如标题动画和内容动画形式有一致的风格，包括图标、字体设计、图示案例；动画效果要恰当，符合课程设计要求。

3. 课程画面正常播放，三分屏课件目录和按钮功能无误，各个链接跳转正常，页码显示正常。

4. 课件声音无异常；配音准确无误，与画面同步匹配；音效使用恰当。

课程制作部门的主管审核完毕以后，课程会被上传至精英在线公司的自有在线学习平台，测试是否有课件无法播放、学分无法记录或者其他播放障碍的情况。在保证课件一切正常的前提下，最后将课件提交给客户。

五、精品课程的服务保障

课程交付给客户以后，并不是精品课程建设的终结。做好服务保障工作，是精品课程核心竞争力的一部分，能够提高客户对精品课程的满意度。

（一）售后保障措施

1. 人员保障

售后服务团队不仅是指客服团队，还包括文编、美工、后期、审核、上传、技术等人员。客服团队包括客服主管和客服人员。客服主管需要具有丰富的售后保障经验，客服人员必须经过系统的专业售后服务培训。当课件出现问题时，客服人员接到问题反馈以后，会根据问题归属的范畴，将课件提供给相应岗位的人员负责修改，以保障课程的修改质量。

2. 技术保障

课件技术维护人员需要具有丰富的经验，所提供的技术维护服务必须确保课程在质量保证期内稳定、可靠地运行，保证课程在不同平台（网站、微信公众号、手机 APP、H5 等）的使用，且在不同平台上的使用效果相同。

3. 制度保障

针对售后保障，必须建立一整套制度，包括售后保障人员及其岗位职责、售后保障内容、服务时间、奖惩机制等内容，以确保售后保障不落空，服务及时到位。

（二）服务方案

1. 服务目标

为客户解决课程相关的所有问题，保障课程质量，提高客户满意度。

2. 服务内容

课件本身的问题和课件在各平台上的运行问题，都在服务范围之内，包括但不限于课程文字、声音、图片、结构、画面、资料、试题、封面、播放、进度等所产生的问题。

3. 服务支持

客服人员需要提供一周 7 天、一天 24 小时的服务时间，要有多渠道的沟通方式，比如电话、QQ、微信、邮箱、传真等。对于一般问题，客服人员会即时回复解答。对于课程修改、重录等需要较长时间的事项，最长不超过两天解决。根据课程的问题归类，会有相应岗位的课程制作人员和技术人员负责解决。

（三）发生故障的应急处理预案

1. 客户将具体问题反馈给客服人员，客服人员即时提供解决方法。如果客服人员无法即时解决，将问题反馈给客服主管。

2. 客服主管根据问题的属性，与其他职能部门进行沟通协调。

3. 其他职能部门负责解决问题，先提供解决方案和所需时间，由客服人员反馈给客户。

4. 经客户同意以后，开始实施方案，直到最终解决问题。

第四节　手机移动学习平台建设

随着智能手机的普及和推广，手机已经成了人们生活中不可或缺的一部分，也成了人们学习的有力工具。随着移动网络的不断升级，移动互联网已经成为近年来发展最快的产业，移动端的使用人数呈现爆发式增长，越来越多的地区越来越看重移动端的建设。下面结合精英在线移动学习平台建设实践，来说明如何建设好手机移动学习平台。

一、手机移动学习平台的整体介绍

整个移动平台由 APP 端和 H5 微信端两大部分组成。移动平台主要功能有：首页导航、课程中心、在线考试、调查问卷、个人中心、我的课程、智能推荐和学习指数、年度学习报告、新闻资讯、网上培训班、电子书、排行榜、交流评论等。学员可以自主学习、自主考试，并进行培训班报名、培训班线上课程学习及考勤签到等。平台具有用户管理、课程管理、学分管理等功能。管理员可对用户进行分组分类分层级管理，并可以为任意用户分配不同的管理权限。课程管理可以根据需要增加、删除、修改课程。学分管理可根据学员学习与考试情况，自动生成学员的培训情况表，并逐步将学员在平台培训的情况一并纳入管理平台管理。

移动平台学习管理系统以国内外最先进的各种标准或规范为基础进行产品的架构设计、功能设计；该系统支持当今国际 AICC 和 SCORM 标准，同时支持流媒体等非标准课程，对非标准课程能够实现与标准课程相同的学习效果和管理要求。移动平台支持 IOS 端和 Android 端，IOS 支持 7.0 以上版本，Android 支持 4.0 以上版本，支持 sql 2005 及以上数据库，支持 iis6 及以上版本。

移动平台的核心竞争力包括：简单方便、平台快速开发，分平台快速扩展，大规模覆盖，使用门槛低，兼容各类课程，精品课程快速上传，维护服务经验丰富，是行业标杆项目。

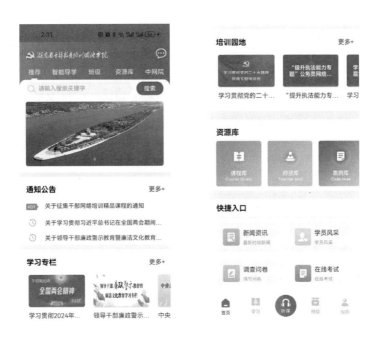

图 3-9　手机移动学习平台

二、手机移动学习平台的特点

（一）功能特点

1. 资讯信息丰富及时：采用方便易用的管理后台，及时发布相关最新的文章和信息。

2. 学员简单轻松学：采用包含信息、推荐、选课、学习、统计的"一站式"功能，实现用户整个学习周期的引导和管理。

3. 方便简捷的操作：提供用户"一键式学习"的模式，用户对于感兴趣的课程，无须任何的额外操作，只需点击就可进入学习。

4. 全面的学习数据：提供包含线上课程学习、考试成绩、个人综合报表、单位平均分排名等多种报表的查询和导出，并将学员参加各种培训班的信息和记录统一纳入平台管理，从而实现对学员学习的全方位管理。

（二）技术特点

1. 系统安全性：采用应用和数据分离的方式和结构；引入完备的用户权限分级管理技术；敏感数据加密保存；系统有完备的日志记录系统，软件有良好的纠错、容错能力。

2. 网络安全性：整个网络培训平台可采用防火墙系统，可以通过 ACL（访问控制列表）和过滤规则，控制端口的开放、特定 IP 的访问和拒绝、特定包的进入和流出。

3. 内容安全性：平台利用应用服务器的安全认证机制，保证平台中所有内容（包括课件）的安全性。

4. 数据库安全性：数据库服务器采用跨数据库技术，并将打上最新的补丁，还在用户账号上做限制；平台可以设置数据库备份策略；同时，支持 SQL SERVER 强大的数据库管理和灾难恢复功能，确保数据库信息的安全性。

5. 平台可靠性 / 稳定性：应用系统能够支持采用分布式集群和重定向流量负载均衡，并且相对占用较少的硬件资源，当意外事件发生时，通过应急处理，实现故障修复，在可靠性实施上，借鉴双机和负载均衡等机制。

6. 平台可扩展性 / 可伸缩性：系统设计采用开放标准，方便计算机的升级，提供通用的扩展标准、产品支持的网络协议的国际标准。采用开放的多层次架构体系结构、模块化功能设计,考虑到系统今后纵向和横向的平滑扩张能力。采用数据库隔离技术,利于数据库的数据迁移。采用面向对象和构件式的设计开发方法,采用参数配置的方式,使应用系统具有较好的可扩展性及可维护性。

7. 平台易维护性:采用 B/S 体系结构,客户端仅需要安装 IE 浏览器。平台可快速部署,零客户端维护,系统的各种管理都有相应的可视化的操作界面,简单易用。

8. 平台代码集成度高,可定制接口程序,实现与其他程序互通,例如手机学习平台、直播学习系统。

三、手机移动学习平台的主体功能

移动平台主要功能有:首页导航、课程中心、在线考试、调查问卷、个人中心、我的课程、智能推荐和学习指数、年度学习报告、新闻资讯、网上培训班、电子书、排行榜、交流评论等。学员可以自主学习、自主考试、自主管理。移动学习平台提供用户管理、课程管理、学分管理等服务。用户管理可对学员进行分组分类分层级管理,并可以为任意学员分配不同的管理权限。课程管理可以根据需要增加、删除、修改课程。学分管理可根据学员学习与考试情况,自动生成学员的培训情况表,并逐步将学员培训的情况一并纳入管理平台管理。

(一)首页导航

展示移动端首页各个功能模块的导航模块。包含最新课程、专题培训、最热课程、课程中心、在线考试、通知公告、我的消息等。首页展示模块可根据平台需要进行定制化设计。

系统支持分平台管理,各个分平台可由分平台管理员进行管理,用于显示各区县的不同内容,支持单独配置显示课程内容、文章资讯、通知公告和轮播图等,进行消息推送,展示地方特色等。

随着移动互联网的不断发展,语音识别技术已经成为手机操作的主流方式之一。相对于传统的输入方式,语音识别可以提高操作的效率和便利性。在一些场景下,如不熟悉系统功能的情况下,通过语音识别将会使操作更快速、便捷。手机端提供语音识别功能，用户可通过语音快速找到对应的功能并进行学习。

（二）课程中心

学员可自由选择不同类型的视频或者文本课程进行学习，学习记录及学分通过程序自动累计到考核统计分析。

1. 课程资源

系统支持 scorm、aicc、单视频（包括 FLV、MP4、WMV 等）等标准课程，支持电子图书及有声读物作为学习资源供学员学习并记入学习统计。

课程频道支持多级分类，可显示由后台添加的图片。课程信息可在后台实时修改，支持下线课程操作。可在课程详情中查看课程简介，进行评论和打分。课程支持历史播放记录查询的功能。

图 3-10　课程资源

2. 课程播放

课程具备续播功能以及多重防作弊功能，平台单个账号只允许在一个地方登录、播放一门课程，且不允许在学习过程中拖动进度条。课程可配置课后练习，支持 PC 端和 APP 端的课程进度同步。

部分课程内容，支持将单个视频内容分解成若干个知识点片段，可按照知识点播放某一段课程，学员可快速切换到对应的知识点中进行学习，而无须从头播放，或者来回拖动寻找对应内容。

图 3-11 课程播放

后台可以将课程指定给特定的学员学习。课程中心显示平台所有课程详细信息，支持批量选课。学员可按照课程的添加时间、点击数、学分，排序显示选课。支持按照课程类型图文链接筛选课程。

精英在线特有的精品课程支持不允许拖拉、每章节结束给提示、依据知识点计算进度。支持多线路课程文件读取，支持课程评论等功能。课程支持离线下载功能，下载的课程可以在无网络的情况下进行学习，学习完成的课程自动记录课程进度，并会在下次联网登录时提交离线学习进度。课程支持当使用 3G/4G 网络播放时显示网络提醒，提醒客户是否在流量状态下播放。

（三）在线考试

考试试题支持判断、单选、多选、问答等常见题型。可按题库管理抽取题目。后台支持 Excel 导入导出试题。支持随机抽题组卷、试题随机排序。考试可限制考试次数、时间段、考试人员、是否能查看答案解析、IP 地址。

考试中心支持参加考试页面最大化，禁止学员考试时离开考试页面。支持倒计时结束后系统自动交卷以及断电保护。客观题系统自动阅卷，统计成绩及学分。

用户交卷前自动检测是否存在漏题并提醒。支持考试与课程绑定，作为课程学习的考核。考试结果页可以显示得分情况、用时以及题数等相关信息。

图 3-12　在线考试

（四）调查问卷

支持填写调查问卷，学员可参与填写平台发布的调查问卷，调查问卷支持限制某个培训班内学员参加，或者所有人可参加。

（五）个人中心

个人中心页面显示我的学分、我的课程、我的班级、我的考试、我的问卷、信息反馈、设置中心、退出登录等栏目。每个栏目点击后可链接到相对应的内容。

我的课程，显示所有看过的已完成和未完成的课程，点击课程可继续学习。

我的班级，显示所有参与的培训班信息，点击班级可快速进入班级学习。

我的考试，可查看所有参加的考试活动，以及待参加的考试，可快速前往考试答题。

信息反馈，可反馈使用过程中遇到的一些问题或者咨询一些问题。

设置中心，可修改个人信息、修改登录密码、退出登录等。

图3-13　个人中心

（六）我的课程

我的课程页面显示学员未完成的课程和已完成的课程，可自定义每页显示数量。

正在学习的课程有删除功能，可设定允许删除的进度范围。可单独显示管理员指定到对应学员的课程，不允许删除。已完成的课程不允许删除。

系统默认按照学习的先后顺序进行正序排列，可以按照进度的正序排列。

图 3-14 我的课程

如有考试绑定了相关课程,在课程达到 100% 之后,会有文字提示并直接链接到考试页面。

前台显示学员考核要求及完成情况。

(七)智能推荐和学习指数

在对学员学习行为数据挖掘的基础上开发学习型智能化导学系统,实现不同学员的个性化导学功能,建立个性化的互动学习环境,实现高效学习的目的。智能推荐课程包括推荐课程、薄弱课程、岗位推荐课程、学习兴趣课程和热门课程等,可根据学员不同的职务、职级、感兴趣主题、学习行为信息、同单位学习情况、考核要求、能力模型等,进行个性化推荐,学员可直接进行学习,每个课程将标注已完成、未完成状态。系统会在网站中收集学员想要学习或感兴趣的主题,定期更新、主动推送必修选修课程、感兴趣或者岗位必备的学习资源。

为每个干部设置成长指数和学习路径，把线上学习和培训班学习数据融会贯通，自动采集课程学习数据、考试数据、搜索内容、笔记内容等，以及采集历年的培训数据档案，包括网上培训班、"菜单式讲座"在线课堂、"干部大讲堂"在线课堂、科职干部轮训、专题讲座等多种培训，建立360度雷达图和干部培训全景大数据。

（八）年度学习报告

在个人中心中，学员可查看自己的年度学习报告，报告中将显示学员的各类学习数据，包括总修课程数量、已学完课程数量、年度学习时长、登录次数、参加测试数量、学时数量汇总、文章获得学时、考试获得学时、评论获得学时、培训获得学时等数据。报告具体内容可根据平台情况进行个性化设计。

生成一份专属年度学习报告，不仅方便学员了解自己年度的学习情况，而且可分享给他人，分享至其他平台。

（九）新闻资讯

1. 文章资讯

平台可根据文章类别以列表的形式显示不同分类的文章。列表中按照管理员设定的置顶系数和添加文章的先后时间进行排序。

文章详细内容可显示作者、发布时间、文章来源等信息。

2. 通知公告

展示平台内的通知公告，支持公告分类，支持按照指定顺序显示，按照文字形式显示公告列表，对重要通知或最新通知进行醒目标注。

支持管理员给部分用户或全部用户发送通知，通知发布的对象可由管理员后台自由选择。

3. 消息中心

管理员可推送消息，可以推送消息通知，也可以推送视频通知，同时，可以给单位下面的所有人推送消息，也可以面向部分学员推送消息。

（十）网上培训班

网上培训班页面显示培训班信息，包含"菜单式讲座"在线课堂、"干部大讲堂"在线课堂等，支持将线下培训管理与线上学习相结合，学员可在移动端报名参加培训班或者是管理员后台添加培训班学员。

培训班支持线下培训班扫码签到功能，并且可以查看个人的签到情况。管理员可对每个培训班设置学习达标要求。支持培训班信息的维护，如培训时间、报名时间、培训地点、培训班信息等内容。

培训班默认按照创建培训班的时间显示最新的培训班。

培训班详情页支持报名和取消报名功能，点击报名，培训班状态变成审核中状态，后台管理员审核通过后变成已报名状态。

班级页面支持培训班搜索和培训班分类，可查看班级详细信息，可展示近期培训的班级。班级限制只能进入本人报名的班级学习。班级超过结束时间或结业，则不可再学习。一个班级只能报一次名，超过名额限制则不可再报名。培训班支持自动结业核算学分。培训班级后台支持班主任管理、培训班学员管理以及班级签到情况查询等功能。

（十一）电子书

电子书阅读系统支持在线阅读、翻页，支持 PDF 在线阅读，另外，还可以调节字号大小，提供良好的阅读体验，支持电子书搜索、书签、翻页、离线阅读等功能。

图书检索：用户可以通过多种途径来查找适合自己阅读的图书。

类别浏览：电子书阅读系统拥有一套适合电子书的分类体系，用户可以通过这个层级目录来逐级浏览图书馆中的所有电子书书目。

综合条件检索：每个书目都有相应的属性，用户可以在条件检索功能中输入所需要寻找的图书书目的属性值来查询书目。

热门书目：系统按照被访问次数最多的顺序排列电子图书馆中的图书，用户可以从列表中浏览热门图书。

最新书目：系统按照入库时间排列电子图书馆中的图书，用户可以从列表中浏览最近入库的图书。

书签功能：在检索到图书书目以后，用户可以将书目信息记录在自己的书签簿中，每个用户都可以维护自己的书签。书签的信息包括图书序号和用户输入的提示信息。

支持有封面图的电子书显示封面图，没有封面图的电子书显示默认封面图，默认封面图支持显示书名功能。

（十二）排行榜

移动端支持学员个人排行、课程点击排行和单位学分排行的显示。

排行榜显示的条数和数据可根据需求进行显示。

（十三）交流评论

用户可以在移动端前台进行留言，管理员可以在后台对留言进行审核回复后在前台显示。

支持对前台交流评论的内容进行一级评论。

（十四）注册登录

用户通过填写前台注册字段进行注册，注册字段包括用户名、密码、姓名、部门、身份证号码、手机号码、职级等字段信息，注册成功后可以通过用户名和密码进行登录。

注册页面有填写信息的提示效果，如邮箱地址格式不正确等提示。

手机号码如果需要通过短信验证码进行验证，需要提前联系短信服务商，并购买短信功能等相关服务。

支持用户登录时记住密码的功能。

（十五）权限管理

对于平台用户的信息、权限和排行的管理，后台可以根据管理员的等级与角色配置不同权限，对用户信息、系统设置、统计报表等信息进行不同授权管理。根据角色划分用户所有权限及列表。

平台用户及用户组支持批量修改、删除和恢复。支持 Excel 批量导入、导出以及修改用户信息。

后台可统计和踢出在线用户。可自由设置平台开放时间段；以一周为周期。对前台部门及学员排行参与对象进行管理。

（十六）统计查询

管理员可以登录后台查看用户或者用户组的学习记录表、考试记录表、平台学习学分汇总表。可查询各门课程学习统计，用户组平均分、参学率、通过率等详细信息，可根据用户 ID、用户组查询未学习用户、用户组信息。各报表支持通过用户名、时间等条件查询并 excel 导出。平台可通过不同考核批次自动统计并显示考核结果。

（十七）分平台扩展

通过后台系统管理功能可以根据不同的学习人群实现分平台管理及页面模块定制。后台可对分平台人员、课程、文章等资源进行区分管理，实现分平台人员、页面布局、资源以及考核办法等模块的独立配置功能。

第五节　直播系统建设

随着直播技术不断发展，线上直播教学是干部教育网络培训很好的拓展和补充。直播系统可以提供针对直播课程的教学方式，通过设置直播交流区、课程问答区，方便师生互动和学员间沟通交流。直播系统还可以提供问卷调查功能，及时掌握学员需求。直播系统具备直播课堂助理功能，可配置专人处理参会者的课堂知识疑问、讨论互动、问卷调查等活动。直播课堂可支持高清摄像机、采集卡、直播机等多设备接入，直播采集设备多样，让直播内容看起来不单调，多种观看形式与终端能提高公开课吸引力。通过直播系统，教师可以远程授课，降低培训成本。

一、直播系统的整体介绍

（一）应用场景：直播+点播

1. 直播互动式教学

通过设置班级交流区、自由讨论区、课程问答区，实现生生互动、师生互动；通过优秀学员发言推送、今日学霸等功能板块，形成鼓励竞争的学习氛围；定期收集学员提问，开展网络直播答疑，实现多个现场学员远程提问，实时互动。

图 3-15　直播互动式教学

2. 点播互动式教学

开班前提前录制好教学视频，直播开始后由主持人做课程介绍及签到管理等，随后在规定时间进入视频播放页面，此方式也可以设置班级交流区、自由讨论区、课程问答区，实现生生互动、师生互动等。

（二）产品特点

1. 全功能：支持推、拉等直播方式，提供全流程的直播、点播服务，支持 360 度全景直播。

2. 极致体验：更低延时，更高流畅度，更高清晰度。

3. 多终端：支持全终端播放器调用，终端涵盖 PC、Android、IOS 等设备。

4. 数据分析：涵盖直播在线人数、活动数据、观看并发、流量信息多个层面。

5. 分享推广：支持微信、网页嵌入直播，支持多渠道推广，协助客户进行直播推广。

6. 丰富的互动形式：观看视频过程中提供问卷、签到、公告等服务，增强视频的互动性和趣味性。

（三）解决的问题

1. 多渠道教学：网页直播、微信分享、微信公众号嵌入，微信企业号嵌入，传播渠道广，全方位增加课堂曝光度。

2. 高清流畅直播：超高清画质，流畅画面，多级并发，多 CDN 部署高稳定性，将线下会议场景完美还原到线上观看，提高观看体验，增强公开课观众观看留存率。

3. 课堂助理：可配置专人处理参会者的课堂知识疑问、讨论互动、试卷测试等活动。

4. 多设备接入：支持高清摄像机、采集卡、直播机接入，直播采集设备多样，让直播内容看起来不单调，多种观看形式与终端能提高公开课吸引力。

二、直播系统的技术方案

（一）技术要求和实现方式

一般直播活动可分为发起端、直播云服务、观看端 3 个部分。根据用户视频直播平台的需求，在发起端可使用户自由选择单视频、视频+文档、语音+文档等 3 种直播形式，同时允许其自行选择发起视频的清晰度（清晰度基于码率），可发起标清（480P，400kb/s）、高清（720P，700kb/s）、超清（1080P，1500kb/s）。

基本原理图如下所示。

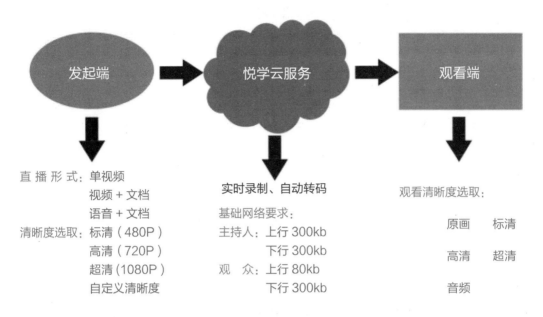

图 3-16 直播技术要求和实现方式

清晰度与码率、流量关系如下表所示。

表 3-1

清晰度	流量 / 分钟	流量 / 小时	码率
1080P	11.25MB	675MB	1.5Mb/s
720P	5.4MB	300MB	700kb/s
480P	3MB	180MB	400kb/s
360P	2.47MB	150MB	330kb/s
音频直播	0.37MB	22MB	50kb/s

1. 终端覆盖及平台兼容性

直播平台对不同终端、操作系统和浏览器具有兼容性，如表 3-2 所示。

表 3-2

直播支持的终端	手机端、PAD 端、PC 端、移动 H5 页面
直播支持的操作系统	Windows、IOS、Android、Mac、Linux
直播支持的浏览器	IE、Firefox、Chrome、Safari、Opera，以及以 IE 或以 chrome 为核心的 360 浏览器、QQ 浏览器、搜狗浏览器等市面上的主流浏览器

2. 平台使用易用性

可建立专用服务站点和管理站点。直播过程中拥有多样、易操控的控制功能及互动功能。

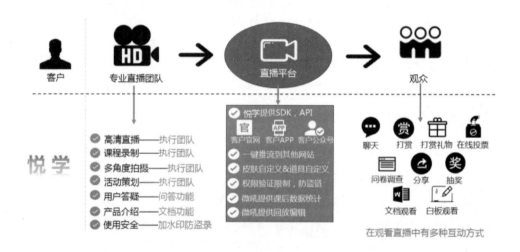

图 3-17　直播平台使用易用性

（1）设备便宜性：根据不同应用场景，最简单的直播可以由手机发起或者带摄像头的笔记本电脑发起。

（2）网络适应性：直播终端上行网速不低于 300kb/s 就可以轻松发起 1080P 清晰度的直播，并实时转码，观众可自主选择标清、高清、超清、纯音频等观看模式。

（3）平台易操性：创建直播—发起直播—观看直播，支持一键发起，二次传播。

（4）互动多样性：平台提供文档、白板、聊天、问卷、问答、点赞等多种多样的互动工具。

（5）传播可控性：平台提供免费、收费、密码、F码、白名单、K值验证等多种多样的观看限制模式。

（6）观看灵活性：支持观众在微信等任意带有浏览器功能的软件平台观看直播，无须下载APP或PC客户端便可观看直播，也可通过PC端、移动端登录观看直播。

3. 直播所需设备

直播所需设备主要包括摄像机、音频采集器（话筒）、调音台、音频采集卡、视频采集卡、直播机等设备，并且要针对现场环境配备相应的线材和接口转换装置。设备基本组成如下图所示。

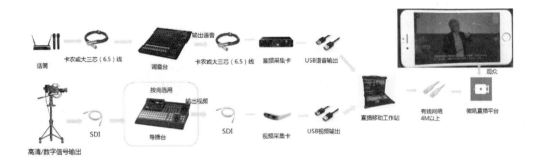

小型会场设备推荐：

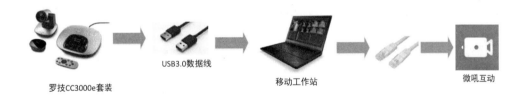

中型会场设备推荐：

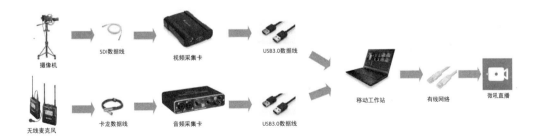

大型会场设备推荐：

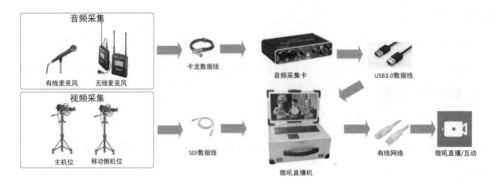

户外会场设备推荐：

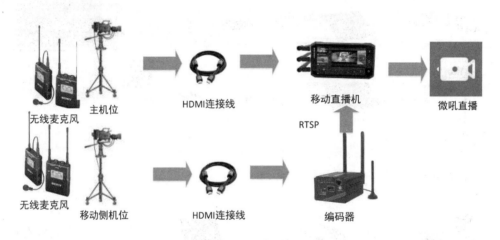

图 3-18　直播设备基本组成

4. 创建直播活动

用户根据活动主题、直播开始时间、直播简介、活动类别（财经、教育、互联网、健康等）和直播方式（单视频、视频+文档、音频+文档）等内容创建直播活动。

5. 直播类别管理

用户可以随时编辑、修改活动类别、直播方式。

6. 直播活动信息管理

用户可以随时编辑创建时输入的直播活动信息。

7. 直播活动列表

用户可以在主页查看所有的直播活动。

8. 发起直播

用户在完成直播管理的基础上可以随时发起直播,直播方式包括单视频、文档+视频、音频+视频。

9. 嘉宾管理

用户可以对活动嘉宾进行管理,管理方式包括添加嘉宾和删除嘉宾,嘉宾必须有平台注册账户,嘉宾拥有专用的页面(工作空间),嘉宾可以随时切入直播作为主播,可以和观众互动,可以多嘉宾连麦互动。

10. 助理管理

用户可以对活动助理进行管理,管理方式包括添加助理和删除助理,支持多个助理同时登录。助理必须有平台注册账户,助理拥有专用的页面(工作空间),助理可以在直播过程中随时和主播、观众互动,可以协助主播对互动区进行管理。

11. 报名表单

平台支持在活动直播开始前进行报名表单管理,包括预约、报名信息收集(姓名、手机号、邮箱、性别、自定义单选、自定义多选、自定义问答)。

12. 文档管理

文档管理主要用于直播嘉宾宣讲的文档,包括 Word、PPT、PDF、Excel、文本等。主播和嘉宾需要在直播开始前提前上传文档,系统将上传的文档自动生成动画版(原版)和极速版(每页转为图片)。

13. 白板管理

只有在文档演示的状态下才可以调用白板功能,白板管理为主播在直播过程中进行描绘标注和描绘演示,支持去 logo,支持分辨率 1280×720,支持手写笔和画板接口接入，支持直播客户端笔迹和图像输入 API，支持手写板、手写屏、摄像头、高拍仪等。

14. 问卷管理

问卷管理以问卷调查的方式进行互动。

15. 签到管理

主播可以通过签到确认在线人数和在线人员。

16. 问答管理

主播可以与观众进行在线问答，包括公屏问答和私聊。

17. 抽奖活动

直播活动中，主播和助理可以随时发起抽奖，可以设置抽奖范围（全体、参与问卷、参与签到）。

18. 连麦互动

系统提供连麦功能支持多嘉宾、多地连麦互动，多人同时显示在屏幕中，以及多人在线音视频自由讨论。

19. 点播管理

上传的单个文件最大支持 2G。支持的格式，视频包括 RMVB、MP4、AVI、WMV、MKV、FLV、MOV；音频包括 MP3、WAV。上传的视频，不支持剪辑和下载。

用户可对上传的音视频进行信息编辑，包括名称、简介、类别、话题、隐私设置。

20. 回放管理

在直播活动结束时，系统会提示是否生成回放。

系统提供回放剪辑工具，可对回放视频进行掐头去尾。

每个回放（包括录制）剪辑生成以后均支持下载，仅主持人/讲师端下载。

21. 数据管理

（1）信息收集

系统可以为用户自动收集预约、聊天、签到、报名表单、问答、问卷、抽奖等信息。

（2）数据统计分析

系统默认自动统计最高并发、累计观看次数、累计观看人数、各时间段并发数曲线、周/月/季度/年的观看次数/观众人数/观看时长、观看终端 PC/APP/WAP 占比、观众地理分布。

（3）数据导出

所有统计的数据均支持导出。

22. 个性化功能

官网/微信公众号嵌入、API 深度植入、SDK 深度植入。

23. CDN 网络资源建设

直播平台采用页面负载均衡和流媒体负载均衡双负载均衡机制，避免由于硬件损坏或单点故障造成的直播中断。在视频流分发上采用云分发网络，提供就近、可靠的网络质量保障，实现就近推流。

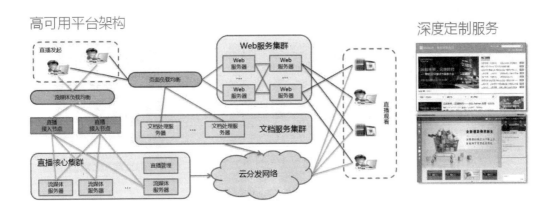

图 3-19　负载均衡及云分发基本原理

（二）直播安全性和保密性

在直播活动中对观看的权限、模式、数据安全方面，系统提供应用安全、传输安全和保密性设计。

- **应用安全**
  - 视频观看身份验证，支持白名单、F码、密码、付费等多种权限控制，私密观看
  - 视频资源防盗链机制
  - 采用K值验证体系和referrer的技术，实现从用户端认证到CDN端认证双重保障机制
  - 视频观看防录屏机制
  - 高强度的uid和ukey，保障账户及活动安全
- **传输安全**
  - 支持IP调度功能，调度更精准高效
  - 支持URL和token动态加密
- **保密性**
  - 可提供AES256级别加密

图 3-20　直播安全性和保密性

1. 直播接口

直播提供的接口包括 3 个部分，即 Web service 接口，集成 SDK 接口、嵌入式 API 接口。

Web service 接口
紧耦合式的接口交互。可在第三方网站中控制全部直播与点播的后台功能与界面UI。

集成SDK（针对移动端和网页端）
模块化产品设计。支持客户根据自身业务场景自定义观看端功能及UI；支持APP、H5等多种形式；具备高度灵活性。SDK提供两个版本，分别支持iOS与Android。

嵌入式API接口
标准API接口。无缝嵌入第三方网站，实现最佳的网站一体化。支持各种播放形式，并实现单点登录的系统集成。提供多达46项接口供调用开发。

图 3-21　直播接口

2. 接口调用主要以 postURL 的形式进行调用

图 3-22　API 接口调用原理

调用过程包括请求参数、后台识别、响应参数返回数值。

直播提供封装好的 SDK 工具包，支持用户嵌入 APP。

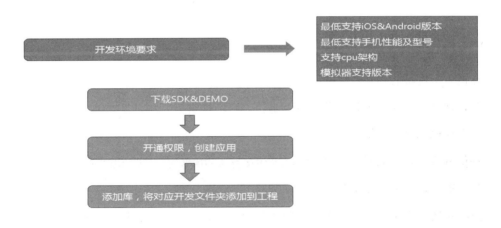

图 3-23　SDK 调用过程

三、直播系统的优势

直播系统的优势包括传播简单快捷、时效高、受众广；多地实时交流、整合信息资源；靠数据驱动业务发展；平台稳定、响应迅速等。直播系统之所以具有传播优势，在于无参与人员上限、裂变式传播和碎片化分享。直播系统具有多种多样的实时互动方式、富流媒体的直播特性和数据信息实时传达，从而具有实时互动的特性。直播系统能够实现数据管理，可以做到全面信息的采集、多维度数据统计分析，做到战略决策引导。直播系统具有遍布全球的 CDN 节点、高效传播链路和最小延时性。

图 3-24　直播系统的优势

（一）平台优势

1. 自主掌握核心知识产权

具备强大的创新能力和研发能力，避免知识产权纠纷。

2. 自动选择最优的接入节点

提供就近、可靠的网络质量保障，采用多家 CDN 网络，实现就近推流。

3. 自动化资源调度和服务迁移

直播系统与阿里巴巴、华为等云服务商合作互为云备份，避免由于硬件损坏或单点故障造成的直播中断。

4. 完全互联网服务

彻底解决适应性差、配置复杂、更新缓慢、无法得到同步更新和支持等问题。

5. 多平台支持

包括 Windows、Linux、Mac、IOS、Android。

6. 多浏览器支持

包括 IE、Firefox、Chrome、Safari、Opera。

7. 多设备支持

包括集成摄像头、DV、高清摄像机、VR 摄像机，各种类型的音频设备，多种推流设备。

（二）性能优势

1. 最大并发直播量：50,000 场

2. 最大在线人数：20,000,000 人

3. 最大桌面演示分辨率：1920×1080

4. 支持直播协议：rtmp、hls、http-flv

5. 最小互动延时≤0.1 秒

6. 常规直播延时 2 秒

7. 服务稳定性：可用性 99.99%—99.999%

（三）优势效果

1. 低延时

2. 分辨率自适应

3. 主动式线路切换

4. 跨地域部署

5. 实时容错切换

第六节　人工智能教育技术（教育大脑）与干部教育培训智能发展

互联网、大数据和人工智能（AI）等信息技术的飞速发展和广泛应用，使各行各业发生了巨大变化。人工智能技术的提升，在改变现实生活的同时，也改变着人类的行为方式和认知方式。相对于学历教育和职业教育，干部教育更具针对性、实效性和可操作性，在人工智能的创新驱动下，干部教育势必发生重大变革。

党的十九大报告指出，"善于结合实际创造性推动工作，善于运用互联网技术和信息化手段开展工作"。加快人工智能在干部教育领域的创新应用，构建智能化、网络化、个性化、终身化的教育体系，是驱动传统干部教育变革的动力和支撑。

习近平总书记深刻指出，将信息技术应用到教育工作中，既是信息化时代发展的客观要求，也是教育工作改革创新的必然要求。2019年1月出台的《中共中央关于加强党的政治建设的意见》明确提出，主动适应信息时代新形势和干部队伍新变化，积极运用互联网、大数据等新兴技术，创新政务活动内容方式。2023年修订的《干部教育培训工作条例》提出，提高干部教育培训教学和管理数字化水平，用好大数据、人工智能等技术手段。

目前，互联网正加速向经济社会各领域传播渗透，将互联网技术应用到执政教育中，既是信息化时代影响下的大势所趋，也是执政党加强自身建设、推动教育工作与时俱进的重要体现。

一、人工智能驱动传统干部教育变革

（一）驱动知识更新，填补传统干部教育内容缺项

一是充实人工智能相关知识。从经济社会各领域的实践看，人工智能不再是一门简单的技术，而是一种发展理念。比如，制造业发展要以智能制造为核心，加强制造技术与信息技术深度融合，实现由中国制造向中国智造转变。但从干部教育现状看，不论是集中培训还是个人自学，人工智能发挥的效用都极其有限。一方面是缺乏人工智能的相关知识，信息化水平不高；另一方面是缺少人工智能的应用体验，信息化素养不强。究其原因，既有干部教育有关要求不明确的因素，也有干部自身相关知识储备不足的问题。因此，加快人工智能等相关知识普及，提高干部信息化能力和水平，是干部教育不可或缺的部分。

二是增强人工智能运用本领。干部教育中虽然增加了互联网、大数据等相关内容，但大多停留在就技术谈技术、就理论说理论阶段，如何应用新技术指导实践涉及较少。大多数干部初步了解无人驾驶、机器人等人工智能新产品、新技术，但缺少系统学习和认知，并不了解人工智能如何应用，以及会对实际工作产生多大作用。究其原因，

在于大多数干部对人工智能发展及其影响力认识不够，对如何将知识成果转化为实践找不到好的办法。因此，应当加快人工智能成果在各领域的转化应用，提升干部服务经济社会、服务保障民生等各方面的能力。

三是走出人工智能认识误区。人类接受新生事物需要过程，但人工智能发展之快，超越了正常人的反应速度。人工智能在其他教育领域已有成功案例，比如南京大学新成立的人工智能学院等，但在干部教育领域的应用却迟滞不前。从已发表的干部教育相关文章分析，目前关于干部教育创新发展、人工智能与干部教育融合发展等方面的研究较少。由于"铁饭碗"思想还在一定范围存在，对于人工智能替代未来职业的预测无人认可，加之人工智能尚不完全成熟，大多数干部缺乏信息化思维，对人工智能等新鲜事物仍持观望态度。

（二）驱动方法创新，补齐传统干部教育模式短板

一是补齐人工智能与学习分离的短板。从培训方式看，不论是人工智能自身知识传授，还是其他相关技能学习，干部教育中都缺少现代化手段。以教学模式创新中涌现的结构化研讨为例，其中利用思维导图辅助课程，但在思维导图绘制过程中仍然使用纸上手绘的方式。此外，在线教育、移动学习已在干部队伍中流行，但大多数人依然习惯坐在教室里使用；在网络课程里，授课者只用投影、录像等有限的信息化手段，新技术、新方法运用不多，知识错位现象较为明显。

二是补齐人工智能与教学分离的短板。从环境建设看，许多干部培训院校加大信息化投入，着力兴建智慧教室，借助人脸识别、语音输入等人工智能技术，在学员管理、后勤服务等方面积极发挥作用，但在授课质量监控、个性化定制学习等方面效果未能显现。有些单位引入人工智能辅助教学系统后却长期闲置，最后只能变成"摆设"；为解决干部工学矛盾而开发的移动学习平台，引入在线视频播放系统等，被"挪"作他用的现象时有发生，与教学目的背道而驰。

三是补齐人工智能与应用分离的短板。从学习效果看，大多数干部在运用信息化手段方面尚未做到学以致用。比如，已有大数据分析城市人口动态系统，却仍要人工统计核实相关信息；不懂如何运用新经济指数、政策执行指数等指标分析有关情况等。干部教育的目的，是强化干部运用理论指导实践的能力，随着工作对象和内容的不断更新，与之对应的方法手段要及时跟上，实际操作使用也要相应增加。

（三）驱动思想革新，缓解传统干部教育机制痛点

一是借鉴自适应学习原理，解决计划与实际脱节的问题。人工智能的自适应学习，是指机器通过不断评估学习者对学习的掌握程度，动态推荐合适的学习路径和新的学习内容，以满足学习者的个性化需求，实现自适应匹配和自主式管理。传统干部教育中，多由组织部门统一制订计划，院校和参训单位组织实施，难以做到学习内容同步更新，也无法根据培训对象变化及时调整。随着党和国家机构改革步伐加快，对干部学习能力提出更高要求，干部教育中定制化、个性化学习需求增大，跨部门、跨领域协作不可避免，自适应学习将越来越受欢迎。

二是借鉴数据挖掘原理，解决过程与结果脱节的问题。人工智能的数据挖掘，是指运用大数据、云计算等手段，通过分析数据变化掌握过程状态、做出结果判断的行为。在教育领域，多以信息管理系统等形式应用于教务工作、学校管理等方面。当前干部教育管理中，报到、考勤、上课、作业等环节均由人工操作，即使有辅助系统，也需大量手动输入。此种运行机制下，干部使用与培训部门不能同步掌握情况，无法及时分享干部的学习、考核信息，难以为干部提拔、任用提供有效参考。如果引入人工智能技术，实现人与系统有机结合，将在一定程度上解决此类难题。

三是运用深度学习原理，解决学习与工作脱节的问题。人工智能的深度学习，是指机器通过建立和模拟人脑神经网络，模仿人脑机制解读数据的过程，可以简单理解为刻意练习或题海战术的机器化实现。深度学习有助于学习者提高注意力和专注度，在相同时间内掌握更多内容。对于需要反复练习、不断强化的干部能力，如党性意识、执行力等，可用深度学习的方法进行培养。传统干部教育中工学矛盾较为突出，如何利用碎片化时间学习、如何区分课堂教育和课后自学选择学习方法等问题，人工智能可以给出较好的答案。当学习没有时间和空间限制时，相应的干部教育考评机制也该发生改变。

二、干部教育的人工智能应用方向

（一）从学习内容拓展上，优化适于人工智能发展的干部知识结构

一是学习内容重构。从学习者角度讲，学习内容应由面向任务向面向对象转变，

从党和国家建设需要及干部自身需求内外两侧共同发力，依据不同工作性质、不同干部特点，在保留党性教育、党的创新理论教育等内容的前提下，增加涵盖经济、社会、文化等各领域的新技术、新方法、新知识，突出个性化定制和跨专业融合。既有互联网、大数据、人工智能等最新的前沿理论，也有如何运用技术手段指导工作的具体方法，还有适应机构改革需要的岗位知识；既要体现新时代的具体要求，也要满足干部发展需求，还要符合实际工作需要。

二是知识体系重建。从教育者角度讲，培训内容应从全面覆盖向精准匹配转变，按照缺什么、补什么，求什么、教什么的基本思路，根据不同培养目标，结合人工智能特点，适当调整课程重点。一方面，对于能够依靠人工智能完成的，重复性、程式化、标准化的知识和方法，交由个人自学或跟机器学习。另一方面，对于人工智能难以胜任的能力，比如创新创造能力、沟通协调能力、跨领域综合能力等，则要交给院校或依靠老师重点培养。唯有如此，方能实现人机结合、优势互补，既能发挥人工智能的专长，又能突出人类的独特优势。

三是学用比例重置。从教育目标角度讲，通过培训要使广大干部理论素养不断提高、党性修养切实增强、工作作风明显改进、德才素质和履职尽责能力显著提升，其中实践部分比重较大。干部教育由静态学习和动态训练两部分构成，课堂、书本、视频教学等属于静态学习，实践、工作、调查研究等属于动态训练，人工智能可以根据培训需要，适时调整二者比例。未来干部教育的重点，应聚焦能力提升，突出动态训练，集中培养可以与人工智能抗衡的能力，比如情商管理、工作作风等。

（二）从教学发展上，创新易于人工智能融合的干部教育模式

一是组训模式智能化，由静态计划向动态规划转变。人工智能使信息采集、信息处理、信息分析变得更加便利，凭借学习过程中的数据分析，为学习者提供个性化服务成为可能。未来的干部教育应当建立以知识图谱为基础的智能化学习平台，针对不同学员、不同城市、不同要求等算法基础，结合组织要求、能力导向、岗位要求等模型，关联学习资源，建设"学习指数"，构建"智能导学"，一人一方案，驱动精准教学，开创基于智能教学体系的新路径，创新服务供给模式，实现人机结合。计划制订、方案设定、内容规定等可根据学习者的状态变化，实现实时动态更新。借助随处可见的在线学习、移动学习等多种信息化手段，使碎片化时间得到有效利用，工学矛盾减到最小。

二是管理模式智慧化，由封闭学习向开放学习转变。人工智能引导教育从封闭走向开放，以往的独家知识或权威专家将成为"公开的秘密"。当前的干部教育中，结构化研讨、分小组讨论等模式初具开放性特点，但过程中尚需"催化师"或小组长引导。运用人工智能技术变革组织结构和管理体制，优化运行服务模式，是未来的发展趋势。在人工智能的帮助下，有望实现真正意义上的"无领导小组"，专家管理系统随时发出指令，引导课程进行；智慧管理系统把控整体节奏，实现动态调控，培训效果将得到极大提升。

三是评价模式精准化，由结果导向向问题导向转变。人工智能时代，教育目标有所调整，过去以掌握知识为主，现在以培养能力为主；过去侧重考试结果，现在关注学习过程，精准化学习产生精准化效果，问题随时发现随时得到解决，效果随时随地可以掌握。当前的干部教育中，以考试或论文成绩作为评价依据，有时不能客观反映情况。运用人工智能开展学习过程监测、学情分析和学业水平诊断，建立基于大数据的多维度综合性智能评价，实现教学绩效的精准评估，应是未来干部教育的发展方向。

（三）从提高培训效果上，完善基于人工智能思维的干部教育机制

一是打破组织壁垒，建立以学习为核心的协调联动机制。《党和国家机构改革方案》提出"坚持优化协同高效"原则，要优化党的组织、教育培训等部门职责配置，加强归口协调职能。随着人工智能技术的不断进步，越来越多的社会力量、地方院校将有机会参与干部培训。干部教育进一步向基层覆盖、向各级延伸，全天候、全方位、全地域的培训格局将会形成。因此，应当尽快建立跨部门、跨学科、跨地域的协调联动机制，鼓励资源开放共享，实现计划制订、方案设定、组织实施、考核评价等各环节有效同步。

二是打通过程闭环，建立以能力为目标的动态管理机制。习近平总书记强调，"领导干部要结合工作需要来学习，不断提高自己的知识化、专业化水平"，对干部学用结合、学以致用提出更高要求。借助人工智能系统，自适应学习和自我管理成为常态，能力需求—教育培训—考核使用—能力需求的闭环将被打通，学习与实践、培训与使用的结合将更加紧密。因此，应当尽快建立考评、使用、培训一体化的动态管理机制，实现精细化管理、个性化服务，全面提升管理水平，确保干部教育各项工作顺利进行。

三是打碎人为枷锁，建立以数据为参照的科学评价机制。人工智能逐渐普及，在实现学习个性化、差异化的同时，增加了考察因素，加大了考核难度，干部考评定级、综合评定需要具体情况具体分析。因此，应当制定差异化的干部考评标准，完善便捷、高效、科学的评价机制，运用大数据、网络化等信息技术，以考评数据为参照，进行专业化统计、智能化排序和系统性分析，交由机器判定，减少人为干扰，确保结果可靠公正。

四是突破以课程为核心的传统思维，实现基于 AI 技术的人机交互问答系统。以智能机器实现专题、课程、案例、图书等各种知识体系的精准匹配，教育机器从原理、案例、实践等多个维度回答学员的问题，协助学员形成决策和解决问题的方案，形成永不下班的机器人助手，驱动学用结合，实时满足智能政务辅助和咨询服务需要，完善基于人工智能思维的新机制。

（四）从服务保障上，构建利于人工智能应用的支撑保障体系

一是打造智慧环境。围绕干部能力提升，打造技术赋能的学习环境，营造率先垂范的人文环境。一方面，要建设从基础到应用的网络支撑环境。逐步建成智能化网络基础设施体系，在数字化的基础上向智能化演进；建设或租用云计算中心，提高大数据分析能力；建设多类型资源库和数据集，建设大数据分析、人工智能专家系统等应用平台。另一方面，要营造积极参与的良好氛围。加大人工智能知识宣传普及，制定数据管理标准规范，加快信息技术应用示范，引导干部率先运用最新技术提升工作能力。

二是筑牢安全屏障。人工智能的核心是数据，干部教育因其特殊性，信息安全和数据保护尤为重要。一方面，要加强技术防护。针对人工智能重点系统或应用，采取漏洞挖掘、安全测试等技术措施，提高风险防控能力；针对干部信息、课程资料等敏感数据，通过信息加密、动态隐藏等安全手段，提高自我防护能力。另一方面，要加强制度保护。落实《网络安全法》等有关规定，加强关键信息基础设施防护，强化重要信息和个人隐私保护；落实安全保密有关规定，杜绝失泄密行为导致的人为数据泄露。

比如采用以智能手环为终端就是非常好的一种创新手段，利用智能手环实时掌控学员血压、血糖、血氧、心率、睡眠等指标，建立智慧化的"教、学、研"和"吃、

住、行"一站式解决方案,驱动安全保障升级,构建利于人工智能应用的支撑保障体系。

党和国家机构改革持续推进,以人工智能为代表的信息技术高质量发展,成为干部教育向前发展的"双轮驱动"。当信息基础设施尚在普及完善、"互联网+"干部教育还在催化融合之际,人工智能与干部教育深度融合,势必引发新一轮变革,引领干部教育创新发展。

三、干部智慧平台"教育大脑"需要遵循的技术要求

干部智慧平台的开发遵循"标准化、精细化、智能化"的建设原则,整个平台的设计开发将遵循以下几个方面的要求。

(一)先进性

在保证系统可靠性、技术成熟性基础上,采用先进的构架方式,系统网络平台、系统硬件平台及软件设计思想,利用先进的实现技术、开发工具,确保本系统起点高,技术领先。同时保证用户新增需求可通过升级来维持系统的先进性。

(二)易操作性

平台的设计开发在符合管理需要的条件下,应用软件全部使用图形化交互式人机界面,使操作简单、便捷。功能设计符合业务管理需求、符合广大用户的操作习惯,使所有干部用户,无论是任何年龄段的干部均能很快掌握平台的使用技巧,熟悉平台的基本功能。

(三)安全性

系统安全性是系统运行的基础保障,要保证基础设施层、数据层、应用层的安全,保证系统运行的可靠性。

1. 在数据采集及传输上对重要原始数据采用网络加密传输、数据库加密传输或应用系统数据加密相结合的技术。

2. 在数据存储方面需对敏感数据做到加密存储处理。

3. 在应用层采用网络登录验证、数据库登录验证、应用系统使用验证、身份证刷卡识别认证等多种验证方式相结合的方式验证用户。

4. 系统还需要采用过程记录模式，对进入系统的用户的操作进行记录，可以根据日志进行事后分析，从而找到事故的发生原因、责任者或非法用户。

5. 网络边界处部署入侵防护系统，在发生严重入侵事件时应提供报警及防护情况。

6. 网络边界处部署网络防病毒产品，对网络恶意代码进行检测和阻断。

7. 系统应具有本地数据备份与恢复功能、异地数据备份与恢复功能。

（四）可靠性

系统稳定性是系统正常使用的基础保障，系统在设计时应遵循各类业界标准，系统构建选用成熟技术和当今优秀的高集成设备，保证系统的高质量、稳定与可靠。同时对系统运行状况采用自动检测、告警、监控等方式进行实时观测。

（五）可扩展性

信息技术发展较快，系统设计要考虑到平台未来发展的需要，同时考虑项目建设的阶段性，要尽可能设计得简明，各个功能模块间的耦合度小，便于系统的扩展，平滑地与其他应用系统自动接口。

（六）高效性

系统应用服务能力的线性扩展和流量均衡，以保证在大事务量、大数据量的环境下能加以调配以满足实际情况的需求。

四、"教育大脑"关键技术

统筹党校和干部培训院校"智慧校园"需要，以建设校院智慧环境和数字技术为基础，以创新现代教学手段为特色，以促进"教研咨管"一体化、智能化、人性化为根本，以服务学员优化智慧体验为导向，按照"总体规划、分步实施、有序推进、全面整合"的原则，依据数字智能技术国家战略发展行动计划，以及党校和干部培训院校对信息化建设的要求，结合实际现状，以大数据、云计算、物联网、语音识别等先进技术为手段,充分考虑交互性、智能性、安全性和协同性,以智慧教务系统、智慧教学系统、教育大脑系统、学员引导平台、手机智能应用、科研管理、智慧健康安全管理、后勤管理系统、综合数字档案室管理系统等为载体,建立智能、互联、协同、感知、高效的"教育大脑"平台,将教学、科研、管理和校园生活进行充分融合,实现向数字化、网络化、智能化的质的飞跃。

（一）人工智能技术

"教育大脑"系统以学员的学习行为信息作为反馈信息,利用计算机网络技术,融合前沿学科成果（教育心理学、现代学习理论、能力模型与测评理论、脑科学等）,通过人机交互的自适应反馈机制,对课程及能力模型进行适应性调整,实现了不同学员的个性化导学功能,建立了个性化的互动学习环境,实现了高效学习的目的。

首先,在学员学习过程中,本系统会记录学习者的进度、学习盲点和难点、知识构成等学习行为信息,结合培训反馈和诊断测试,对学员信息进行采集;随后,经过编码分析、文本分析等分析手段初步形成个人模型数据;接着,对学员个人模型数据进行数据挖掘,在此基础上开发学习型智能导学系统（如图所示）;最终,系统会为不同学员提供精准的匹配,确保学习效果。

其中,首创的"智能导学系统",对学员个人能力进行全方位造影,构建了学员自我诊断的"体验中心"和"化验室"。

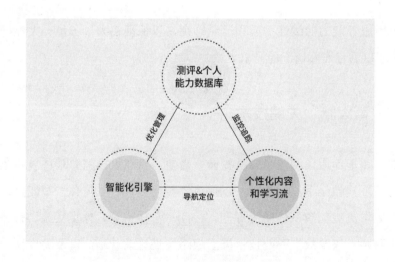

图 3-25　智能导学系统工作流程图

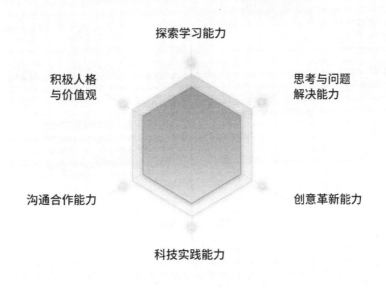

图 3-26 学员能力素质分析

独创性的"智能导学系统"核心思想在于利用大数据,为满足不同学员和不同城市、不同区域的差异化教育需求,以每个学员的基本数据和入学测评为算法基础,结合学员学习兴趣模型、能力导向、职业发展、学习行为模型进行挖掘,关联不同学习资源,实现教育内容和组织要求相匹配,真正做到一人一方案,使干部培训更加精准、更加个性化,实现组织部门专业化培训内涵和质量要求。

智能化导学系统有效地解决了用户自主安排学习计划、选择课程、学习、总结时由于信息不对称所面临的选择困难。同时实现多角度量身测评,提供各种能力、素质量身测试对比分析报告;向平台提供针对性的匹配课程建议;建立能力素质档案,为培训教学提供科学分析数据;向个人提供量身报告,了解个人能力长短板。通过建立基于多场景导学引擎的智能化导学系统,将学员上下文信息、决策上下文、资源上下文纳入统一的推荐导学理论框架中,研究利用上下文信息源以提高资源推荐系统推荐精度、提升个性化导学教育服务质量。

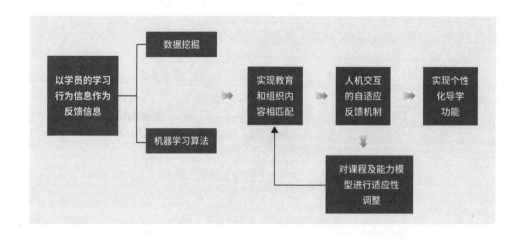

图 3-27 智能化导学系统运作流程

通过对学员与学员、学员与教师、学员与学习资源等直接或间接交互后生成的海量数据进行挖掘和分析，为学员绘制学习路径图、优化学习路径。

（二）构建"学习指数"

根据新发展格局要求，为每个干部设置学习指数和学习路径，把线上学习和培训班教学教务两套系统数据融会贯通，自动采集课程学习数据、考试数据、搜索内容、笔记内容等，以及采集历年的培训数据档案，包括在校集中培训、网络培训、高端培训等多种培训，建立360度雷达图和干部培训全景大数据。

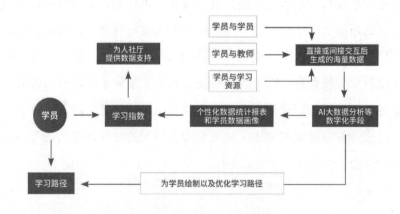

图 3-28 "学习指数"构建流程

(三) NLP 自然语言处理

自然语言是人类智慧的结晶，自然语言处理是人工智能中最为困难的问题之一，NLP（Natural Language Processing）是人工智能（AI）的一个子领域。

"教育大脑"结合 AI 自然语言处理技术对干部的言行进行自然语言处理，实现干部素养、性格、风格等多个维度画像和干部知识图谱，根据干部画像和知识图谱智能推荐学习内容。

在针对不同岗位、职务的干部个性化学习上，AI 自然语言处理黑科技无处不在。我们的政务中有很多干部都是年龄较大的干部，对于一些需要学习的内容，没有办法及时准确地学习，但是有了 AI 自然语言处理技术就不一样了！你可以直接说："爱国同志，我要学党章，读一下最新的习近平总书记讲话。"这个时候就会由传统的看报读书变成听字学习，为干部带来了极大的便利。

(四) 教育资源数字数据化

在大数据、云计算、移动互联网等新兴技术方兴未艾的今天，教育工作必须要应对自媒体崛起，还要顺应互联网去中心化的趋势，打造符合互联网思维和习惯的新型教育模式，实现对干部教育的精细化、个性化管理。

教育数据分析是在大数据技术的引导下，将政务内的各项内容进行数据整合，实现政务的精准分析。在政务数据分析平台中，支持咨询问题分析库、专家库、课程库、案例库、图书库等部分在终端的体现。

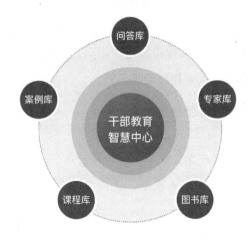

图 3-29 教育资源数字数据化

（五）可视化技术

一是教育云资源，干部可以通过播放各类实践案例，包括应用场景和现场教学等方式，深入其境，实时学习研讨具体的案例课程。

二是教育云视讯，云视讯作为集远程会议、远程监控、远程授课、远程直播（户外直播）、远程协助和远程交互 6 大功能于一体的视讯交互系统，可实现区县—乡镇（街道）—村（社区）等多级会场的快速接入，实现干部活动中心与政府相关部门的互动、学习、工作汇报，最大限度地发挥了视频会议的价值，真正实现了无死角、全覆盖、零距离，深受基层干部的欢迎。

（六）数字驾驶舱

数字驾驶舱管理系统为智慧校园提供了一个可视化平台，使"教育大脑"指挥中心实现"一张图看到底"，驱动教育思想革新，建设全面精准的评价体系和高效的督导反馈系统。实时展示学院教学、科研、行政、后勤等各类业务状态，为校园各业务的规划管理决策提供数字依据。数字驾驶舱管理系统以安全、弹性、自主可控的教育云平台为基础架构，承载五个核心数据库：干部及政务问题库、通用与行业专家库、教育与教学课件库、专题案例库、图书及文字资料库。

数字驾驶舱需实现同期、同期增减、同比、同比增减、年、月、日累计，水、电、食材等消耗对比，实现报表数据快速查询、报表和图形之间的任意转换，同时可根据需要，依照数据的维护结构，进行多维度查询分析，系统提供下钻、上钻、随意钻取、旋转、切片、切块操作等。

数字驾驶舱管理系统还能够实现校园电子沙盘，支持以核心课程系列为代表的课程沙盘展示、现场教学点展示、党校校史展示等。

1. 利用核心数据深度剖析，经营决策轻松制定

（1）系统自动生成课程热度分析、班级升班率、学校满意度、教师评价统计、出勤率统计、满班率统计、校区产出比、学员推荐统计等经营统计报表。

（2）学院口碑、教学质量、服务水平、课程设置合理性等运营状况全方位数据化呈现，经营决策更有据可依。

2. 教学管理全面分析，教学情况及时反馈

（1）学区／学员即时消耗、教学统计、学员课时汇总，多维度课时全面统计分析，学院运营健康情况一目了然。

（2）教师评价报表、教师排课量统计，直观反映出授课老师工作饱和度，为教师考核和合理分配工作提供数据支持。

3. 教学数据直观清晰，教学情况全面掌控，建立高效督导系统

通过智能设备与软件、APP相结合的方式，使得管理人员无需到达现场即可对督导目标进行实时查看，信息百分之百真实，发现问题一键推送，解决问题一键报告，从巡查、整改、复检到结果反馈均可在线完成。助力培训效率升级，开启智能化管理的新变革。

4. 智能导学，优化学员学习路径

独创性的"智能导学系统"核心思想在于利用大数据，为满足不同学员和不同城市、不同区域的差异化教育需求，以每个学员的基本数据和入学测评为算法基础，结合学员学习兴趣模型、能力导向、职业发展、学习行为模型进行挖掘，关联不同学习资源，实现教育内容和组织要求相匹配，真正做到一人一方案，使干部培训更加精准、更加个性化。实现组织部门专业化培训内涵和质量要求。

通过学员与学员、学员与教师、学员与学习资源等直接或间接交互后生成的海量数据进行挖掘和分析，为学员绘制学习路径图、优化学习路径。

（七）教育资源云学馆

"教育大脑"实现师资、课程、案例、图书、问答工具、基地和党史教育等教育"智库"精准匹配，语音处理技术高效方便，形成永不下班的机器人助手，驱动学用结合，实时满足智能政务辅助和咨询服务需要，完善基于人工智能思维的新机制。

1. 师资库

师资队伍是培训的第一资源。大数据师资库云平台很好地解决了基层师资缺乏和如何挑选合适师资的问题，通过师资共享协调与统一评价体系和师资资源标准，可以实现优秀师资直播授课和在线解答咨询服务。

2. 案例库

大数据案例库云平台从政治、经济、文化、社会、生态文明等多个视角，总结各级党组织和广大群众在社会主义现代化建设中积累的好做法、好经验、好方案，

充分体现了贯彻落实习近平新时代中国特色社会主义思想取得的优秀成果，是改革开放中涌现的一批勇于探索的先进典型，是研究新情况、解决新问题、攻坚克难的重要创举。

大数据案例库云平台探索与党校"以学术讲政治"的教学系统形成互补，凸显"以案例讲思想""以实践讲真知""以发展讲创新""以成就讲示范"，提高干部攻坚克难本领。展示社会治理数字化变革的模范实践，中国智慧的经典案例，为破解改革发展重点难点问题提供参考。

3. 课程库

大数据课程库云平台建设完善统一的课程资源标准，支持评分机制，提供完善的课程评价、调度、检索等管理方法，可支持根据课程的分类、评分、点击量、标签、学分等进行检索。

4. 图书库

大数据图书库云平台建设完善统一的图书资源标准，集中海量的优秀图书资源，支持评分机制，提供完善的图书评价、调度、检索等管理方法，可支持根据图书的分类、评分、点击量、标签、学分等进行检索。

5. 干部及政务问答工具库

大数据问答工具库是"教育大脑"的核心系统，集成了干部治理和执政工作中遇到的各类问题，可通过应用场景和实际解决方案，开启智慧政务模式并为"治理能力现代化"提供应用场景。支持评分机制，提供完善的案例评价、调度、检索等管理方法，可支持根据案例的教学目的、地点、专题方向、评价等进行检索。

"教育大脑"以安全、弹性、自主可控的教育云平台为基础架构，智能引擎是系统的核心，通过对干部的发言进行自然语言分析，提供全面的问题咨询和知识图谱，实现问题类别、深度、地域等多个维度画像和知识图谱，根据问题画像和知识图谱智能推荐学习内容。通过问题指数、管理积分制等量化的分析结果，将组织的主要工作考核内容以积分的形式进行体现，系统自动对工作完成情况进行积分，并实时发布积分排名，便于政务从严督导组织工作的完成情况，直观反映管理区域内所有干部素养的量化指标，帮助组织部了解整个组织的干部画像，可以有针对性地组织干部教育和提升，精准施策。通过趋势分析了解教育指数的变化，便于直观展示专项教育的效果，不断调整和优化策略。

五、"教育大脑"整体架构

"教育大脑"通过干部教育交互 AI 智能终端间的互联互通和立体互动,搭建了基于问题解决和场景演练为核心功能的新型互动式教育智慧管理平台。

干部教育交互问答系统主要建设目标是采用"咨询服务分头使用,资源大数据统一集中"的构建模式,建设一个基于大数据云计算的覆盖全国的咨询资源服务平台,为用户提供统一服务的窗口,有效集成各方资源,共享系统内外的各类资源,通过资源共享协调和统一评价体系,为管理者提供个性化的资源共享系统服务。

"教育大脑"期望通过充分与人工智能相关业务相结合,实现新技术与教育相结合的各种应用场景,充分了解新技术场景下的智慧干部教育新模式的创新。

依托教育云数据,搭建集宣传、管理、服务、监督、培训教育、考评为一体,全面覆盖党务、政务教育和干部能力提升工作业务平台,全方面、全节点大数据跟踪和系统化管理的助手网 AI 智能终端。为全面推进干部治理能力和治理现代化,提供了整套数字化解决方案,服务国家民族发展,助力百年征程复兴伟业。

(一)建立政务咨询资源共建共享体系

建设完善统一的政务咨询资源标准,今后可以有效整合咨询者、服务者、专家、高校、政府及主管部门等不同群体所提供的优质咨询服务,并通过评分、委托、支付等机制探索良性发展的商业模式;同时,平台内提供完善的咨询服务评价、调度、检索的技术方法和管理方法,为未来咨询服务资源管理提供深度融合的技术接口和规范。

(二)打造全国统一的政务咨询资源服务入口

政务咨询资源服务入口通过助手网 AI 智能服务终端对分散异构信息的资源集成,提供一个支持政务咨询检索、传递以及协作化的集成化环境,通过统一的咨询资源服务门户建设,将全国各专业共享教育资源进行整合与统一展现,同时满足干部协作交互的服务需求,以凸显政务咨询信息化的公共服务作用。

六、"教育大脑"功能设计

（一）基础互动

1. 语音识别：自然语言理解和反馈
2. 图形识别：场景和图形识别
3. 传感器识别：传感器反馈和家电场景联动
4. 深度学习：逻辑算法

（二）系统功能

用户唤醒智能音箱，提出问题（例如：如何解决垃圾分类居民执行不彻底？），助手根据用户问题，智能地适配合适的内容显示，包括课程库、师资库、案例库、图书库。然后输出找到多少条相关内容。

图 3-30 "教育大脑"系统功能

下图是助手根据问题进行匹配后显示的界面。（乡村振兴如何与青年返乡相结合？）

图 3-31 助手匹配问题

1. 默认首页

图 3-32　首页上方栏目切换

2. 基础应用场景

唤醒后，根据问题，默认执行指定的搜索，智能搜索建立的 5 个库（问题库、课程库、师资库、案例库、图书库）的内容并呈现。

图 3-33　执行指定搜索

3. 专家库

精英在线统合全国不同领域方向的专家，专门建设了师资库，提供包括专家搜索、问答、预约、交流、总结的全流程、全方位服务的专家库平台。一方面各级组织部、党校可以共享自有师资资源，另一方面也可以获得全国其他组织部、党校的师资资源，从而可以有效地推进培训工作跨地域、多领域的合作，共享培训资源，实现共赢。

图 3-34　专家库

4. 方案库

图 3-35　方案库

5. 问题讨论

用户提出的问题，系统根据专家的领域，智能推送给相应的专家进行解答。也支持相近问题的用户互相交流。

图 3-36　问题讨论

6. 课程及视频播放

视频播放中用户可以发出下一条、返回、回放、回首页等命令，要求同义内容也能有适当的反应，例如下一个、再看一遍、重播、退出等命令。

图 3-37　课程及视频播放

• 个人中心

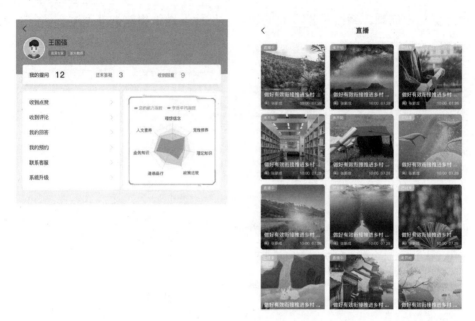

图 3-38　个人中心

七、"教育大脑"建设意义

从干部学员角度，大数据的精准分析与建模，有助于促进学员岗位和能力发展。大数据聚焦于每一位学员的微观表现，记录学习过程中产生的各种数据。通过大规模的学习过程数据，可以精准分析干部学员知识能力结构、岗位要求、职位能力、个性倾向、思维特征、学习路径和学科素养发展状况；可以针对学员的实际职位需求实施"精准供给"，不需要大规模的人力投入就能实现对每一个学员的及时反馈，以最少的资源，提供最佳的教育路径。

从组织部门角度，大数据驱动培训科学决策，优化培训资源管理和配置，实现了教育资源管控与智能引导。大数据使管理者从经验决策转型到数据驱动的决策，建设起智能决策分析系统，提高其培训管理的科学性。建立了全面的评价系统，实现高效远程督导。

从管理者角度，利用大数据，管理者能够及时准确地了解教育培训教学情况，预测可能发生的不利事件，动态监管班级，理性均衡管理培训教育资源，汇聚优质资源服务、推进智力资源的流转。基于多元数据融合,为教育方案落地提供助力,利用数据挖掘技术和空间分析方法,为管理者提供全面客观的培训问题分析,并通过智能算法为培训制定决策支撑模型,促进"基于数据说话"培训治理方式和"动态实时"治理模式的实现,提高管理效能。

数字教育大脑的建设,也将为今后中央组织部建设全国大数据中心积累经验,摸索出一整套行之有效的建设可行性方案和实施路径。为中央组织部门建设"全国一张图、一盘棋"打下基础,通过大数据进行多维度、多层次、多群体、多因素的分析,提供教育决策支持。

干部教育培训工作也应充分利用大数据带来的优势,以大数据思维来审视我国干部教育培训工作,尤其是进行深度数据挖掘的能力,融入大数据时代的思维模式,将大数据的分析、预测能力应用到干部教育培训当中,用以了解干部教育培训工作的现状、瓶颈、弊端,掌握干部的思想动态,最终完善干部教育培训的制度、模式并建立各类培训资源库。这将对加强干部教育培训管理、提高整体工作水平具有极其重要的意义。

八、干部教育培训智能发展应用场景

随着互联网、大数据、人工智能等新兴技术在干部教育培训领域的广泛应用,已经逐渐形成九大应用场景,包括在线智慧学习、智慧校园、学员引导平台和智慧信息发布系统、教育培训管理系统、基于智能手环的健康安全管理系统、智慧教室、智慧视频中心、教学资源库系统(五库智慧应用)、智能教育助手。

(一)在线智慧学习

1. 智能登录

用户可通过语音识别,或者密码,或者人脸识别等,通过统一登录认证,智能进入"个人中心"页面,实现快速登录。

建立自适应、智能化的个人学习中心,展现我的班级、正在学习课程、已完成课程、我的收藏、考试等个人信息,实现学习内容、班级、师资的精准匹配和流程优化。

2. 在线学习功能

(1)学习记录及学分通过程序自动累计到考核统计分析。

（2）课程具备续播功能以及多重防作弊功能。

（3）可依据知识点计算进度。

（4）课程学习中支持添加笔记和收藏，支持学完进行评论，获得评论学分。

3. 考试测评功能

（1）平台支持考试测评功能，考试试题支持判断、单选、多选、问答等常见题型。

（2）支持随机抽题组卷、试题随机排序。

（3）考试可限制考试次数、时间段、人员对象、及格分数等。

（4）交卷前自动检测是否存在漏题并提醒。

（5）支持考试记录查询。

4. 线上培训班功能

（1）平台支持举办线上培训班。

（2）开班前可由管理员指定班级课程、班级考试、分配参训名额。

（3）培训班测试及格后，后台统计获得培训班学时。

（4）学员主要操作：在线报名、在线学习、在线讨论、学员可在培训班内发表论文、照片、视频以及文字的讨论。

（5）管理员主要操作：创建/修改班级信息、学员管理、课程管理、论文管理、审核、查询统计、数据汇总。

5. 学习指数功能

（1）把线上学习和线下教学教务两套系统数据融会贯通，建立360度雷达图和学员培训全景大数据。

（2）形成个性化数据统计报表和学员数据画像，形成学员学习指数。

（3）为学员绘制学习路径图、优化学习路径。

6. 智能导学功能

（1）针对不同地区、不同职位、不同岗位、不同组织要求的学员，自动精准匹配学习。

（2）采用数据挖掘和机器学习算法，实现教育内容和组织要求相匹配。

（3）结合学员特点，为不同岗位设定不同学习资源，并引导学员高质量完成学习，建立个性化的互动学习环境。

7. 智能内容审核

添加敏感词库管理，及时识别不合规的内容、文本，降低违规风险，净化网络环境，打造清朗的网络空间。

8. 后台管理功能

建立后台管理中心，提供包括用户管理、课程管理、文章资讯管理、考试管理、培训管理、统计管理、权限管理、角色管理、学习服务管理、分院管理、日志管理等功能。

9. 手机端移动学习

首页管理，支持功能导航模块、资讯中心、课程中心、学习专栏、特色板块、学习专栏、图书阅读等。

10. 听课功能

考虑部分学员长时间学习会引起眼睛不适，增加"听课"功能。听课过程中，还可以通过视频方式，观摩全国革命纪念地旧址或者革命博物馆虚拟场景，实现情、景、理三者融合。

（二）智慧校园

1. 教学教务管理系统

主要实现教务工作线上化，提升教职工的工作效率，提升学员的训前、训中、训后教学体验感。主要包括一码通管理系统、教务管理系统、学员管理系统、教学管理系统、班主任管理系统。

一码通管理系统，围绕学员报到、食堂就餐、门禁考勤等主要场景，以二维码或者智能手环作为用户身份识别，并实现业务融合等信息关联。一码通系统主要包括班级码、学员码和教师码。

教务管理系统，实现从开班到校内学习，全过程进行信息化操作，包括：通知管理、培训计划管理、班次管理、排课管理、老师管理、活动管理、作业管理、反馈管理、现场教学、班级管理、结业证书打印、发放、费用管理等。减少教职员工的重复操作，消除各部门之间的壁垒，提高整体教学质量和工作效率。排课功能支持基于遗传算法的自动排课；支持在线管理班级日常课程安排，支持批量导入课表。

学员管理系统，实现班主任及管理人员与培训学员之间的互动，便于相互了解和沟通,实现资源共享,形成良好的学习氛围以及和谐的师生关系。包括学员评估、信息录入、维护、培训需求提交、课表查看、教学资料查看、学员作业上交、培训记录查询、住宿信息查询、餐饮信息查看、统计报表输出、班级相册管理等功能。

教学管理系统,以学员教学评价为主线,包括师资情况、教学布局、教学基地、综合评价管理、评价指标管理、评价统计管理、评价权限管理及评价反馈管理。

班主任管理系统,是为帮助班主任平时大量信息处理和管理工作而开发的系统。班前管理包括学员报名管理、工作联系单、学员名册管理、座位安排管理、席卡打印管理、客房安排管理、课程安排管理、学员手册生成等功能。班中管理包括学员报到管理、学员考勤管理、课程变动提醒、班级资料管理、通知公告管理、培训评价管理、校园生活管理、学员请假管理、学员作业管理、学员成绩管理、学员考核管理、学习登记表管理、优秀学员评选、结业证书管理等功能。班后管理包括班级资料归档、学员统计分析、学员培训归档和培训情况报告等功能,系统支持根据不同培训要求设置学员管理功能。

2. 科研管理系统

主要管理纵向课题及横向课题,该系统包含在线申报、入库、审核、全库检索、成果统计、科研报表六大功能模块,涵盖科研项目公告、查询、项目在线申报、科研经费管理、专家评审、成果管理、学术管理系统、会议预定、我的会议、评奖通知、评奖管理、评奖申报、智库专家、智库动态等功能,以全面推进党校系统科研管理现代化水平,充分发挥党校系统优势,整合系统资源,扩大科研合作。

3. 后勤管理系统

后勤管理系统主要实现后勤管理部门对所有客房、教室、餐饮、固定资产的安全使用管理,进行全流程跟踪及处理,为后勤管理工作提供全方位、可靠、高效的动态数据与决策依据,实现党校管理工作信息化、规范化与标准化。后勤管理系统包含智慧接待管理、智慧梯控、客房管理、教室管理、维修管理、餐饮管理、健康安全报警、智慧门锁、智慧巡检、智能会议室、智慧停车、资产管理和云打印等多个子系统。

客房管理系统主要实现后勤管理部门对党校所有客房的安全使用管理。系统提供常规的住宿管理,包括预排、入住、查询等基本功能;支持实时管理房间使用状态、展现房间使用状态图;支持维修及保洁任务安排。党校客房系统支持一键快速分房、教务系统支持查看学员客房住宿信息。

教室管理系统是指对党校内部的教室进行建档,支持对教室进行分类管理,并可根据需要随时增加新的教室类型。

维修管理系统主要实现对资产、设备、场所等设施损坏情况进行报修处理及处理跟踪过程的管理。

餐饮管理系统支持学员扫学员码用餐，实现分班级分场地用餐管理，实时统计学员用餐情况。支持以报表形式展示各类用餐信息统计，支持对具体时间区段内用餐情况进行统计。支持营业收支、采购收支、出入库明细、就餐统计、接待统计等报表的生成及导出打印。

资产管理系统是实现资产整个生命周期从购入登记到报废以及中间过程的管理，为党校资产管理工作提供全方位、可靠、高效的动态数据与决策依据，实现资产管理工作信息化、规范化与标准化，全面提升党校资产管理工作效率与水平。

云打印系统支持学员和游客两种身份登录云打印系统。

4. 交流沟通平台

帮助实现跨部门、跨组织的交流沟通与协同，包含校园沟通平台、工作报告、对外宣传系统和移动办公设备借用管理。

5. 云上党校平台

采用直播互动课堂＋云学习的模式，基于信息技术实现实时音视频、IM 聊天室、PPT 课件共享、连麦互动、录播点播、系列直播课程等功能的一站式在线教育互动课堂。云直播课堂包含教学管理员（PC 端）、主播（PC 端）和学员（观众端）三个端口功能以及相应的教务、学习、资源和数据中心。

6. 智慧校园工作台

智慧校园工作台整合教学、科研、行政后勤、健康管理系统等业务应用系统，是一个办公信息与业务信息的融合窗口。

7. 移动平台

手机智能（企业微信号）应用又分老师版、管理版、学员版，整体支持智慧校园平台的各个系统功能。涵盖移动办公和移动学习两个板块，业务内容贯穿整个党校教学和生活全场景，主要实现党校学习生活的便捷化、可视化。

学员版主要包括：个人中心、学习提醒信息、班级首页、请假、课表查询、教学评价、我的需求、现场提问、教学资料、课表查询、选修报名、班级信息、学员须知、移动点名、今日课程、移动学习。

老师版主要包括：待办文件、警报、通知提醒、一周课表、修改个人资料、我的关注、意见模板、通知公告、移动办公、通讯录、内部微信、会议通知、工作圈。

管理版，可以为教职工提供待办文件、警报、通知提醒、修改个人资料、我的关注、移动办公、通讯录、内部微信、会议通知、电子文档在线浏览管理、查询通知公告、课表、调课信息、教学工作量、查看教学评价、业务考核、绩效考核等功能，丰富教学管理手段，提升管理效率。

8. 数字驾驶舱大数据看板功能

数字驾驶舱管理系统为校园管理者提供一个可视化的平台，实时展示党校线上线下相结合的教学、科研、行政、后勤等各类业务状态，通过大规模的学习过程数据，对全站人数、参学情况、课程类型、登录数据、各分院等数据进行汇总，并使用各类图表进行直观展示。可实现同期、同期增减、同比、同比增减、年累计、年累计增减等统计指标的快速查询，报表和图形之间可任意转换。同时可根据需要，依照数据的维度结构，进行多维查询分析。系统提供了下钻、上钻、随意钻取、旋转、切片、切块操作。

数字驾驶舱管理系统包含校园信息电子沙盘，实现以核心课程系列为代表的课程沙盘展示、现场教学点展示、校史展示。

（三）学员引导平台和智慧信息发布系统

通过在每个教室安装教学引导显示屏，或者通过智能手环、手机等智能终端，不同学员可以知道所在教室上课时间、上课内容、授课老师等情况；同时通过教学引导屏刷卡考勤，记录考勤情况；引导屏还可以发布管理服务平台相关信息，供学员了解。

（四）教育培训管理系统

结合教育培训工作数字化改革的新要求，构建教培大数据库，利用数据引擎、关键词查询等功能，建立教育培训管理系统，实现教培数据统一管理。主要包括：

1. 培训计划申报。

2. 报名。

3. 线下培训数据导入。与线下教育培训管理系统（智慧教务教学系统）打通，完成线上线下数据对接，形成完整的教育培训数据库。

4. 线上培训班管理。可自主开展网络培训班,可管理各分院的线上培训班,支持参培单位、安排课程、指定学员、班级公告、体会论文、班级考试、打印证书等功能,培训数据独立,实行分级管理。

5. 线上线下培训统计报表。

6. 角色权限管理。

(五) 基于智能手环的健康安全管理系统

实时掌控学员血压、血糖、血氧、心率、睡眠等指标,建立智慧化的"教、学、研"和"吃、住、行"一站式解决方案,驱动安全保障升级,构建利于人工智能应用的支撑保障体系。主要包括:

1. 学员活动安全管理。

2. 学员各项身心健康预警。

3. 学员流动及行为分析。

4. 通过与住宿、餐饮、教学系统的整合,实现自动签到,智能入住、智能餐饮、智能消费等无人化服务。

5. 教学、教务全面引导、评价。

6. 支持专业运动模式和教学管理模式。

(六) 智慧教室

包括的功能模块有:智播服务、课程管理、教室直播、教室流收录、协同笔记、教学资源回收和管理、监控与统计等。沉浸式教室运用可视化技术、VR 技术等,还原真实应用场景,学习效果更加真实,体验感更好。智慧教室主要包括虚拟演播室、直播教室、微格教室。微格教室主要用于老师录制(剪辑)课程,以及课程视频入库,老师能以更轻松的方式录课,实现"师师能用、课课能用"。

(七) 教育大脑 (智慧视频中心)

以"教育大脑"指挥中心实现"一张图看到底",驱动教育思想革新,建设全面精准的评价体系和高效的督导反馈系统。

1. 远程控制中心

主要用于控制录播教室和微格教室。

2. 教研活动中心

紧贴教研，打造常态易用的交互智能课堂，仅"一个屏幕"便承载过往所有烦琐设备和复杂操作。开展听课评课活动，实现教学评价、教学分析、资源共享，全面掌握教师的教学水平和党校的整体教学状况，不断提高教学质量。实现快速评审，提高效率；教师自审，提升教学水平；高效听课评课。

3. 综合决策中心

通过数据融合集成技术，以柱形图、饼图、趋势图以及其他形式展现党校教学业务数据统计分析结果，包括党校学员出勤率、课程评估反馈、学员考试成绩、学员学习轨迹、学员人员类型结构、师资队伍、教学资源、教学研究等方面数据。以可视化方式，全局展示党校师生情况、党校教学业务整体实力，以便校领导实时掌控党校教学业务建设情况，为教务科研决策提供有力而直观的数据支撑。打造"可视、可管、可控"的数字大脑。

"综合决策一张图"将教务、科研、行政、后勤等业务数据以可视化方式实时展示，主要展示以下内容：

（1）校情分析。

（2）数据决策。

（3）创新应用。

（4）精细管理。

（5）人才管理。

（6）培训总览。

（7）统计分析。

（8）评价排名。

（9）师资展示。

（10）优秀学员。

（11）基地展示。

（12）地域分布。

（13）高效督导。

（八）教学资源库系统（五库智慧应用）

既能为教师备课、开展教研活动提供强有力的资源服务，又能为教学排课、共享提供强大的资源保障，其目标是搭建一个集课程、师资、问答、现场教学点、教材、案例等为一体的综合教学资源库。实现教学资源共享协调和统一评价体系，提供统一服务窗口。

1. 师资库：很好地解决基层师资缺乏和精准匹配的问题，实现师资共建共享。可以实现优秀师资直播授课和在线解答咨询服务。

2. 案例库：凸显"以案例讲思想""以实践讲真知"，提高干部攻坚克难本领，展示乡村振兴、社会治理、数字化变革的模范实践。

3. 问答工具库：能够集成几万条干部治理和执政工作中遇到的各类问题，可通过应用场景和实际解决方案，开启智慧政务模式并为"治理能力现代化"提供应用场景。

4. 课程库：能够提供1万多门各类权威优秀的课程资源，并能根据需求按照课程片段精准匹配不同专题学习，减轻学习负担，提高学习效率。

5. 图书库：能够集中1万多本图书，提供完善的图书评价、调度、检索等管理方法，可支持根据图书的分类、评分、点击量、标签、学分等进行检索。

（九）智能教育助手

基于高效的语音识别技术和算法，建立问题、专家、课程、案例、图书五大知识库系统。通过充分与人工智能相关业务相结合，实现新技术与教育相结合的各种应用场景，形成虚拟的永不下班的AI助手，干部可以按照AI助手的引导进行"规范动作"，AI助手可以回答干部的各类问题，以此开启智慧政务模式并为"治理能力现代化"提供建设基础。

第七节 干部教育数字赋能和网络学院升级报告

随着技术发展日新月异,干部网络培训和干部网络学院建设也应顺应技术的发展,改革创新。在数字时代背景下,应用新理念、新思路、新技术,以数字技术和建设智慧环境为基础,建立智能、互联、协同、感知、高效的"教、学、研、咨、管"一体化的干部培训信息系统。以智能化、人性化为根本,并以基于大数据智能的"师资库""课程库"和"案例库"等基础资源库为支撑,以大数据助推教学体系不断优化,以数字技术助推干部成长发展轨迹,构建组织部门和各政府部门间干部教育培训的全流程管理体系。聚焦组织需求、数据驱动、场景融合、兴趣关注的四维结构新体系,以实现学习者能力提升为中心,以组织与教师发展、课程与教学创新、学习场景重构、测量评价建设和学习生态融合五个方面作为主方向,贯彻干部教育方针,适应新时代组织要求,建设干部培训信息系统,实现高质量教育培训干部、高水平服务党和国家事业发展。

以下主要以精英在线公司为徐州组织部建设徐州智慧干教综合管理平台为例,全面展现当前数字赋能干部教育和干部网络学院建设中的最新最全的经验和成果。

一、智慧干教综合管理平台建设目标

利用以数字技术和人工智能为代表的信息技术发展,使之成为教育培训智慧化发展的"双轮驱动",实现管理服务数字化和教育教学精准化目标。智慧干教综合管理平台主要有以下几大核心功能价值:

第一,系统实施全链条管控,以解决繁杂的流程,减轻培训工作量。平台提供包括学员学习、考试、练习、报名、组班、调研、评估以及教师教学、直播、发证等的操作窗口,实现全流程网上教学培训与管理,具有智能、互联、协同、高效一体化功能。

第二,通过全周期管理,加强精准督学。平台打通线上学习和线下培训数据,建设"教育大脑",引入大数据全景分析工具。把线上学习和线下培训两套系统数据融会贯通,自动采集课程学习数据、考试数据、搜索内容、笔记内容等,最终达到学员所有学习数据均被记录，形成大数据看板，实现"一张图看到底"，做到对各类别地区各单位干部在线学习一目了然。

第三，通过全智能系统，实现智慧促学。创建"智能导学系统"，利用大数据，采用数据挖掘和机器学习算法，实现教育内容和组织要求相匹配，结合学员学习兴趣模型、能力导向、职业发展、学习行为，为每个学员设置成长指数和个人发展学习路径，并定制专属学习内容，让学员能够清晰自己在当下阶段应该掌握哪些知识和能力，有效地解决了学员自主安排学习计划、选择课程时由于信息不对称所面临的选择困难，同时实现多角度量身测评，提供各种能力、素质测试比对分析报告，向学员提供针对性的匹配课程建议，为培训教学提供科学分析数据。

第四，通过全领域资源建设，提高学习积极性。以案例教学、现场教学推动内涵式发展，学以致用，构建名师库、课程资源库、案例库、问答库、基地库等学习智库，让学员在有需要的时候快速找到对应的资源以供参考。

第五，通过全学习体验，满足党员个性化学习需求。以智能机器技术实现教学资源库和培训要求精准匹配，语音处理技术高效方便，打造"教育机器人"，及时响应学员需求，给学员提供永不下班的机器人助手，学习体验感大幅提升。

徐州智慧干教综合管理平台正是在上述价值目标的指导下建成的。徐州智慧干教综合管理平台包括干部网络学院和干部教育培训综合管理平台。徐州干部网络学院设置新闻资讯、通知公告、课程中心、在线考试、电子图书、培训园地、个人中心、智能导学、学习指数等九大板块，设有单位和个人两种积分排行，可跨区域远程视频直播、专题培训和实时学时考核，实现管理服务数字化和教育教学智能化。构建名师库、课程资源库、案例库、问答库、基地库以及学党史专题和培训扩展平台、基层干部培训平台，实现线上线下数据对接服务，建设"干部教育智慧大脑"等，实现在线学习和培训一体化管理。

平台主要实现以下几个目标：

1. 实现徐州市直部门专题班次申报、审批、评估等全流程网上办理，在严格把控前端设计的基础上，以严密的全链条管控保证教育培训实效。

2. 建立徐州全市统一、分级管理的干部教育培训电子档案信息系统，为干部日常考察提供有效的数据支撑，以精准的全周期管理服务干部素质提升。

3. 整合国内外优质教学资源，包括1000位优秀专业师资、3000门优秀课程、100个中组部编发的经典案例、3000本优秀图书资源。同时集中展示徐州市"四百"行动优秀成果，融合好师资、好课程、现场教学点以及高质量发展案例，以专业的全领域展示提高培训水平。

4.打造课程体系健全、功能模块丰富、管理方式先进的核心网络阵地，构建"一图一码两平台"的徐州特色干部教育培训新格局，为徐州市建设高素质专业化干部队伍提供服务和保障。

二、升级版干部网络学院的各项功能介绍

徐州干部网络学院包含新闻资讯、通知公告、课程中心、在线考试、电子图书、培训园地、个人中心、智能导学、学习指数等九大板块，设有单位和个人两种积分排行，可跨区域远程视频直播、专题培训和实时学时考核，实现管理服务数字化和教育教学智能化。

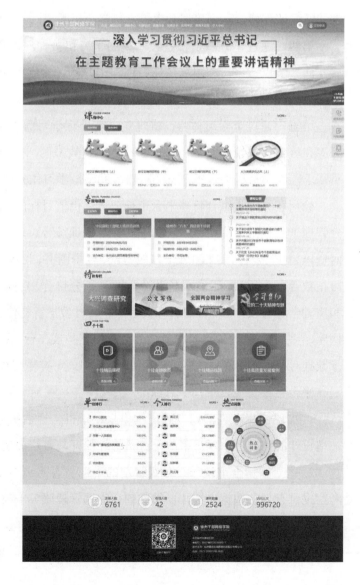

图3-39 升级版干部网络学院

（一）新闻资讯

平台可根据文章类别以列表的形式显示不同分类的文章。列表中按照管理员设定的置顶系数和添加文章的先后时间进行排序。

文章详细内容具备收藏、打印功能（只打印文章内容）。支持文章附件上传、下载。页面导航显示当前所在位置。文章支持分类显示。文章内容支持图片、视频等多媒体资料。

（二）通知公告

平台支持最新公告列表滚动展示。支持个人通知、定时提醒。支持根据重要等级强制弹出显示。通知支持附件的添加和下载。支持已读、未读状态以及未读通知数量显示提醒。通知发布的对象可由管理员后台自由选择。

图 3-40　通知公告

（三）课程中心

学员可自由选择不同类型的视频或者文本课程学习，学习记录及学分通过程序自动累计到考核统计分析。系统支持 scorm、单视频、VR 富媒体、音频等标准课程，支持电子图书及有声读物作为学习资源供学员学习并计入学习统计。

课程频道支持多级分类，可显示由后台添加的频道图片，可实现频道图片滚动显示。

课程信息可在后台实时修改，支持下线课程操作。

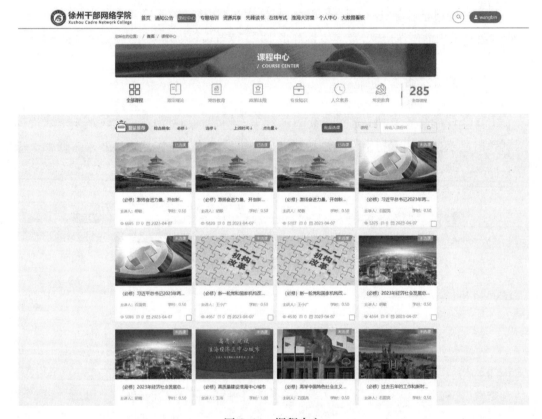

图 3-41　课程中心

平台同个账号同时只允许在一个地方登录、播放一门课程。课程具备续播功能以及多重防作弊功能。单视频课程可配置试卷定时出题。

后台可以将课程指定给特定的学员学习。课程中心显示平台所有课程详细信息，支持批量选课。学员可按照课程的添加时间、点击量、评论、学分，排序显示选课。支持按照课程类型图文链接筛选课程。

精英在线特有的精品课程支持不允许拖拉、每章节结束出练习题、依据知识点计算进度。支持多线路课程文件读取。

课程学习中支持添加计划、笔记和收藏，支持学完进行评论获得评论学分。

（四）在线考试

摆脱传统的考试模式，无纸化办公，随时随地开展评测，减少人工成本；自定义选题，后台随机选题，微信端、APP 端、PC 端随机选题，3 种选题方式自由选择，满足不同场景的不同要求；题库练习、多次考试、补考等，为学员提供一站式学习评测模式。

考试试题支持判断、单选、多选、问答等常见题型。可按题库管理抽取题目。支持 Excel 导入导出试题，支持考场安排及学员前台考场报名。

在线考试包括在线练习和正式考试，考完自动计算分数，展示答案解析。支持多次考试，取最高分为本次考试成绩。

可自由管理题库，支持单选、多选、判断、填空、简答 5 种题目类型，支持批量导入题库、智能识别题目，高效省时；自定义选题、后台随机选题，选题方式自由选择，满足不同场景的不同要求。

支持题库练习，巩固学习效果，加深印象。

直观统计量化成绩，节省人工成本。

问卷调查，系统化收集掌握学员的所想所需，了解各方情况。管理员可定期发布调查问卷，可设置调查问卷的参与学员、汇总调查问卷的结果，为学院的教育培训工作提供重要的数据服务。

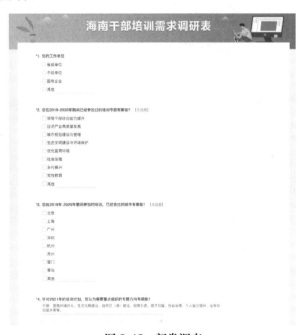

图 3-42　问卷调查

（五）电子图书

具备上传、阅读电子图书功能，支持 PDF 上传，用户可在电脑和手机端阅读。同时支持第三方电子图书资源的数据对接。手机端阅读支持字体大小、背景颜色的设置。

图 3-43　电子图书

（六）培训园地

系统中的班级形式可将线下培训管理与线上学习相结合，定期将班级学员联系起来，实现班级话题讨论、资源共享等功能。学员可在前台在线报名参加或者是管理员后台管理培训班学员，提供线下培训考勤及学分导入等功能。管理员可对每个培训班设置学习达标要求。

班级页面根据班级时间展示和搜索正在举办、即将举办、已经举办的班级以及班级详细信息，可展示近期班级。

图 3-44 培训园地

可按照活跃度排序展现班级。支持班级动态及其班级内学员发表的内容的显示。班级限制只能进入本人报名的班级学习。班级超过结束时间或结业，则不可再学习。一个班级只能报一次名，超过名额限制则不可再报名。培训班支持自动结业核算学分。

培训班级支持指定班主任管理、班级问卷调查以及班级效果反馈。

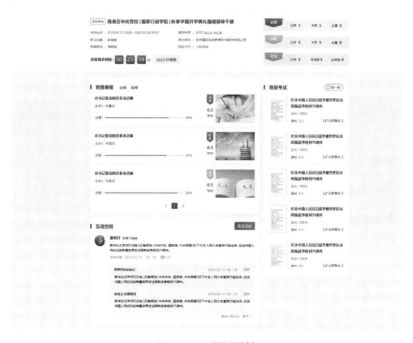

图 3-45 班级详情

班级内页展示选定班级的简介、考核要求和个人在此班级的学习情况。分必修课、选修课、考试三部分展示公开学习资源。标签页展示班级内文章和学习资源供班级内学员查看学习。支持论文、话题、说说、相册、班级动态等形式的学员互动。管理员可后台审核学员发表的班级论文。班级内的课程进度和学分可独立统计。支持以报表的形式显示学员的培训班和学分记录。

（七）个人中心

图 3-46　个人中心

1. 个人信息

学员的个人数据显示，数据由姓名、平台身份、课程学时、考试学时、当前学时、规定学时、考核状态、消息通知等组成。

2. 个人中心导航

选择课程：进入课程列表，选择需要学习的课程。

学习档案：用户学习记录汇总，数据包括总修课程数量、已学完课程数量、正在学习的课程、参加测试数量、学时数量汇总、固定网端学时、移动端学时、制定课程学时、文章获得学时、考试获得学时、评论获得学时、培训获得学时等，可按时间分类查询。

我的收藏：学员可以收藏自己觉得比较好的资料、视频、文件等。支持在线查看word、excel、PowerPoint、pdf等格式的文件。

修改信息：修改用户在平台设置的手机、电话、邮箱。

证书打印：年度学时和专题班证书的打印。

留言板：用户留言板模块，写下对平台的意见和问题反馈，管理员回复在此显示。

3. 我的培训班

显示用户学习的培训班列表，可查看参加的培训班详情，培训班学习考核情况。

4. 个人课程

有正在学习的课程、指定到学习者的课程、已完成的课程三个模块，主要数据包括学习进度、学时、类型、笔记、计划。

图 3-47　个人课程

（八）智能导学

系统核心思想在于利用大数据，采用数据挖掘和机器学习算法，实现教育内容和组织要求相匹配，结合学员学习兴趣模型、能力导向、职业发展、学习行为模型进行挖掘，为不同岗位设定不同能力模型，关联不同学习资源，并引导学员按照城市高质量发展要求完成培训，实现组织部门专业化培训内涵和质量要求。

在对学员学习行为数据挖掘的基础上开发学习型智能化导学系统，本系统以学员的学习行为信息作为反馈信息，利用计算机网络技术，融合前沿学科成果（教育心理学、现代学习理论、能力模型与测评理论、脑科学等），通过人机交互的自适应反馈机制，对课程及能力模型进行适应性调整，实现了不同学员的个性化导学功能，建立了个性化的互动学习环境，达到了高效学习的目的。

图 3-48　智能导学

智能导学系统有效地解决了用户自主安排计划、选择课程、学习、总结时由于信息不对称所面临的选择困难。同时实现多角度量身测评，提供各种能力、素质量身测试对比分析报告；向平台提供针对性的匹配课程建议；建立能力素质档案，为培训教学提供科学分析数据；向个人提供量身报告，了解个人能力长短板。通过建立基于多场景导学引擎的智能化导学系统，将学员上下文信息、决策上下文、资源上下文纳入统一的推荐导学理论框架中，研究利用上下文信息源以提高资源推荐系统推荐精度、提升个性化导学教育服务质量。

（九）学习指数

根据城市高质量发展与国家治理能力和治理体系现代化的内涵要求，为每个干部设置成长指数和学习路径，把线上学习和培训班教学教务两套系统数据融会贯通，自动采集课程学习数据、考试数据、搜索内容、笔记内容等，以及采集历年的培训数据档案，包括在校集中培训、网络培训、高端培训等多种培训，建立360度雷达图和干部培训全景大数据。

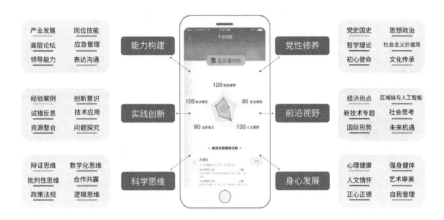

图 3-49　学习指数

学习路径：主动推送必修、学员感兴趣或者岗位必备的学习资源，为组织部门展现学员的全方位信息，提高教育培训针对性、时效性和统筹性。

三、干部教育培训综合管理平台建设

徐州干部教育培训综合管理平台包含培训调研、培训计划申报、培训方案申报、教学管理、培训班管理、培训统计、数据对接等七大板块。

图 3-50　干部教育培训综合管理平台建设

（一）培训调研

管理员可发布培训调研，可指定人员参加，也可导入调研问卷，学员可通过 PC 端、移动端进行调研。管理员可查看调研结果，支持结果导出。

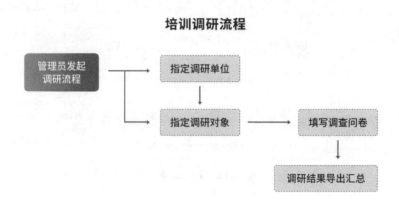

图 3-51　培训调研流程

（二）培训计划申报

各单位管理员可发布本单位年度培训计划申报，填写计划申报信息，提交组织部管理员进行计划申报审核。组织部管理员可查看计划申报信息，可根据情况进行审核通过或审核不通过操作。审核不通过的情况需填写不通过意见。发起单位管理员根据反馈的意见进行修改并再次提交审核。

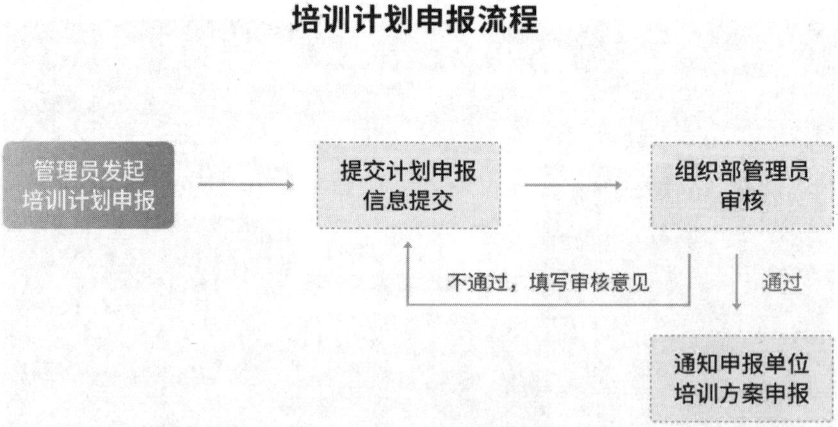

图 3-52　培训计划申报流程

（三）培训方案申报

各单位管理员根据审核通过的培训计划，提交具体培训方案。组织部管理员可查看方案申报信息，可根据情况进行审核通过或审核不通过操作。审核不通过的情况需填写不通过意见。发起单位管理员根据反馈的意见进行修改并再次提交审核。

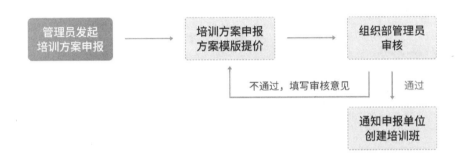

图 3-53　培训方案申报流程

（四）教学管理

教学管理包含自动排课、消息推送、督学促学等管理。为培训工作提供智能化、智慧化管理服务。支持培训班课程自动排课，自动提醒上课时间、上课地点，支持站内信或短信通知，支持根据培训班考核、年度考核要求，智能提醒学员学习和培训，监督和督促学员按照教学计划进行学习和培训。

（五）培训班管理

各单位管理员可创建培训班，填写培训班信息，可指定参培单位，分配名额，可设置培训班报名方式，支持前台报名和后台批量报名。

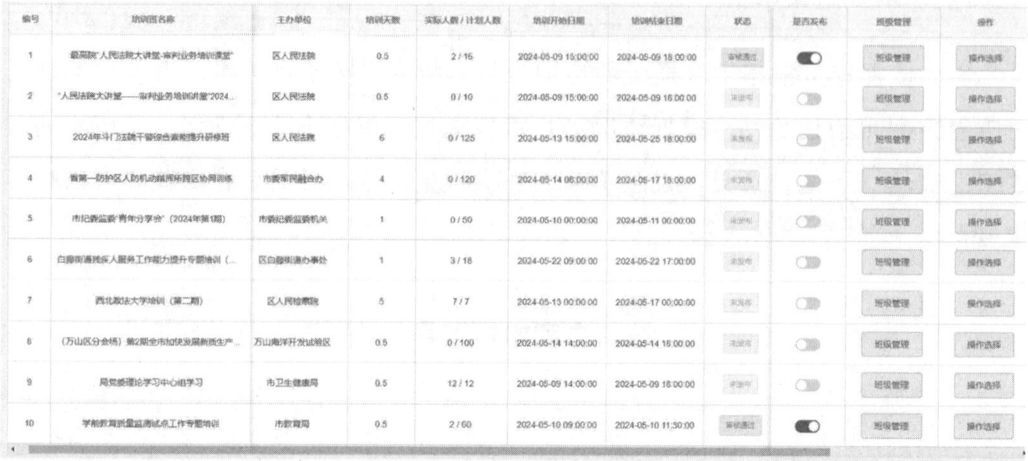

编号	培训班名称	主办单位	培训天数	实际人数 / 计划人数	培训开始日期	培训结束日期	状态	是否发布	班级管理	操作
1	最高院"人民法院大讲堂-审判业务培训课堂"	区人民法院	0.5	2 / 16	2024-05-09 15:00:00	2024-05-09 18:00:00	审核通过		班级管理	操作选择
2	"人民法院大讲堂——审判业务培训讲堂"2024...	区人民法院	0.5	0 / 10	2024-05-09 15:00:00	2024-05-09 18:00:00	未发布		班级管理	操作选择
3	2024年斗门法院干警综合素能提升研修班	区人民法院	6	0 / 125	2024-05-13 15:00:00	2024-05-25 18:00:00	未发布		班级管理	操作选择
4	首第一防护区人防机动指挥所跨区协同训练	市委军民融合办	4	0 / 120	2024-05-14 08:00:00	2024-05-17 18:00:00	未发布		班级管理	操作选择
5	市纪委监委"青年分享会"（2024年第1期）	市委纪委监委机关	1	0 / 50	2024-05-10 00:00:00	2024-05-11 00:00:00	未发布		班级管理	操作选择
6	白蕉街道残疾人服务工作能力提升专题培训（...	区白蕉街道办事处	1	3 / 18	2024-05-22 09:00:00	2024-05-22 17:00:00	未发布		班级管理	操作选择
7	西北政法大学培训（第二期）	区人民检察院	5	7 / 7	2024-05-13 00:00:00	2024-05-17 00:00:00	未发布		班级管理	操作选择
8	（万山区分会场）第2期全市加快发展新质生产...	万山海洋开发试验区	0.5	0 / 100	2024-05-14 14:00:00	2024-05-14 18:00:00	未发布		班级管理	操作选择
9	局党委理论学习中心组学习	市卫生健康局	0.5	12 / 12	2024-05-09 14:00:00	2024-05-09 18:00:00	未发布		班级管理	操作选择
10	学前教育质量监测试点工作专题培训	市教育局	0.5	2 / 60	2024-05-10 09:00:00	2024-05-10 11:30:00	审核通过		班级管理	操作选择

图 3-54　培训班管理

学员报名：培训班参培单位可为本单位人员进行培训班报名，支持后台批量指定和模板导入，主办单位管理员进行报名审核。

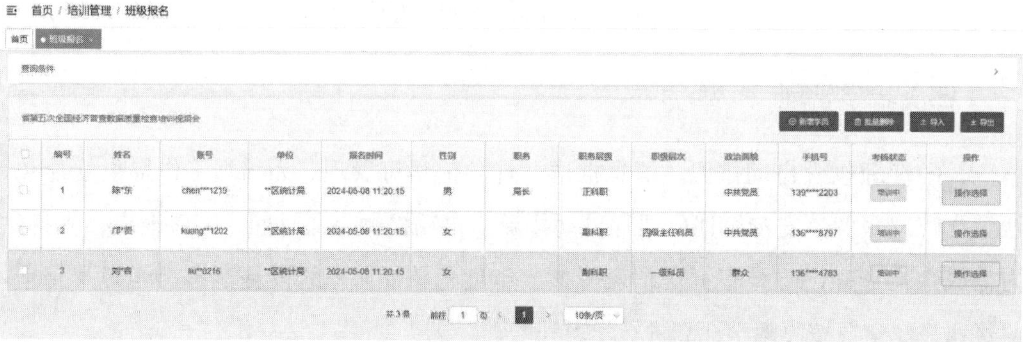

	编号	姓名	账号	单位	报名时间	性别	职务	职务层级	职级层次	政治面貌	手机号	考核状态	操作
	1	陈*东	chen***1219	**区统计局	2024-05-08 11:20:15	男	局长	正科职		中共党员	139****2203	培训中	操作选择
	2	邝*贤	kuang**1202	**区统计局	2024-05-08 11:20:15	女		副科职	四级主任科员	中共党员	136****8797	培训中	操作选择
	3	刘*春	liu**0216	**区统计局	2024-05-08 11:20:15	女		副科职	一级科员	群众	136****4783	培训中	操作选择

图 3-55　学员报名

班级管理：主办单位管理员可设置班级课程，支持线上课程、线下课程，支持线下课程考勤设置，支持班级公告发布，支持设置班级考试，支持设置班级评估，支持班级二维码，支持学员管理、班级考核、结业证书等。

第三章 从 E-Learning 到干部网络学院建设

图 3-56 班级管理

结业证书支持防伪查证，一证一码。

图 3-57 结业证书

（六）培训统计

平台支持培训统计功能，包含培训班类型统计、个人培训统计、单位培训统计、培训班台账等培训报表，支持报表个性化定制开发，报表支持导出。

161

（七）数据对接

平台支持第三方系统对接，可与党校的智慧校园进行培训数据对接。实现线上线下培训数据统一管理。可与省平台进行数据对接。

四、教育机器人 APP 资源库系统

资源库大数据云平台的主要建设目标是采用"师资共享使用、大数据智能推荐、统一分层云平台"的构建模式，以资源共享联盟的组织形式，为用户提供统一服务的窗口，有效集成各方教学资源，共享系统内外的各类教学资源，通过教学资源共享协调和统一评价体系，为管理者提供个性化的教学资源共享系统服务。

以智能机器实现名师、课程、案例、图书、培训基地、党史学习、问答工具"七个智库"的精准匹配，语音处理技术高效方便，形成永不下班的机器人助手，驱动学用结合，实时满足智能政务辅助和咨询服务需要，完善基于人工智能思维的新机制。

图 3-58　教育机器人 APP 资源库系统

（一）名师库

目前，在优质教学师资分布不均，缺乏师资共享机制的情况下，如何合理建设党政培训师资共享机制，以满足组织部、党校的自身发展与跨地域合作发展的需要，成为各地党政教育主管部门关注的问题。

新形势下全面实施能力培训，提高人才培养质量，对干部培训提出了更高的要求。师资队伍是培训的第一资源，是干部培训发展最根本的依靠力量。因此对干部培训的新要求，首先就是对师资队伍建设的要求。培训师资库的建设作为提高培训教师整体素质的重要途径，迫切需要建设一个覆盖全国的智慧师资库，为用户提供统一服务的窗口，有效集成各方师资，共享系统内外的各类师资，通过师资共享协调和统一评价体系，为管理者提供个性化的师资共享系统服务。建设完善统一的师资资源标准，今后可以有效整合不同群体提供的优质师资，支持评分、委托、支付等机制；提供完善的师资评价、调度、检索的技术方法和管理方法，支持根据师资的职级、专业、主讲方向、评分、价格等进行检索，并能按照组织部门需要的参数满足全国师资智能分析的要求。

1. 建立师资共建、共享体系

建设完善统一的师资资源标准，有效整合教育者、受教育者、高校、政府及主管部门等不同群体所提供的优质师资，并通过评分、委托、支付等机制，探索良性发展模式；同时，平台内提供完善的师资评价、调度、检索的技术方法和管理方法，为未来师资管理提供深度融合的技术接口和规范。

2. 构建全国统一认证评价中心，实现跨地域、跨专业师资的统一认证和评价中心

基于统一的师资评价标准，构建整合各师资提供单位的底层统一身份认证平台，全国教育管理者只需登录平台即可访问认证范围内的相关资源和服务。

除此，建设统一的师资评价中心，遵循培训资源共建共享体系的评价标准，实现对各类师资提供相对应的评价管理。支持师资资源的灵活分类查询，如师资提供单位、师资专业、师资培训对象范围等。

3. 打造全国统一的师资服务门户

师资服务门户通过对分散异构信息的资源集成，提供一个支持信息访问、传递，以及协作化的集成化环境，通过统一的信息服务门户建设，将全国各专业共享师资进行整合与统一展现，同时满足各培训管理者协作交互的服务需求，以凸显教育信息化的公共服务作用。

（二）案例库

探索与党校"以学术讲政治"的教学系统形成互补，凸显"以案例讲思想""以实践讲真知""以发展讲创新""以成就讲示范"，提高干部攻坚克难本领，展示社会治理、数字化变革的模范实践、中国智慧、经典案例，为破解改革发展重点难点问题提供参考。

建设完善统一的案例资源标准，可以有效整合不同群体提供的优质案例，支持评分、委托、支付等机制；提供完善的案例评价、调度、检索的技术方法和管理方法，支持根据案例的教学目的、地点、专题方向、评价等进行检索。并能按照组织部门需要的参数满足全国案例教学智能分析的要求。

（三）课程库

建设完善统一的课程资源标准，集中上万门各类权威优秀的课程资源，支持评分机制，提供完善的课程评价、调度、检索等管理方法，可支持根据课程的分类、评分、点击量、标签、学分等进行检索。

（四）图书库

建设完善统一的图书资源标准，集中上万本优秀图书资源，支持评分机制，提供完善的图书评价、调度、检索等管理方法，可支持根据图书的分类、评分、点击量、标签、学分等进行检索。

（五）培训基地库

建设完善统一的基地资源标准，今后可以有效整合不同群体提供的优质基地，支持评分、委托、支付等机制；提供完善的基地评价、调度、检索的技术方法和管理方法，支持根据培训基地的级别、规模、地点、专题方向、评价进行检索。

管理培训基地信息，可与线下培训班进行绑定，学员可根据基地情况、培训班情况进行综合评估，形成基地评价分，形成培训基地分级、规模、专题方向等数据。

（六）问答工具库

集成干部治理和执政工作中遇到的各类问题，可通过应用场景和实际解决方案，开启智慧政务模式并为"治理能力现代化"提供应用场景。支持评分机制，提供完善的案例评价、调度、检索等管理方法，可支持根据案例的教学目的、地点、专题方向、评价等进行检索。

五、教育大脑指挥中心

在大数据、云计算、移动互联网等新兴技术方兴未艾的今天，大数据平台主要是用来实现对学员和培训工作进行监督和管控的功能。平台将培训学习相关工作或活动信息以表格、图表的形式进行数据展现，对培训相关信息进行数据整合、分析和展示。管理者可在此平台中对学员进行监督预警，进行学习跟踪管理，管理者能及时准确地了解教育培训教学情况，预测可能发生的不利事件，动态监管班级管理，理性均衡培训教育资源，汇聚优质资源服务，推进智力资源的流转。

其中最重要的是大数据工作看板，通过图表方式直观展现地市学习情况、网站访问量、课程分类学习情况、学习时间段分布、在线人数、培训班参加情况等，实现相关数据分析，为智能学习管理和组织决策提供切实有效的自助式数据可视化分析。通过智能算法为培训制定决策支撑模型，促进"基于数据说话"培训管理方式和"动态实时"管理模式的实现，提高管理效能。

建立学员综合素质评价模型，对学员进行360度素质能力量身评估，使学员监督日常化。平台具备多角色、多层次、多单位的人员管理系统，支持多种类型的课程学习，具备专题培训班功能，支持当前数据和历史数据存档和查询。发挥各单位作为培训管理者的作用，赋予单位管理员更多的管理权限，方便查看、管理、督促学员学习。

大数据实现对培训工作的整体管理和统一展现，实时跟踪更新培训数据，实现分级智慧管理。

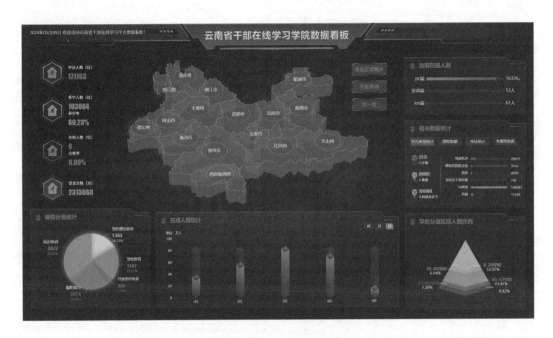

图 3-59 教育大脑指挥中心

（一）大数据数据汇总

大数据看板显示全平台数据汇总，包含学员类型统计、学时统计、平台在线人数统计、课程分类统计、搜索关键词统计、分院数据统计等。

（二）各单位培训数据汇总

以县市的学员数据来作为数据支撑，通过登录次数、学员人数、选课数量、参学人数、培训班数量、培训班人数、参学率、在线人数等方面进行数据汇总，各分院以柱状图的展示形式来进行数据对比。同时还可细分为月累计、月增量、日累计、日增量等方面，进行更加细致的数据汇总。

（三）教学资源汇总

展示平台教学资源情况，汇总课程库、师资库、基地库、优秀教师展示，尤其是展示入选徐州市干部教育培训"四百"行动名录的教师的风采。

第三章　从 E-Learning 到干部网络学院建设

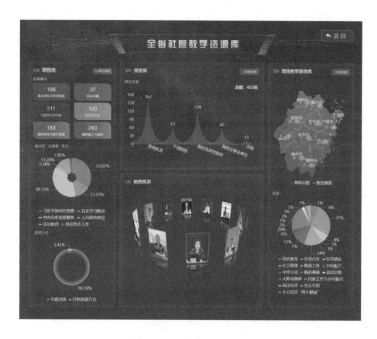

图 3-60　教学资源汇总

（四）数据综合对比

数据综合对比是指在诸多单位、县市分院直接进行总学分、总选课、已完成、未完成、登录次数、学习次数、理论教育、党性教育、专业化能力培训、知识培训等方面的数据对比，能直观体现出各个分院的学习和培训情况。

图 3-61　数据综合对比

（五）学员数据综合对比

学员数据综合对比是指对两个学员直接进行总学分、总选课、已完成、未完成、登录次数、学习次数、理论教育、党性教育、专业化能力培训、知识培训等方面的数据对比。

在大数据看板中可以选择某位学员，查看此学员在平台中的整体学习情况，包含已获总学分、总选课数、已完成数、未完成数、登录次数、学习次数、课程分类学区情况，形成学员在平台中的学习档案。

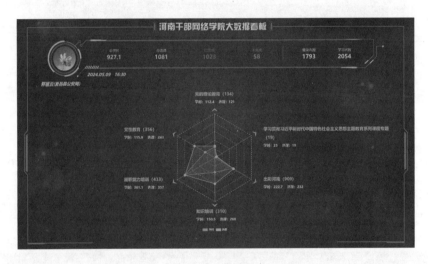

图 3-62　学员数据综合对比

六、数字赋能干部网络学院升级的主要创新点

传统在线教育平台存在培训内容千篇一律、培训过程不可控、培训结果如何评价等缺点。数字赋能干部网络学院升级，可实现大规模培训和个性化学习相结合，线上学习和线下体验相结合，实时分析及组织驱动学习、个性化量身测评、提供学习建议、收集学习评价、分析学习数据，形成计划—实施—监控—分析—参考的学习生态优化，为治理能力和治理体系现代化建设提供帮助。

(一)基于城市发展内涵和组织要求的智能导学(学习管理规范高效)

核心思想在于利用大数据,采用数据挖掘和机器学习算法,实现教育内容和组织要求相匹配,结合学员学习兴趣模型,能力导向、职业发展、学习行为模型进行挖掘,为不同岗位设定不同能力模型,关联不同学习资源,并引导学员按照城市高质量发展要求完成培训,实现组织部门专业化培训内涵和质量要求。

图 3-63 干部培训生态系统图

通过学员与学员、学员与教师、学员与学习资源等直接或间接交互后生成的海量数据进行挖掘和分析,为学员绘制学习路径图、优化学习路径,主动推送必修、学员感兴趣或者岗位必备的学习资源,为组织部门展现学员的全方位信息,提高教育培训针对性、时效性和统筹性。

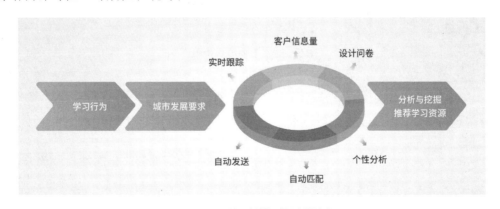

图 3-64 干部培训智能导学流程

通过聚类学习、自动学习、未知处理等机制，辅以机器学习算法，自动优化知识点匹配效果，不仅匹配精准，还可以通过信息点发掘学员的关注点、意见集中点、新建议等，形成动态成长机制。

（二）以"干部成长指数"构建测量评价体系（发挥主体作用）

根据城市高质量发展与国家治理能力和治理体系现代化的内涵要求，为每个干部设置成长指数和学习路径，构建"知识图谱"，把线上学习和培训班教学教务两套系统数据融会贯通，自动采集课程学习数据、考试数据、搜索内容、笔记内容等，以及采集历年的培训数据档案，包括在校集中培训、网络培训、高端培训等多种培训，建立360度雷达图和干部培训全景大数据，助力干部培训成为智慧城市发展的点火器。

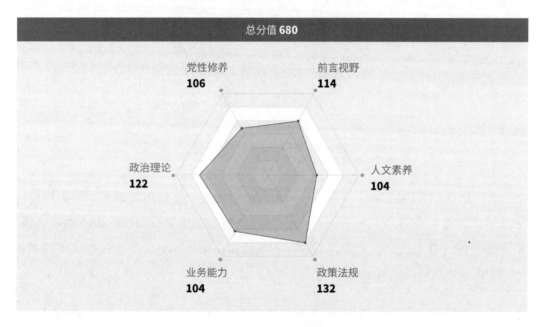

图3-65 "干部成长指数"

（三）线上学习和线下体验相结合，以场景融合拓宽干部视野，以案例教学提升治理能力，重构"情、景、理三者融合"的现场教学（开发地方特色课程）

以混合现实、智能移动、VR技术等因材而教、因需而智，以本地发展的关键要素驱动，结合干部培训现场教学点，强调场景融合、模式植入、VR互动、发展驱动、兴趣关注，将"情、景、理交互融合"，推动教育形态的创新改变。

（四）建立"学习者—老师—组织"互动的直播课程（降低培训成本，促进教学相长）

提供针对录播课程的聊天室，方便学员间沟通交流。提供师生互动、问卷调查，掌握学员需求。直播课堂助理，可配置专人处理参会者的课堂知识疑问，讨论互动，试卷测试等活动。支持高清摄像机、采集卡、直播机等多设备接入，直播采集设备多样，让直播内容看起来不单调，多观看形式与终端能提高公开课吸引力。更多名师可以远程授课，可以组合成更多的培训专题，大大降低培训成本。

（五）培训班教学教务和线上学习一体化管理，增加听课、音频、图书等学习资源，智能化决策系统（内容功能完善）

全方位掌握实体培训班流程，包含开班、报名、考勤、评价一条龙管理，形成完整的培训数据，解放烦琐的管理过程，主要模块包括：培训班管理，报名管理，考勤管理，评价管理，笔记、论文管理。

依据学员的不同学习数据，给予不同的学习建议和调训建议。为培训机构提供关于培训专题的改进、课程设置的变更、培训内容的完善的重要建议。提供年度培训情况对比，使组织部门掌握总体培训情况、为设定培训计划提供建议。根据数据分析提供课件购买指导、培训班开设指导、硬件资源虚拟化分配建议、带宽分配建议等决策建议。

（六）基于云平台安全、方便、快速开发，兼容各类课程，APP、微信、PC等多种终端简单轻松操作（学习体验更好）

通过后台系统管理功能，可以根据不同的学习人群实现分平台管理及页面模块定制。后台可对分平台人员、课程、文章等资源进行区分管理，实现分平台人员、页面布局、资源以及考核办法等模块的独立配置功能。

平台兼容多种课程标准，兼容绝大多数浏览器。支持APP、微信、PC等多种终端课程进度同步。设置了学习计时功能，支持多线路课程文件读取，支持课程评论等功能。支持离线下载功能，下载的课程可以在无网络的情况下进行学习，学习完成的课程自动记录课程进度，并会在下次联网登录时提交离线学习进度。

第八节　未来虚拟数字主题教室建设研究

一、问题提出

现代教育体系存在两大问题，一是过于追求标准化。标准化、大规模培训，"千校一面"成了现代教育最突出的弊端，无法满足个性化、多元化、高质量的学习需求，"规模化"与"个性化"的矛盾越来越突出。随着新一轮科技革命的快速发展，人工智能、大数据、元宇宙等技术加速推进各行各业的数字化转型，新时代发展必然要求干部教育进行一场结构性变革。

二是普遍的碎片化学习。通过微课等网络视频平台，碎片化学习带来的问题也是显而易见的，长期接受碎片化学习，必然导致学员难以置身深入思考，无法培养系统思考和全局解决问题的能力，一旦遇到一些问题，就会陷入难以自拔的焦虑之中。习近平总书记强调"要培养干部系统性、全局性思维"，所以干部教育的数字化变革是刻不容缓的。

为解决这两大问题，在大数据、虚拟现实等新技术的支撑下，沉浸式教学成为一种新兴的教学方式。虚拟数字主题教室和主题教学馆是沉浸式教学的一种重要载体。当前国内的硬件和网络技术都已成熟，建设虚拟数字主题教室和主题教学馆必将成为一种教学新趋势，成为具有前瞻性、独特性的干部教育培训高地。

二、主题教学馆的设计理念

建设好虚拟数字主题教室或者主题教学馆，需要把握以下设计理念：

（一）百变教学：内容为王，可变性强

通过数字化手段，针对不同的主题、面向不同学员，实现教学馆内容有针对性的多模式切换与控制。

（二）体验教学：以人为本，双向体验

以内容为核心，合理运用多元化、多形式的沉浸式教学手段，实现教学内容与学员之间的双向沟通。

（三）生态教学：空间复用，持续发展

在实现展示及教学需求的同时，满足功能需求，利用多媒体实现空间复用，降低后续内容更新、场地新建投入。

三、主题教学馆的主题选择

在当前硬件和网络技术都已成熟条件下，"内容为王"，建设好主题教学馆最重要的条件是选好主题。结合目前干部教育培训的内容和实践，可以建设以下主题的教学馆：

（一）思政馆

用于各单位开展思想政治教育的重要场所，通过展示介绍、引导学员掌握思政教育的最新要求和重要性，主要内容包括思政、树立正确的价值观、革命传统教育等。

（二）学校历史、单位历史主题馆

总结学校、单位历史，展示学校、单位发展历程。

（三）中国企业家精神主题教学馆

截至 2021 年 11 月初，我国市场主体总量已突破 1.5 亿户，其中个体工商户突破 1 亿户。随着各类市场主体的成长和勃兴，一大批有胆识、勇于创新的企业家茁壮成长，形成了具有鲜明时代特征、民族特色、世界水准的中国企业家队伍。新时代呼唤与时俱进的企业家精神。在波澜壮阔的历史进程中积淀形成的企业家精神，已经成为中国共产党人精神谱系的重要组成部分。

（四）安全应急主题教学馆

可以面向广大党员干部、高校师生、安全应急工作者、市民群众进行安全应急的

思政、理念、意识、知识和能力的主题教育培训，也可以面向国际友好国家劳动者进行安全应急专业培训。对党员干部而言，要以增强适应新征程安全应急要求的战斗意志和实战本领为目标，将教学馆建设成为思想引领、实践体验、演练训练、实体展示的安全应急教育培训、竞技比武高地。

（五）数字政府主题教学馆

以政府数字化改革成果展为基础，将政府整体智治创新成果上升为系统完备、科学规范、运行有效的制度体系，实现党政机关内部、党政机关与外部环境以及全社会各类主体之间的高效协同，推动政府治理流程再造和模式优化。

（六）数字经济主题教学馆

全面回顾数字经济发展历程，全方位展示数字经济成就，让学员多层次、多角度学习数字经济领域优秀发展案例，推动干部提高数字经济思维能力和专业素质，增强发展数字经济本领。

（七）数字法治主题教学馆

建设以"数字法治"为主题的教学实践基地，推动法治中国建设。

（八）社会治理主题教学馆

以创新基层治理的优秀案例为重要载体，成为基层治理研究基地、教学基地和智库中心，加强中国特色社会主义基层治理理论研究，鼓励基层治理改革创新。

（九）人工智能应用创新主题教学馆

鲜活呈现人工智能领域各大创新案例，不断提升人工智能产业能级，全面营造人工智能产业生态，以平台聚合能力、以能力营造场景、以场景撬动市场、以市场壮大产业。

（十）未来大地——乡村振兴主题教学馆

引入浙江大学、数字乡村产业发展联盟、浙江省大学生乡村振兴创意大赛等资源，打造国内首个新时代乡村数字化改革示范基地及创新发展基地，发展成为乡村振兴干部教育教学培训高地。

（十一）美丽乡村（生态文明）主题教学馆

呈现习近平总书记"两山"理论在浙江的伟大实践，习近平总书记中国特色新三农思想从萌发到形成的波澜壮阔的历程，中国最具科技和文化水平的特色乡村典型和田园综合体方案以及一二三全产业链特色产品、国际前沿农业农村新兴产业科技成果及示范项目。

四、主题教学馆的常用多媒体设备

主题教学馆的建设，离不开对各种多媒体设备的应用。多媒体设备使用得恰当、巧妙，能够让教育效果倍增，让主题教学馆脱颖而出。下面对常用多媒体设备作一些介绍：

（一）互动滑轨屏

以滑动的形式将内容以全新的形式展现在学员面前，更具趣味及科技感，信息承载量大。

图 3-66　互动滑轨屏

（二）数字沙盘

在静态沙盘模型的基础上，增加更多动态元素、色彩、效果灯，为教学增加互动和多元化的表现形式。

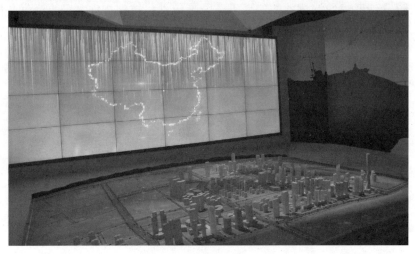

图 3-67　数字沙盘

（三）墙面互动投影

利用现代化的光电科学、显示技术，实现内容和学员实时互动，提升学习内在的吸引力。

图 3-68　墙面互动投影

（四）地幕互动投影

根据教学馆空间关系，适当地在一些场景增加地幕投影设备，烘托环境氛围，与用户互动，丰富空间层次。

图 3-69　地幕互动投影

（五）全息投影

全息照片的景物立体感强，形象逼真，借助激光器进行展示，会产生非常震撼、立体生动的效果。

图 3-70　全息投影

（六）沉浸式投影

CAVE 是一种基于投影的虚拟现实系统，它由围绕观察者的四个成像面组成，起到极强的震撼效果。

图 3-71　沉浸式投影

（七）投影柱

多台投影机采用多通道投影融合技术拼接融合而成，通过雷达互动感应技术实现触摸互动操作，通过精美的数字瀑布特效作为背景效果，给人带来精彩的视觉感受。

图 3-72　投影柱

（八）透明屏

利用 OLED 屏自发光特性制造的透明屏，可单独使用。

图 3-73　透明屏

五、数字教室的核心价值

数字教室是基于云端渲染、虚拟现实等技术打造的 3D 全景可互动的线上教室，鲜活、立体地再现教学内容，达到深刻、感人、入心入脑的教育效果，实现教室跟着学员走、跟着班级走，随时随地可交互、可体验。建成后的数字教室具备成本低、体验好、内容体系化、智能化、覆盖面广、内容可维护等特点。

（一）成本低

避免和解决了线下主题展馆投资大、占地场馆要求高等问题，立足干部网络培训面广量大、年轻一代干部对线上培训方式的偏重，发挥数字教室方便灵活、成本低廉等优势。

（二）体验好

使用 3DWebGL、智能机器人等新技术构建，是一种新型的课程，内容立体，形式多样，让学员过目不忘，学习体验更好。

（三）内容体系化

一馆一课，提供全景式系统性学习方案，依据智能化引导优化学习路径，内容系统全面，避免学习碎片化，培养学员全局思维。

（四）智能化

根据教学需要和授课对象不同，依托教育机器人从资源库智能调取课程、案例、师资或图书内容，精准匹配学习内容，让学习更有针对性。

（五）覆盖面广

跟随互联网技术发展浪潮，把学习内容搬上云，可远程可带走。

（六）内容可维护

配备管理后台，可更换维护学习内容，让内容常新。

因此，"数字教室"的定位，是新时代干部教育方式方法创新的一次重要探索，是在充分挖掘现代互联网技术的基础上，把元宇宙、现代视听技术、人工智能技术与新时代干部教育的新趋势、新要求融合的新路径，同时也解决了单纯网络课程学习的单一和枯燥，第一次把干部培训教室同时建成"实训中心、体验中心、交流中心、管理中心"。

六、数字教室的技术方案

三维全景数字教室是基于三维全景、大数据技术和多媒体技术相融合的高科技数字媒体新的展现，将给人们带来全新的真实现场感和交互式感受。浏览者可以对图像进行放大、缩小、移动观看等操作，还可以实现数字教室场景中的热点链接、多场景之间的数字化漫游、语音解说、视频播放、背景音乐、文字说明、高清图片细节展示、物品720°环视、一键分享等。它采用最新的HTML5技术，可以轻松实现跨平台运行，可以与网络学院、校园数字化系统进行对接，实现一站式学习、一张图督学促学等功能目标。

数字教室主要由前台可视部分和中控系统两部分组成，架构图如下：

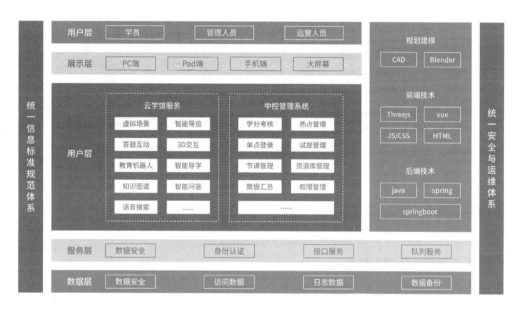

图 3-74　云学馆软件架构图

（一）前台可视三维展现部分主要技术开发内容

1. 展陈内容分析

按照展陈内容，按照目录章节对内容的展现形式进行梳理规划，对所需的素材进行收集整理，对重要的知识点进行登记确定交互形式，形成表格便于下一步建模使用。

2. 总体设计

依据整理好的展陈大纲，利用 CAD 技术对整个数字教室进行总体规划设计，包括空间划分、浏览线路设计、布展设计，让学习更有针对性、有效性。

3. 三维场景制作全景图

根据总体规划，利用 3DS MAX、MAYA、Blender、PS 等工具对数字教室进行场馆墙面、天花板、地面、门窗建模，展示内容制作，贴材质，布局灯光，渲染出全景图。通过预设场景教学顺序，方便直观，可用语音简捷操作，为学员提供全程智能化教学体验。

使用 Threejs、PlayCanvas 等 webGL 框架制作数字教室 3D 界面，将全景图导入框架，将图片制作为可在浏览器浏览的场景，并实现路径导览、360 度环视等交互功能。

4. 添加课程或者教材、教案热点

调取接口利用 HTML5、javascript、JSON、VUE 等技术根据坐标位置给关键知识点添加热点，调取接口展示视频、图文、试题等内容，学员通过点击热点学习知识。

5. 教学机器人、智能导学和知识图谱功能

按照岗位知识图谱，利用数据分析技术，为每个岗位、每位学员智能匹配学习路径，实现精准推荐，优化学习路径。学员也可以利用教育机器人随时调取需要的学习资源。

6. 数字人解说

基于 VR 核心技术研发的 AI 数字人产品，通过动作驱动、唇形驱动、语音驱动，化身教学虚拟代言人，为学员带来更加自由、详尽的讲解介绍，并指导学员智能化完成学习要求，也方便学员优化学习路径，实现个性化、智能化学习。

7. 操作简单，适用面广泛

可以在 Windows 电脑、苹果电脑、国产电脑上运行，也可以在手机端、平板端运行，学习无门槛。

（二）中控系统主要功能

中控系统采用 Java 语言开发，系统通过等保测试，可部署在自主可控环境。

1. 进度学分考核功能

数字教室可以通过知识点学习数量、馆内停留时间、答题互动等方式来进行考核，通过监控学员的学习过程，将数据采集到中控系统，并通过接口汇总报送到网络学院、在线学习系统。

2. 单点登录功能

可通过接口和网络学院等主入口打通，实现单点登录，数字教室只记录登录票据信息，不存放敏感信息，避免数据泄露。

3. 学习资源管理系统

中控系统管理展陈内容，录入图片、视频、文字、试题等素材，通过接口输出给数字教室，实现内容的更新和定制。

4. 热点管理功能

管理数字教室中的热点位置及资源关联，设计多种模式，可根据不同班级和学员输出不同内容。

（三）部署

数字教室可与网络学院等主平台通过链接打通，实现无缝接入。数字教室的代码和资源对服务器要求不高，利用已有的设备即可。

七、典型案例介绍

精英在线公司致力于成为全员智慧学习和数据运营解决方案的领导者，是探索虚拟数字主题教室和主题教学馆建设的先行者，已经主导了相关项目建设，积累了一些案例和经验。现将简单介绍一下该公司参与的典型案例。

（一）典型案例——浙江红船干部学院中国共产党百年干部教育培训发展历程主题教室

为从党的百年奋斗历史经验中汲取智慧和力量，浙江红船干部学院、中共嘉兴市委党校拟建设"红船铸魂·中国共产党百年干部教育培训发展历程主题教室"（简称"主题教室"）。这是院校作为干部培训机构深入学习贯彻习近平总书记关于党校办学治校系列重要指示精神，更好把握和运用党的百年奋斗历史经验，坚定历史自信、牢记初心使命的应有担当，也是院校适应新时代干部教育培训新要求，增强历史主动、放大办学优势的创新之举。干部教室的基本思路、结构布局和建设原则如下：

1. 主题教室基本思路

该教室以诠释"中国共产党为什么能"为主旨，以党的百年干部教育培训光辉历程为主线，以"红船铸魂"为主题，全面回顾展示党的干部教育培训事业百年历史和经验启示，同时以地方实践篇回顾展示嘉兴市委党校、浙江红船干部学院的办学历史。建成后的主题教室承载主题展示、特色教育、学科建设等功能，作为红船起航地建设的干部教育主题教室，它全面展示红船起航后我党的干部教育培训事业百年光辉历程和重要启示，诠释"中国共产党为什么能"的重要密码，不仅可接待各地党政机关和兄弟院校学习参观，也可以作为学员入学始业教育第一课，打造成为与"重走一大路"相匹配的红色教育品牌，还可以借助"红色教学一点通"应用场景，对外打造成为院校宣传的重要窗口，对内推动党史学科建设研究。

2. 主题教室结构布局

主题教室位于主楼图书馆一楼，是一个约 500 平方米的开放式环形空间，主要篇幅展陈中国共产党百年干部教育培训发展历程，分别从新民主主义革命时期、社会主义革命和建设时期、改革开放和社会主义现代化建设新时期和中国特色社会主义新时代四个阶段，梳理总结我党干部教育培训事业的光辉历程、主要脉络、重大事件和重要启示。

3. 主题教室建设原则

为高质量建好主题教室，院校领导高度重视、多次研究，建设方案得到市委主要领导和院校发展咨询委员会专家的充分认可。主题教室总的建设要求：

一是注重工作组织性、专业性。成立由常务副院（校）长任组长的主题教室筹建工作领导小组和由分管副院（校）长任组长、党史党建专职教师和博士团队等高层次人才为骨干的工作专班，分步推进和落实主题教室的展陈规划、大纲文稿以及展陈设计联络等工作。

二是注重史料真实性、权威性。主题教室的内容涉及中国共产党的历史、干部教育的历史和院校发展的历史，必须确保真实可靠。引用的材料均来自相应时期党和国家领导人的重要论述、党的政策文件，以及组织工作和干部工作的权威著作，如《中国共产党组织史资料（文献选编）》《中国共产党组织建设一百年》《中国共产党干部工作史纲》《中国共产党干部教育简史》《中国共产党干部教育世纪历程》等权威文献。

三是突出展陈现代化、综合性。通过图片、文字、影像、图表、实物等多样史料，运用高科技数字化手段展陈复原重要节点、重大事件、历史成就，使之既有历史感又有现代感，为观展者提供物理空间与认知空间相结合的综合性沉浸式展览体验。

4. 设计方案展示

（1）动线图

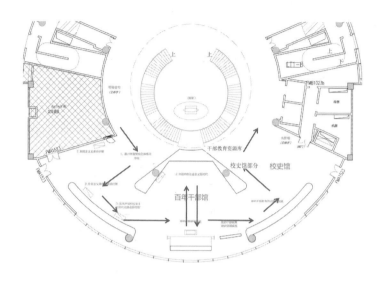

图 3-75　动线图（效果图）

（2）分区图

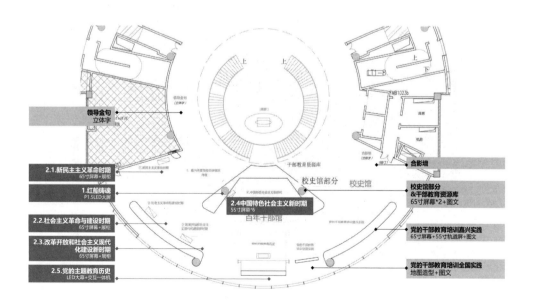

图 3-76　分区图（效果图）

（3）展示大纲

编号	设备	版块	内容	内容	展示形式
1	文字	领导金句	总览	序言，领导人金句	立体字
	P1.5 LED大屏+立体字	红船铸魂	主形象大屏	百年干部馆宣传片	视频轮播
2	65寸屏幕+展柜	新民主主义革命时期的干部教育培训	前言	前言	立体字
			第一单元 中国共产党的创建与早期工农教育	15个时间节点	图文+视频+实物
			第二单元 工农红军教育与"思想建党"	6个时间节点	
			第三单元 为"抗战"培养大批干部	19个时间节点	
			第四单元 "把军队变为工作队"	5个时间节点	
			经验启示		展板
3	65寸屏幕+展柜	第二部分 社会主义革命和建设时期的干部教育培训	前言		展板
			第一单元 新中国成立初期执政党干部队伍建设	17个时间节点	图文+视频+实物
			第二单元 培养"又红又专"的社会主义建设者	13个时间节点	
			经验启示		展板
4	65寸屏幕+展柜	第三部分 改革开放和社会主义现代化建设新时期的干部教育培训	前言		展板
			第一单元 改革开放与干部队伍的"四化"方针	23个时间节点	图文+视频+实物
			第二单元 构建"三位一体"干部教育的新格局	21个时间节点	
			第三单元 "科学发展观"指导下的干部教育工作	24个时间节点	
			经验启示		展板
5	55寸屏幕*6	第四部分 中国特色社会主义新时代的干部教育培训	前言		展板
			第一单元 "建设学习型、服务型、创新型的马克思主义执政党"	16个时间节点	图文+视频
			第二单元 "建设忠诚干净担当的高素质干部队伍"	13个时间节点	
			经验启示		展板

图 3-77 展示大纲（效果意向图）

（4）序厅

图 3-78 序厅（效果意向图）

（5）各阶段设计图

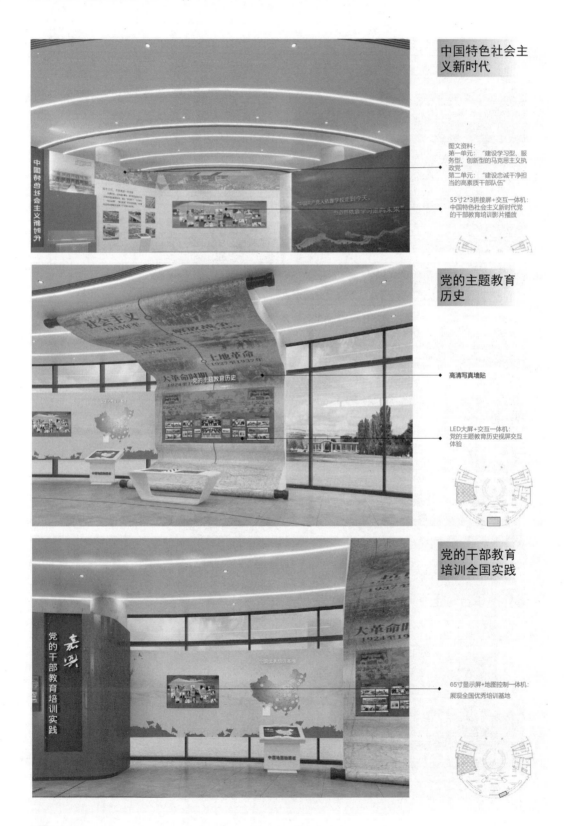

第三章　从 E-Learning 到干部网络学院建设

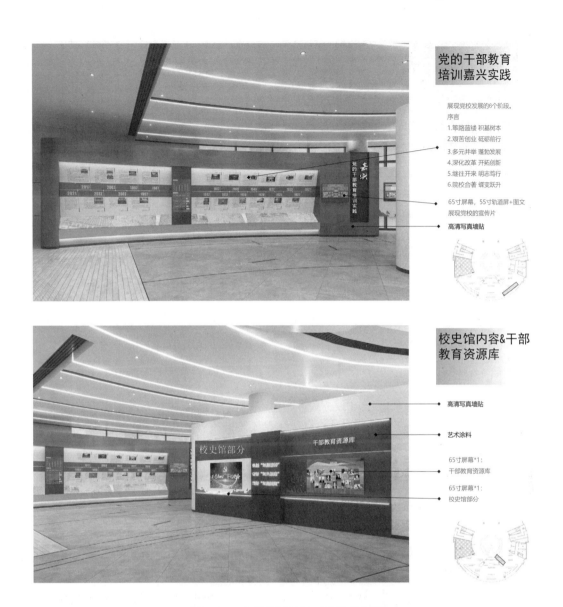

图 3-79　各阶段设计图（效果意向图）

5. 核心技术

教学馆提供多种教学浏览模式。根据不同层级学员与不同主题班学员，会智慧配合教学展示内容。根据教学需要，会智能调取课程、案例、师资或者图书内容。

根据不同层级学员，根据不同主题班学员，会智慧配合教学展示内容

全场成为某一时期（新民主主义革命时期/社会主义革命和建设时期/改革开放与社会主义现代化建设新时期/中国特色社会主义新时代）不受某一面墙拘束，实现全场教学

根据不同层级学员，根据不同主题班学员，智慧配合教学展示内容。
根据教学需要，智能调取课程、案例、图书内容。

讲授不同主题内容，会呈现不同颜色的沉浸环境

根据教学需要，智能调取课程、案例、师资或图书内容

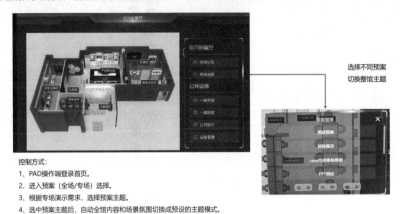

控制方式：
1、PAD操作端登录首页。
2、进入预案（全场/专场）选择。
3、根据专场演示需求，选择预案主题。
4、选中预案主题后，自动全馆内容和场景氛围切换成预设的主题模式。

图 3-80　多种教学浏览模式（效果意向图）

（二）典型案例——中国共产党与世界政党主题教室

1. 项目定位

将本案例建成世界政治文化的展示中心、教育培训的实训基地、内外交流的共享平台。

2. 设计方案展示

中国共产党与世界政党主题教室的设计方案所涉及的相关图片如下：

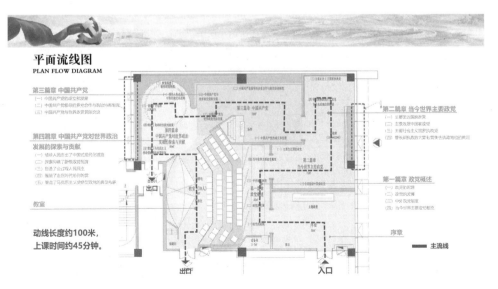

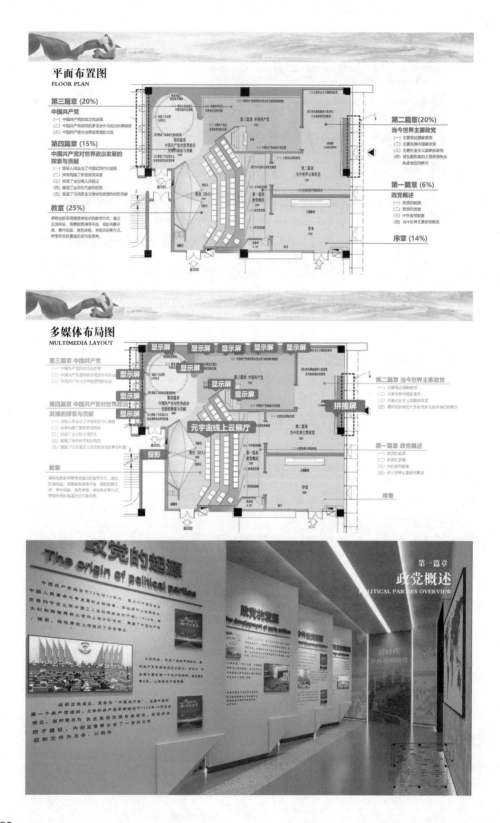

第三章 从 E-Learning 到干部网络学院建设

图 3-81 中国共产党与世界政党主题教室（效果意向图）

（三）典型案例——习近平总书记经济思想数字教室

"习近平总书记经济思想数字教室"，按延安时期经济工作（含素材文件等）、社会主义建设时期经济发展工作、改革开放与社会主义现代化建设时期经济发展、习近平新时代中国特色社会主义经济思想和中国式现代化建设四个模块来整理展陈相关教学方案、教材、课程、师资库等建设内容。

第四章 智慧教室的应用和创新

《全国干部教育培训规划（2023—2027年）》指出，干部教育培训是建设高素质干部队伍的先导性、基础性、战略性工程，在推进中国特色社会主义伟大事业和党的建设新的伟大工程中具有不可替代的重要地位和作用。要全面贯彻习近平新时代中国特色社会主义思想，认真落实新时代党的建设总要求和新时代党的组织路线，深刻领悟"两个确立"的决定性意义，增强"四个意识"、坚定"四个自信"、做到"两个维护"，以坚定理想信念宗旨为根本，以全面增强执政本领为重点，培养造就政治过硬、适应新时代要求、具备领导社会主义现代化建设能力的高素质干部队伍。

《2018—2022年全国干部教育培训规划》中强调，干部教育培训要创新培训方式方法，推行线上线下相结合的培训模式，积极探索网络培训有效方式，迭代开发移动学习平台，提升在线学习的互动性、体验性、选择性和实效性，加强对干部在线学习效果的综合评估。

干部在线学习即干部教育网络培训，是指将现代远程教育培训方式，应用于干部教育培训工作中，通过干部在线学习平台提供大量的适合于干部学习特点的课件以不断满足干部自主化、个性化、差别化的学习需求，为实现干部学习经常化、内容多样化提供保证。

随着信息化浪潮在全球的兴起，干部教育已经步入一个全新的高速发展的阶段。智慧教育将对传统的教育思想、教育理念、教学模式、教学内容和方法、学习内容、学习方式等产生巨大的冲击，从而推动教育形式和学习方式的巨大变革。

第一节　智慧教室的概念与优势

一、概念定义概述

智慧教室是一种典型的智慧学习环境的物化，是多媒体和网络教室的高端形态，它是借助物联网技术、云计算技术和智能技术等构建起来的新型教室，包括有形的物理空间和无形的数字空间，通过各类智能装备辅助教学内容呈现、便利学习资源获取、促进课堂交互开展，实现情境感知和环境管理功能。智慧教室旨在为教学活动提供人性化、智能化的互动空间；通过物理空间与数字空间的结合，本地与远程的结合，改善人与学习环境的关系，在学习空间实现人与环境的自然交互，促进个性化学习、开放式学习和泛在学习。

随着信息化不断发展，知识获取方式和传授方式、教和学的关系都发生了革命性变化。《中国教育现代化2035》提出，要建设智能化校园，统筹建设一体化智能化教学、管理与服务平台。推进教育治理方式变革，加快形成现代化的教育管理与监测体系，推进管理精准化和决策科学化。

（一）传统教室到智慧教室的演变

传统教室主要是指配备黑板、讲台、课桌椅等装备的学习环境，并采用以讲授为主的教学模式。

电子教室主要是指随着电子技术的发展，电子设备及电子音像制品装备应用到传统教室中所产生的教室形态。

多媒体教室主要是指随着多媒体计算机技术的发展，多媒体计算机技术应用到教育领域中所产生的教室形态。

数字教室则是数字革命深入教育领域，多种数字设备和工具应用到教室中所产生的教室形态。当信息的采集、存储和传播由模拟信号转化为数字信号时，应用这些数字设备和工具的教室便成为数字教室。

智慧教室则是数字教室的一种更高级的形式。

（二）智慧教室的系统模型与类型介绍

1. PST (Pedagogy-Space-Technology)

项目按照PST（Pedagogy-Space-Technology）设计理念，包含了"教学法""空间""信息技术"三个要素。教学法：以提升教学内涵为主的方法，注重教与学并重的方法，实现教学资源和人工智能技术的融合；空间：教学空间、虚拟空间、生活空间美化、优化；信息技术：支持教师教的技术、支持学生学的技术、基础设备技术、社交媒体技术。教学法为技术与学习空间结合提供了行动指南，学习空间推进了教学效率的不断提高，并使信息技术手段内嵌于其中，而信息技术反过来增强了教学法的效果，拓展了学习空间的范围。

其核心要素在于采用硬件、资源和平台三者融合的方式，其独特优势在于优质教学资源的整合和开发，实现了课堂中师生交流及互动，解决了教师对优质资源的需要，提高了学员听课积极性，通过教学过程的数据，方便学校管理者精准管理。

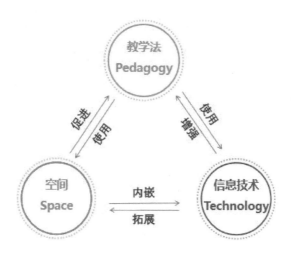

图4-1　PST教学法理念

（1）实现创新型教学模式的需求

充分消除传统教学灌输式的弊端，考虑教学形式的灵活性，结合线下、线上教学融合的教学模式，满足课前、课中及课后的教学环节设计需要，达到提效提质等实际需求，因而对信息化教学装备的要求更高。

（2）满足对优质教学资源的需求

一方面，贴合学校常规课程的全方位自动录播，打造学校自身的金课，实现在线直播、点播，助力学校开展微课、慕课教学；另一方面，融合更多校外优质教学资源，更好地跨校互通。

（3）设备升级的需求

随着技术的不断发展，内置液晶显示屏、自带触控功能的一体机，在显示清晰度、对比度和色彩还原度上已经远优于传统投影产品，同时还带来了更好的交互体验，更智能的辅助教学功能以及更少的管理资源占用。

另外，随着绿色、护眼、健康理念的普及，对视听健康的重视程度也在逐渐提升。解决传统显示设备亮度不足、易反光眩光问题，改善教学音频和本地扩声音质，从而缓解师生视觉、听觉疲劳已经成为各高校的普遍共识。

（4）教室设备管理的需求

如何更好地平衡多媒体教室建设与后期设备运维工作，以信息化手段实现教室设备运维管理的可视化、远程化、智能化已成为智慧教室整体设计的重要考量点。针对集成系统模块割裂、管理分散和资源分享受限等弊端，结合学校教学与信息化建设管理实际情况，提供更高效、易用的集中管理方案，从根本上解决传统教室日常管理、使用、维护过程中存在的一系列问题。

（5）提升教学过程管理的需求

为建设高质量教学体系，高校对教师教学成效的评估仍停留在数据缺乏、信息孤立、人工为主、智能化不足的初始阶段，这就导致教学评估结果存在局限性，影响了教学管理水平的进一步提高。信息化教学的升级，能提供更好的教学督导形式，丰富教学过程数据采集手段，实现智能数据分析、教学过程记录、远程/现场巡课和学生点评、教师互评等多种教学管理手段的有机结合，形成更为科学的评估体系，产生更为科学的评估结果。

（6）建设思路和系统架构

通过构建优质教学资源的精准推荐、智慧终端的设备互联、教学管理过程中的数据互联，实现以教学资源为核心、以教学管理平台为基础的智能教学管理空间，提供了一个基于资源共享、设备互联、数据驱动的智能教学空间解决方案。

教育机器人精准匹配各类教学资源，交互智能平板、智慧黑板、录播、音频设备及各类周边组成的终端产品，构建设备互联的智能教学空间底层信息化教学环境，结合教育数智化综合管理平台，通过教、学、评、管场景的常态化应用，实现老师教学空间、学生学习空间、学校管理平台的数据互联。其总体架构如下图所示：

图 4-2　总体架构

（7）技术要求和亮点

学者团队拥有完善的教育产品、服务体系和教育培训生态体系，特别是教学内容开发、先进教育技术、培训能力上的优势尤为突出。项目方案可灵活选配、分步扩容，解决了由于教学、管理、数据等应用分布于不同业务系统而导致的数据割裂和应用断层。打通课前、课中、课后三大场景，满足老师备课、学生课前自习、考勤，课中互动、答疑，课后资料、作业分发等需求。公司提供的师资库、案例库、课程库等教学资源，辅助教师、教学管理者有针对性地优化教学活动。其核心亮点有：

①创新教学模式。打造具有高阶性、创造性、挑战性的优质金课，以软硬结合的方式增强课堂教学互动，强化智能巡课督导、支持专业数据教评，从而加速推进教学

模式改革。

②智能交互。通过智能交互硬件与大数据智慧教学管理平台的配合，打造实现教师端、小组端及学生端三端互联，辅以物联中控讲台、校园宣传及教室扩音系统，实现高校教室环境下教学全过程的智能交互，互动应用。

③精准施教。以智能机器人实现专题、课程、案例、图书、问答"五个智库"的精准匹配，语音处理技术高效方便，形成永不下班的机器人助手，驱动学用结合。

④屏显方案。教学场景中的显示设备选用主要考虑显示清晰度是否能满足教学需要。以超短焦激光投影机搭配交互式白板一体机的投影显示方案、以交互智能平板为核心的移动-固定式组合显示方案、以智慧黑板为核心的一体化显示方案、以长焦投影机、小间距 LED 显示屏为核心的超大屏显解决方案。通过多种核心产品的灵活组合，满足多样化教室种类的需求。

⑤以人为本，体验良好。液晶屏显设备采用了全贴合技术，屏幕钢化玻璃具备防眩光效果，可最大限度地减少屏幕反光、眩光，提高观看舒适度。在中国标准化研究院制定的视觉舒适度（VICO）体系认证中，达到了视觉健康舒适度 A 级标准。

⑥操作简便。以师生真实使用习惯出发，引入了语音识别技术、反向操控、手笔分离、板书同步等智能交互功能，让老师和学生与终端设备的交互更自然，有效降低设备使用的学习成本，让智慧教室真正用起来。

（8）物联系统

①全流程 AI 辅助督导，提升效率，贴近事实。依据音视频分析老师授课模型（讲授型、讨论型）、学生听课状态（抬头率、投入度等）等信息，帮助督导人员客观评价教学水平，发现教学问题；以直播、录播形式，结合教学平台、AI 分析等，实现在线智能督导。

②物联管控。提供从云到端的物联管控解决方案，将各品类设备统一管理，并为其赋予基础管控能力，对学校课室内信息化设备、照明、空调、窗帘等基础设备进行全面的智能化升级改造，使这些设备能够接入管理平台，作为一个网络节点被感知、管理和获取数据。学校可通过平台进行环境数据的采集、各类设备的综合监控管理，形成一个涵盖教室内多品类设备的一体化管理平台，实现对教学空间环境的优化，对设备管理效率的提升，以及对节能策略的数据化决策，优化教学空间环境，打造"低碳高效"的数字化绿色校园。

③网页技术。使用主流前端框架 angularjs，兼容国产化浏览器；以 Java 作为编程语言，支持跨平台运行，支持国产化操作系统和 Windows 等非国产化操作系统；后端采用 Springboot 2 架构，遵守开箱即用和约定优于配置，为微服务和敏捷开发提供基础。

④高效扩声。不同空间大小的教室需要与之相适应的音频系统来保障教学，提供由无线有源音箱和无线麦克风组成的本地扩声系统，替代了教师以往授课时依赖的"小蜜蜂"，提升了扩音的质量和稳定性，同时也支持教学墙面一体机扩声，确保老师播放的多媒体音频能有效覆盖。

得益于无线麦克风长达 15m 的无线连接距离，让老师可以不受限制地在教学空间内走动，而不会对拾音扩音的效果产生影响，进一步拉近了师生距离。麦克风与音箱之间的无线通信选用了干扰较少的 U 频段，中心频率 760MHz，使用过程中不需要担心手机、蓝牙、校园路由器的干扰。

A. 智慧教学平台。是支撑教学管理的软件平台，通过教师空间、督导巡课、直播中心、数据看板四个板块，满足老师和学校管理者日常教学管理所需，实现教学管理场景中的数据互联，构建专属的一体化教学管理平台。

B. 系统同时具有良好的运行速度，有较高的数据承载能力，在网络稳定环境下操作界面单一的系统响应时间小于 5 秒；整个系统平均年故障时间控制在 8 小时之内，即可用性达到 99%，操作平均响应时间不超过 5 秒；服务器：采用国产化操作系统，如中标麒麟、统信 UOS 等；数据库：采用国产化数据库，如人大金仓、达梦等。

C. 云上教学平台支持对接录播系统或摄像头，并按课表自动调度录播画面进行课堂直播；直播结束后自动按课程生成相应章节，并生成直播回放。

2. "SMART" 概念模型

（1）SMART 概念定义

智慧教室的"智慧性"涉及教学内容的优化呈现、学习资源的便利获取、课堂教学的深度互动、情境感知与检测、教室布局与电气管理等多个方面，可概括为内容呈现（Showing）/ 环境管理（Manageable）/ 资源获取（Accessible）/ 及时互动（Real-time interactive）/ 情境感知（Testing），简写为"S.M.A.R.T."。这五个维度正好体现了智慧教室的特征，可称为"SMART"概念模型。

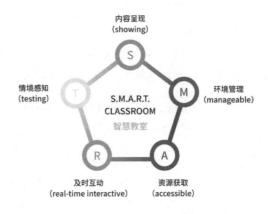

图 4-3　智慧教室"SMART"概念模型

另外一个视角：智慧教室可以用"iSMART"模型来表示。在该模型中，智慧教室由基础设施（infrastructure）/ 网络感知（network Sensor）/ 可视管理（visual Management）/ 增强现实（Augmented reality）/ 实时记录（Real-time recording）/ 泛在技术（ubiquitous Technology）六大系统组成。

（2）基于"SMART"模型，智慧教室有如下分类：

维度 类型	教学模式	教室布局	内容呈现	资源获取	及时交互
"高清晰"型	传递-接受 教学模式	秧苗式	双屏显示 无线投影	支持讲授的 资源与工具	以师生 互动为主
"深体验"型	探究性 教学模式	多种布局	学生终端	丰富的资源和教学工具， 支持各种终端接入	以生机 交互为主
"强交互"型	小组协作 教学模式	"圆形"为主	小组终端	支持小组交互的 资源与工具	以终端支持的 生生交互为主

图 4-4　智慧教室类型及特点

① SMART 智慧教室建设

这里主要介绍智慧教室的结构与主要组成。

智慧教室的平台构架由设备层、门户层、应用层、服务层、数据层、基础层、网络层 7 个部分组成。

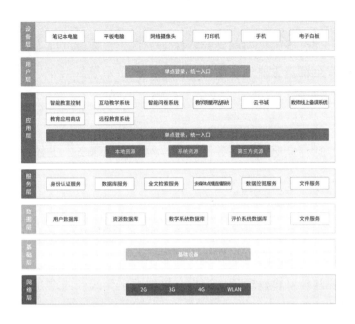

图 4-5 智慧教室平台架构

A. 设备层

智慧教室支持多种设备接入用于设备连接。设备主要包括电子白板、电子黑板、笔记本电脑、平板电脑、网络摄像头、打印机、手机、监视器等一系列智慧教室的设备。另外，还包含智慧教室的周边辅助设备，如充电柜、网络设备、备用电源等。

B. 门户层

教育云服务网站，通过统一的登录服务，可以支持用户在电子书、手机、电脑等终端登录，登录后可享受多种服务，并在门户网站上集合教育资源管理、家校联络管理、学校教学管理、账号服务管理等多种相关功能的入口。

C. 应用层

综合智慧教室的主要功能，按照模块化、独立化原则进行设计，主要包括远程教育系统、互动教学系统、教育应用商店、教室智能控制、教学质量评估系统、云书城、教师线上备课系统及智能阅卷系统。

D. 服务层

提供支撑应用层操作的相关基础服务，包括数据挖掘服务、身份认证服务、数据库服务、多媒体点播直播服务、全文检索服务及文件服务。

E. 数据层

智慧教室平台拥有多数据库的支撑,保证了该平台数据的庞大性、可靠性、稳健性及账号数据的安全性,主要包含用户数据库、教学系统数据库、资源数据库及评价系统数据库。

F. 基础层

基础云服务包括存储服务、服务器服务、网络连接服务。支撑智慧教室平台系统的基础设施可以在云环境下稳定工作。

G. 网络层

智慧教室平台所依赖的基础网络包含平台所涉及的网络,有 4G 网络、3G 网络、2G 网络、无线网络、有线网络等。

(3) 新生态智慧教室建设项目作为教育培训数字化改革的重要组成部分,主要作用表现在:

①基于内容为王,技术为内容服务的理念,解决学校师生对优质教学资源的需求,发展学校的教学内涵;

②可以有效增强教学资源管理能力,丰富数据维度,数据效能充分发挥,现代化的教育管理与监测体系基本形成;

③教学服务体验明显提升,多元参与的创新教学应用生态基本建立;

④教育决策科学化、管理精准化、服务个性化水平全面提升,构建高质量教育体系;

⑤实现全国乃至全球教学资源的联动;

⑥实现精准施教的目的,数智化、个性化提供教学内容。

二、智慧教室的优势

(一) 创新教学

智慧教室具有线上互动、直播、录播、点播等功能,通过课表连接课内课外、线上线下,师生在个人空间可随时复习课程内容,包括教学课件以及上课板书视频,创新教学体验,提升教学质量,为高校实现跨教室、跨校区、跨地区的互动教学和资源共享。

（二）为教务管理和教学督导部门的管理带来便利

智慧教室以学生为中心，聚焦人脸识别、行为分析、视频结构化、大数据技术与教学的深度融合，实现课堂数据和学习数据的自动采集，打通考勤、录播、教学分析等应用壁垒，实现人脸考勤管理、可视化巡课督导、视频资源管理、伴随式课堂分析、精准消息推送等一体化管理，构建多样化评价体系，实现教学质量的优化和提升。

（三）智能管控

智慧教室以智能控制系统为核心，对各类多媒体与物联网环境设备、互动研讨设备、学生自带移动终端等进行统一调度，实现不同场景中显示设备、传感器、智能教学设备、一卡通、多媒体设备等物联网设备的集中管控，支持自定义多种情景模式的一键切换与环境条件策略的智能联动调节，为师生提供更智能、更舒适的教学环境。

三、智慧教室建设的意义

（一）生动的课堂可以很好地激发学生的学习兴趣

传统的课堂教学不管是氛围、内容还是教学方式都比较刻板和单一，很难调动学生的学习兴趣。没有兴趣做指引，学习比较被动。智慧教室为课堂提供了多样教学设备，例如可以同时显示两个或多个屏幕的内容，既可以展示教学知识、学生的作业与问题，又可以展示互联网上实时的图文与多媒体信息，让课堂的内容更丰富，还可以同时显示多名学生的学习展示成果，实现多屏互动。智慧教室一般都会在教室配备连接互联网的电脑，以供学生查阅课程资料，也可让学生在课堂上实现探究型、合作型学习，让学生都参与到课堂教学活动中来，调动了学生的学习积极性，充分激发了学生的学习兴趣。这样活泼的课堂教学，学生兴趣盎然，积极思考，不仅能熟练掌握教学知识，还能锻炼多方面的综合素质。

（二）丰富的教学资源可以提高教学效率

智慧教室引入了网络学习平台，课前教师可以准备一些前瞻性的问题，引导学生使用智慧教室提供的教学设备和平台去查阅资料、解决问题，引导学生进行课前的预习和自主探索，教师还可以使用移动设备对学生的课前准备工作进行把控和指导。课堂上，教师可以直接引用网络学习平台系统中已经创建好的课程及资源，包含课程章节内容、作业模块、考试模块、资料模块、学生管理等内容，使用智慧教室提供的教学环境和设备灵活组织教学。课后，学生可以使用智慧平台完成教师留的课下作业，教师及时进行批改，完成对学生的反馈，及时解决学生的学习问题；教师还可以将课堂教学进行录制，并上传到网络学习平台，供学生在课下随时观看学习。智慧教室最大限度地调用与教学相关的各种资源，不管是课上、课中还是课下，都可以供师生使用和分享，节约了时间，提高了教学效率。

（三）充分的互动可以形成及时准确的评价

智慧教室通过屏幕广播、分屏互动、课堂提问、课堂测验等形式在课堂上为教学提供充分的互动机会，教师通过这种互动可以及时了解学生对教学内容的掌握情况，了解学生有没有遇到困难和误区，针对学生的问题，再安排下一步的教学内容，让教学效率更高、更有针对性。另外，智慧教室可以通过签到、投票、屏幕监控等形式掌握学生的课堂表现情况，对学生形成准确和全面的评价。充分的互动可让教师掌握到更全面更准确的信息，让教师更了解学生，进而对学生进行及时有效的引导，提高学生学习的效果，推进学生的全面发展。

（四）为培养学生全面发展提供良好的教学环境

智慧教室支持老师和学生在课堂上通过无线局域网流畅地进行教室屏幕广播、师生多屏互动、小组讨论多屏互动，这种教学环境不再是教师单向传授知识，学生被动地学习，而是教师引导学生进行自主思考、自主探索问题，学生在课堂上通过小组合作、查阅资料、讨论探究等方式来自主学习，教师利用智慧教室的各种设备进行引导、指导和总结，教师帮助学生进行学习和探索。智慧教室通过各种硬件设备和网络学习平台为学生提供了互动、自主的学习氛围，学生在这种氛围里不仅学习了知识，更重要的是学会了如何思考、如何探索，锻炼了与人合作的精神和技能，学生素质得到了全面的发展。

第二节 智慧教室的应用

一、课堂教学改革的必然选择

在 2019 年全国教育工作会议上，教育部原部长陈宝生指出："要发挥课堂的主渠道作用，打造高效课堂。"深化人才培养模式改革，提高教育教学质量，培养学生的创新精神和实践能力都离不开课堂教学。《教育信息化 2.0 行动计划》指出：以人工智能、大数据、物联网等新兴技术为基础，依托各类智能设备及网络，积极开展智慧教育创新研究和示范，推动新技术支持下的教育模式变革和生态重构。因此，将先进的技术与教室建设深度融合从而打造利于学生主动学习和个性化学习的智慧教室，是提升深化课堂教学改革的必然选择。

近年来，随着中国教育信息化的发展，智慧教室的概念已经开始被广泛推广，并开始在教学中得到应用。智慧教室技术是将软件、硬件、网络、教学设备和教学资源结合起来，以提高教学效率和教学质量的一种模式。

根据市场调研在线网发布的 2023—2029 年中国智慧教室行业市场现状调研及未来发展趋势预测报告分析，中国智慧教室行业市场规模从 2017 年的 137 亿元增加到 2018 年的 179 亿元，较 2017 年增长了 31.1%。

随着中国教育信息化的发展，智慧教室的应用越来越广泛，为了满足智慧教室的需求，教育信息化企业和技术服务商纷纷抢滩市场，以抢占智慧教室行业市场份额。随着智慧教室行业的发展，很多企业投入了大量的资源来研发更高效的智慧教室设备，提供更丰富的智慧教室服务，智慧教室行业的市场规模也将继续增长。

根据市场调研在线网发布的 2023—2029 年中国智慧教室行业市场现状调研及未来发展趋势预测报告分析，到 2020 年，中国智慧教室行业市场规模将达到 252 亿元，较 2018 年增长约 41.3%；到 2025 年，中国智慧教室行业市场规模将达到 319 亿元，较 2018 年增长约 77.7%。

根据市场调研在线网发布的 2023—2029 年中国智慧教室行业市场现状调研及未来

发展趋势预测报告分析，除了市场规模的增长外，智慧教室行业也将会有一些新的发展趋势。首先，智慧教室将更加注重学生个性化的学习，更多的课程将会更加灵活，更多的教育资源将会被开发，智慧教室将会提供更多的学习方式，以适应不同的学习需求。

其次，智慧教室也将把更多的重点放在科学研究方面，更多的研究将会被开展，以探索更有效的教学方法，智慧教室将会更加注重教师与学生之间的交流，更多的交互式教学将会被开展，以提高学习效率。

此外，智慧教室也将更加注重自主学习，更多的学习资源将会被提供，学生可以更好地掌握知识，智慧教室也将会更加注重学生的实践能力，更多的实践活动将会被提供，以提高学生的实践能力。

综上所述，中国智慧教室行业市场规模从 2017 年的 137 亿元增加到 2018 年的 179 亿元，到 2020 年将达到 252 亿元，2025 年将达到 319 亿元，未来智慧教室行业将会更加注重学生个性化的学习、科学研究、自主学习和实践能力，以提高教育效率和教育质量。

二、国内智慧教室的引进与发展

2004 年，徐磊首次使用了"智能教室"这一名称，将其定位为新型教室、学习空间或教学环境，重点从媒体和技术应用的角度进行研究。

2009 年 8 月，温家宝同志在无锡考察时提出要建设"感知中国中心"。一股"智慧风"的刮起，为各种技术在教育领域的应用研究开辟了新的道路。随后智慧城市、智慧校园、智慧教室等概念络绎出现。

"十一五"规划（2006—2010）至"十二五"规划（2011—2015）时期，国家层面明确提出财政性教育经费占国民生产总值比例达到 4%，并且积极推进农村远程教育，提出"为中西部地区 3.75 万所农村初中建设计算机教室"，充分展现出国家希望利用教育信息化手段缩小农村教育与城市教育的差距的决心。

中国教育技术协会于 2010 年 5 月成立技术标准委员会，专门从事教学与技术行业的标准化研究和制定工作，并发布《多媒体教学环境工程建设规范》。《多媒体教学环境工程建设规范》的六个分册分别是：《供配电、网络与建筑物理环境设计规范》《音频系统技术规范》《视频系统技术规范》《多媒体智能控制系统技术规范》《数字语言学习环境设计规范》《系统集成技术规范》。

2012年，黄荣怀等首次使用了"智慧教室"的名称，此后国内学者均使用"智慧教室"，并将其定位为一种学习空间或学习环境，主要从形态和功能等方面开展研究。提出智慧教室的"S.M.A.R.T."概念模型（内容呈现、教学管理、资源获取、及时互动、情境感知）。

"十三五"规划期间（2016—2020），国家提出"推动现代信息技术与教育教学深度融合"，并加快实施"三通两平台"建设工程，代表我国教育信息化发展进入新阶段，智慧教室行业迎来快速发展期。到"十四五"规划时期（2021—2025），根据《"十四五"规划和2035年远景目标纲要》，深化教育改革成为"十四五"时期的重要任务，智慧教室行业发展建设持续推进。

三、梳理智慧教室的阶段发展历程

（一）第一阶段

计算机化教室（1980—1990年），20世纪80年代，个人计算机问世，教师和学生可以通过电脑进行少量的计算机辅助教学，为智慧教室技术的应用奠定了基础。20世纪90年代末，互联网的发展，使得信息技术教育走向更深层次，计算机或多或少地被教学应用所喜爱，成为课堂教学师生必备的工具之一。

（二）第二阶段

数字化教室（2000—2010年），数字化教育开始流行。各种数字设备，如投影仪、幻灯片展示器和数字白板等的出现，为教学带来了很大的变革。教师可以更加直观和生动地呈现教育内容，使学生更容易理解和吸收。此外，学生可以通过网络在线学习，同时教师可以通过电子邮件或在线聊天与学生进行交流。

（三）第三阶段

智能化教室，2010年至今，智慧教室技术得到了全面应用，从以前的单一设备逐渐向智能化发展。在许多学校中，学生现在可以使用平板电脑来进行学习。教师可以通过任何设备发布资源、考试试卷和学术文献等。学生可以使用任何设备来查阅课程信息等，信息交流的模式也变得更加多元化。

四、小结

在我国信息技术大环境下，学校教学正在不断地转化自身的教学理念，教学模式也在不断进行创新，无论是小中大学都开始将信息技术与学科的教学内容结合在一起，形成了全新的信息化多媒体的教学模式，并取得一定成效。在信息技术与教学的融合基础之上产生了智慧教室，随着智慧教室在学校信息技术教学中的运用，并有效地提升了教学质量，智慧教室的应用也就慢慢普及到了我们的大小课堂。

而且基于电子教室的智慧教室实现了课前多媒体微课程电子教材预习、课中互动教学、课后微课程作业辅导三大功能，解决了 Pad 不受控制、无线 Wi-Fi 掉线干扰或电子白板难以无缝对接等制约电子教室应用的关键问题，为师生提供了一种高效的"教"和"学"的模式。智慧教室系统为实现"颠倒的课堂"和学生随时随地碎片化学习提供了全面支撑，也随之被普及运用。

第三节　智慧教室的创新

随着《教育信息化 2.0 行动计划》《中国教育现代化 2035》的颁布，我国教育信息化在政策指引与技术推动下不断深入发展。如何利用好人工智能、大数据、物联网等技术，促进学习环境、教学方式和教育管理的转型升级；如何用精细化、差异化的物理场域支持高水平课程的打造、教学质量的提升，成了智慧教室绕不开的难题。

为了完善干部教育培训，提升培训的质效，我们积极搭建智慧教室，以线上线下相结合的创新方式，在教育培训中开展多样化干部教育活动，推动教育培训领域的数字化转型，更是将干部教育培训工作推上了一个新台阶。

一、线上线下相结合的教育模式

基于混合线上线下教学模式的设计,建设"情景实训、知识生产、全息感知、智能教学"的智慧教室,在干部教育培训中开展战略主题课堂、行动学习等多样化教学活动。在教学中,针对主题教育培训中的课题方向,开发3D、VR课件资源,使教师对未来业务场景的重、难知识点进行讲解并进行仿真实验演示。同时,3D和VR等教学技术的应用构建出虚拟仿真的教学环境,通过构建虚实融合的教学环境,开展现场实时交互式教学,将抽象的、宏观或微观的课件内容更直观、形象地展示出来,实现沉浸式、交互式的情景教学。

二、先进的教育技术支撑

先进教育技术是干部教育教学模式创新的有力支撑,特别是特殊情况时,技术优势更能凸显和体现。例如在新型冠状病毒疫情防控期间,通过采取线上线下相结合的教学模式,确保疫情防控与教育培训两不误,实现了"停课不停学"。集成了大数据、物联网、移动互联网、人工智能等新技术的智能化教学资源优势明显。智慧教室以企业大学 E-learning 平台为大数据支撑,通过互联网与各型学习资源、各类学习场景建立泛在物联,降低了学习成本和资源消耗,改善了学习体验和互动交流,优化了学习效果和教学质量。智慧教室在技术层面支撑和保障教学模式创新主要体现在智能录播、多端互动、学情监测和资源共享等方面。

三、智慧教室的主要建设目标

(一)实现信息技术与教育教学的融合创新

将信息技术与教育教学核心业务融合,将现实课堂教学的时间和空间进行拓展,课堂延伸至线上,教学延伸至课后,教学场景实现从课堂向课前-课中-课后教学闭环的转变,通过线上线下混合式教学模式,实现培训的教学模式、服务方式变革与创新。智慧教室的研究还需与具体的学科相结合,并依据学科的特点、性质及未来发展方向,以创新人才培养为核心,探讨不同学科背景下创新人才培养的教学模式,从人才培养、评价机制、教学方式上重新建构教学环境，在设计、收集、分析三个过程中紧紧围绕创新能力数据的建设，推动智慧教室的发展。

（二）形成自由开放的现代化教学体系

构建以学习者为中心的智慧教学平台，建立以学员为主体的教学模式，改变传统"灌输""被动"的教学理念，培养学员自主、探究、协作多方面的综合能力，强调学员长期持续性学习，注重教育的自主性、个体性和适配性，形成现代化的教学体系。围绕学生的核心素养制定评价标准，在信息素养、创新创造能力、批判性思维、解决问题的能力、沟通交流合作的能力、团队合作能力等方面重新构建。

（三）推进开放共享的教学资源服务体系

依托智慧教学平台，打造开放共享的教学资源服务平台。基于资源共建、开放共享的建设理念，不断积累教学资源，不断完善教学资源服务，建设规范化的资源管理制度，扩宽师生获取教学资源的渠道，扩大教学资源覆盖范围，挖掘教学资源价值。

（四）建立先进的技术支撑体系

通过智能媒体处理平台全面融合视频转码、视频合成、智能字幕、语音识别、机器翻译、智能审核等基础服务，对底层"媒体+AI"原子能力进行编排及调度，将各种异构的能力归一化接入并整合输出，赋能上层应用系统实现数智化升级。

（五）打造现代化智慧化管理决策模式

基于对教学及资源平台的数据进行跟踪，对教学活动中师生的行为数据进行深度分析，为教育培训的管理决策提供精准数据支撑，规避教学管理的盲区、雷区，提供精准、全面、智能的科学决策依据，辅助管理者把控未来建设发展方向，打造现代化的智慧管理模式，实现培训整体的智慧化运行。

四、"教育机器人"创新项目

教育机器人项目是指利用智能化技术来增强教育过程，提供个性化、互动性强的学习体验。将智能助手与教育相结合,通过人工智能、自然语言处理、计算机视觉等技术,为学生提供定制化的学习支持和教育资源。

教育机器人具有多种功能和应用场景。首先,它可以作为学习助手,帮助学生解答问题、提供学习材料等,并根据学生的学习进度和需求进行个性化教学。其次,教育机器人可以通过互动的方式吸引学生的兴趣,激发他们的学习动力。

教育机器人项目的设计和实施需要考虑教育和技术的融合。开发者需要有教育背景的专业人员参与,确保机器人的功能和内容与教育目标相匹配。此外,还需要确保教育机器人的技术安全、隐私保护和道德问题,以保障学生的权益和利益。

尽管教育机器人项目面临一些挑战,如技术成熟度、教师接受度和投资成本等,但它对教育领域的发展和创新具有重要意义。教育机器人可以提供个性化的学习支持和互动学习体验,帮助学生充分发展和提高他们的学习成绩、技能和创造力。

另外还有我司驾驶舱的开发,建立学习数据中心、人才培养和学员能力提升的资源池,实现人才培养的 BI 分析和可视化展示。

在大数据、云计算、移动互联网等新兴技术方兴未艾的今天,大数据平台主要是用来实现对学员和培训工作进行监督和管控的功能。管理者可在此平台中对学员进行监督,进行跟踪管理。其中最重要的是大数据工作看板,通过智能算法为培训制定决策支撑模型,促进"基于数据说话"培训管理方式和"动态实时"管理模式的实现,提高管理效能。发挥各单位作为培训管理者的作用,赋予单位管理员更多的管理权限,方便查看、管理、督促学员学习。平台具备多角色、多层次、多单位的人员管理系统,支持多种类型的课程学习,具备专题培训班功能,支持当前数据和历史数据存档和查询。平台成功打造培训学习相关工作或活动信息以表格、图表的形式进行数据展现的平台。此模块主要是对培训相关信息进行数据整合、分析和展示。

实现对学员和培训工作进行监督和管控的功能。将培训学习相关工作或活动信息以表格、图表的形式进行数据展现的平台对培训相关信息进行数据整合、分析和展示。管理者可在此平台中对学员进行监督预警,进行学习跟踪管理,管理者能及时准确地了解教育培训教学情况,预测可能发生的不利事件,动态监管班级管理,理性均衡培训教育资源,汇聚优质资源服务,推进智力资源的流转。

通过图表方式直观展现各单位学习情况、网站访问量、课程分类学习情况、学习时间段分布、在线人数、培训班参加情况等实时相关数据分析,为智能学习管理和组织决策提供切实有效的自助式数据可视化分析的形式。

五、"中央控制系统"的创新

中控系统是一种用于集中、控制和监控多个设备或系统的解决方案。它可以用于各种场景,包括智能展厅、建筑物管理、工业控制等。

中控系统的主要目标是提高设备的智能化程度、实现集中管理和提供更好的用户体验。通过中控系统,用户可以集中控制和监控多个设备,而不需要对设备进行逐个操作。中控系统可以实现设备的联动控制、自动化控制、远程控制等功能,提供更方便、高效的设备操作方式。

(一)中控系统的组件

1. 控制器(Controller):控制器是中控系统的核心部分,负责连接和控制各个设备。它可以是硬件设备,如中央处理器、主控模块,也可以是软件应用程序,运行在计算机、手机或平板电脑上。

2. 用户界面(User Interface):用户界面是用户与中控系统进行交互的方式,通常是通过图形界面进行操作。用户界面可以是触摸屏、移动应用、网页等形式,用户可以通过界面来控制设备、设置参数、查看状态等。

3. 设备连接和通信模块:中控系统需要与各种设备进行连接和通信,以实现控制和监控功能。这可以通过各种协议和接口来实现,如 Wi-Fi、蓝牙、ZigBee 等,确保中控系统与设备的互联互通。

4. 数据存储和处理模块:中控系统通常需要记录和存储各种设备的状态、用户操作记录等数据。数据存储和处理模块负责将这些数据进行存储和分析,以供后续使用和管理。中控系统的优势包括集中控制、便捷操作、智能联动、远程控制和能源管理等。它可以提高设备的效率和可靠性,降低能源消耗,提供更好的用户体验。随着物联网和智能家居的发展,中控系统在各个领域都得到了广泛应用和推广。

（二）系统架构

1. 软件架构图

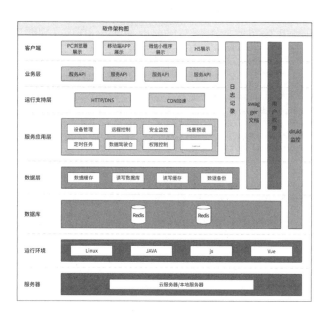

图 4-6　软件架构图

2. 系统架构图

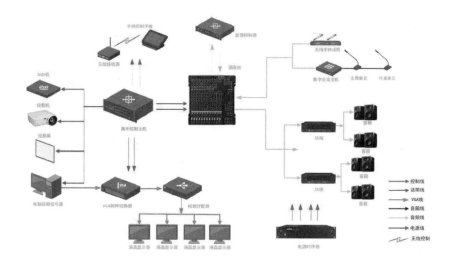

图 4-7　系统架构图

(三)系统特点

1. 有线／无线网络智能集成化设计

该系统是可建立在无线局域网的新一代技术平台，性能稳定，不受物理距离限制，方便客户在移动过程中也能对展厅中各个展项进行控制和展示。也可与有线墙面触摸屏建立集成控制，即使在没有网络的情况下也同样可以实现展馆所有设备的智能化控制。

2. 控制模块化设计

根据客户实际展项设备情况，扩展各类声、光、电、视控制模块，即可实现各个展厅展区集中控制，包括分区控制、分项控制、级联控制、视频灯光联动控制、互动感应控制等方式。

3. 界面简洁风格设计

支持多点触控和滑屏操控，支持上百种字体，支持图片透明效果，可实现任意形状的按钮，任何效果的界面，让界面更完美，带来更人性化的操作感受。强大的系统平台，使用方可按项目需要，快速任意修改触摸屏界面，支持按钮、图片按钮等，支持定时循环播放控制，支持双向通信反馈、一键（按钮）执行多动作，控制多个设备。

4. 操作便捷化

一键开启所有设备，投影、LED 大屏、拼接屏、调色灯光、窗帘、幕布、背景音乐、各种强电、弱电开关，等等。系统集成度高，富有特色的先进网络管理功能，长期连续使用稳定可靠，特别适用于各种大中小展馆、展厅、主题展览等场所多媒体展品集中管理，最大限度地减轻管理人员的劳动强度。

5. 设备状态的自动检测

双向通信，既能向设备发送命令，又能实时监测投影机、电脑主机等设备的实际使用状况。许多常规中控都是在展厅使用时就设定投影机等设备为开启，而实际上投影机等设备并不是参观者一直都在使用，可能根据参观者的需求来选择使用。因此，造成投影机灯泡使用时间的记录不真实。实时监测每台投影机、电脑及其他设备的使用状况，并通过网络传送到总控主机显示的 IPAD 上，使每台设备的状态状况一目了然。所有切换功能都是实时进行反馈，克服了有些网络中控非实时反馈带来的管理系统显示切换与实际结果不一致的混乱结果。

6. 多用户远程管理

可以有多个管理员在任何联网电脑上共同管理展馆所有网络中控，一般网络中控都是只能一个管理员进行管理，而且必须在控制室中管理，有很大的局限性。另外系统可设置管理员或操作员的不同管理权限。一级管理员具有最高权限，可对全系统所有终端进行控制。二级、三级管理员权限由一级管理员授权，对部分终端进行控制。

7. 远程音视频监控

管理员或有权限的馆方负责人等对展馆每项多媒体设备进行实时远程监控或观摩学习。

综上，智能展厅中控系统是一个用于管理和控制展厅内各种设备和系统的智能化系统。

六、小结

随着人工智能、IoT、云计算、大数据等技术的深入发展，千行百业进入数字化、智慧化的深水区。在教育行业，智慧教室作为一种渐进式的教育模式，正在改变传统意义上的"教"和"学"，逐渐成为我国科技发展、教育改革的一次有力变革，对于推动教育发展起了重要作用。

而且，随着中国的教育信息化水平的不断提升，智慧教室将会得到更大的发展。根据有关部门的预计，到2027年，中国智慧教室的市场渗透率将会达到40%以上，而乐观的预测则会达到60%，其市场规模在10728亿—16093亿之间。由此可见，智慧教室蕴含着无穷的发展潜力。

在这样的大环境下，智慧教室还面临着一些问题，仍需不断地探索信息技术和教育教学的深度融合，并将建设经验引入到自己的智慧教室探索实践中。展望未来，笔者坚信，在智慧教室解决方案提供商与各大院校的通力合作下，教育行业必将在数字化、智能化转型中更进一步。

第四节　新生态智慧教室的智慧校园

一、智慧校园

随着信息化不断发展，知识获取方式和传授方式、教和学的关系都发生了革命性变化。《中国教育现代化2035》提出，要建设智能化校园，统筹建设一体化智能化教学、管理与服务平台。推进教育治理方式变革，加快形成现代化的教育管理与监测体系，推进管理精准化和决策科学化。

科技飞速发展，智慧校园已经成为教育行业的重要趋势。在智慧校园中，智慧教室作为关键设施，不仅可以提高学生的学习效率，也可以改善教师的教学体验，进而促进整个教育的升级。其实，智慧校园就是需要运用互联网、大数据、人工智能等先进技术，对校园内部的各种信息进行收集、整合、分析和应用，实现教学、管理、服务等多方面的智能化、高效化、便捷化，打造提高教学质量和办学水平的现代化校园。

简单来说，就是利用科技手段，使校园内部的各项管理、服务和教育工作更加智能化、高效化和便捷化。笔者举如下的例子，对比传统校园、智慧校园带来的便利：

（一）学生管理

传统学生管理需要手动进行学生信息、资助管理录入等操作。这种方式可能会出现信息漏记或错误，而且查询信息的效率也比较低。

现在直接在学生管理系统录入就可以了，具有高效、准确、方便等优势，能够解决这些传统管理方式存在的问题。

从长远来看，还具有以下效果：教师可以更轻松地跟踪学生的表现，并为他们提供个性化的反馈和指导。大大减少手动管理的时间和错误率，从而提高管理效率。

（二）办公用品管理

在传统的办公用品管理方式中，通常需要手动记录物品的采购、领用、归还情况，这容易出现错误和漏洞。

同时，由于采购、领用、归还等流程需要到物品库房进行操作，不仅浪费时间，也容易导致物品库存情况未及时得到反馈，进而导致负库存的情况出现。

现在办公用品管理系统能够在线上完成办公用品的采购、领用、归还管理统计，实时了解物品库存情况，防止出现负库存。

（三）后勤管理

传统的后勤管理方式通常需要人工进行线下登记处理各种大小事务，如保修、办公用品管理、消防巡检、食堂管理、校医助手等。这种方式存在着登记不全、信息不准确、无法及时统计等问题，严重影响了后勤管理水平。

相比之下，现在的后勤管理模块能够在线上完成这些事项，能够解决学校后勤部门的大小事，并提升后勤管理水平。

（四）中小学家校管理

学生的学习情况不能及时准确地反映给家长，而家长也无法及时有效地对学生的学习情况进行监督和指导；学校与家庭之间的信息沟通不畅，导致学生在学校和家庭之间出现误解和沟通不良；传统的家校管理可能缺乏足够的信息技术支持，使得管理工作烦琐且效率低下。

（五）校园宿舍管理

传统的宿舍管理方式通常需要人工进行线下登记处理各种大小事务，如宿舍信息管理、违规违纪管理、宿舍评比等。这种方式存在着登记不全、信息不准确、无法及时统计等问题，严重影响了宿舍管理水平。

相比之下，现在的宿舍管理模块能够在线上完成宿舍信息的录入、宿舍评比管理统计，实时了解宿舍评分情况，防止出现评分不公现象。

（六）课程表

无论是学生还是教师，课程表是每天都要用到的，有一个美观、简洁的课程表会让人心情舒畅。

通过录入课程信息，学习课程表能够根据不同的时间段和星期展示不同的课程，方便学生和老师查询和安排课程。不同的课程使用不同颜色标注，使得课程表更加直观和易于理解。

此外，学习课程表还标注出每个时间段的上课和下课时间，让学生和老师更好地掌握课程的起止时间。

二、新生态智慧教室（智慧校园的王牌）

数字教室项目新生态智慧教室，即在常态化智慧教室基础上，通过学习空间、教学资源、信息技术与教育教学管理的深度融合，实现大数据师资库、大数据案例库、课程库、图书库、问答库等优质教学资源和智慧教室的高度融合，构建一个5C（建构、交流、连接、协作、创造）学习环境，全面支撑创新教学法落地，打造支撑探究式教学、混合式教学、翻转课堂等新型教学模式的新生态智慧教学环境。

智慧教室运用智慧技术、提供智慧服务、实现智慧管理，更好地满足了智慧化教学需求，有效地推进了信息技术与课堂教学的深度融合，是未来课堂的一种重要形式。智慧教室将成为常态化的教学场所，引领课堂教学结构的变革、教育教学理念的全面更新和教育生态系统的整体重构，从而有效推进教学模式和学习方式的创新发展，为教育信息化的高质量实现提供有力的支撑。

（一）智慧教室的具体建设内容

1. 智慧互动教学平台

以提高线上教学能力为目标，采用先进的网络智播教学模式。适配学院现有的智慧教室、录播教室，将教室内教学信号与在线课程平台衔接，教师根据课表到教室授课，在不改变老师教学方式的情况下将教学搬到线上，完成在线教学。

教师上课结束自动完成教学视频收录与拆分，并按照课程内容、日期等信息进行分类，方便学员再次学习。同时完成教学视频收录，并按照课程内容、日期等信息进行分类，课程结束自动生成回放方便学员再次学习，提升学习效率。

（1）智播课程

为更好地辅助线上线下教学，智播课程通过视频流处理、AI人工智能等技术，将录播教室与课程平台智慧衔接，提供在线课堂、字幕等多种功能，为课堂内外、线上线下的学习提供全方位的辅助。

智播课程通过对接教室已有的录播系统和学院课程表，根据课表时间自动开始或关闭直播，教师在教室上课的同时，即可自动完成在线教学。同时系统自动完成教学视频收录，并按照课程内容、日期等信息进行分类，课程结束后自动生成回放方便学员再次学习。

支持对接录播系统，并按课表自动调度录播画面进行课堂直播。支持课程按列表显示，支持根据课表将全天课程以时段进行归类显示，支持课程筛选与搜索。直播结束后自动按课程生成相应章节，并生成回放，最后形成系列课。支持直播过程中的课堂互动讨论。

（2）教室流收录

与录播系统进行对接，实现教学信号流的自动收录。在平台中创建智播课程后会自动生成视频流地址，在录播主机或录播平台上填写推流地址即可实现资源收录。支持视频信号、音频信号、转码收录的教室流汇聚。支持基于课表进行无缝收录，支持教室流收录任务设置，支持收录时长及任务数据统计。支持1路视频流和1路PPT流两个通道教室流的教学资源收录汇聚。

（3）PPT识别

通过PPT识别技术，将课堂内教师播放的PPT实时同步显示在智播课程页面中，学员可通过多种终端实时查看，解决课堂中看不清的问题。对于识别出的PPT图片，学员可以在课程观看过程中进行切换。

（4）语音识别

通过语音识别技术，将课堂内教师授课的音频信息进行AI识别并转写成文字，学员在观看智播课程的过程中可以拖动查看教师的授课语音信息，便于更好地理解授课内容。对视频流做实时语音识别，识别结果在智播课程页面上形成滚动字幕。

（5）直播管理

对平台中的智播课程进行综合管理，包含课表对接管理、智播课程管理以及教室管理等。智播课程由管理员批量创建，需要填写教室、教学楼、上课时间等相关信息；之后通过课表导入的方式统一创建课程直播间。

（6）监控与统计

监控与统计主要用于管理员监控与统计平台中的直播、收录、回放情况。

（7）学习行为数据统计

平台能够收集课程热度、学习排行等使用数据，并形成统计报表，帮助管理员便捷、高效地管理教学过程。

（8）教务管理

管理员可以对平台中的课程及评分进行管理。

为了方便管理员、教务管理员统一查看和管理平台课程，后台可以查看所有课程的列表，进行课程的编辑、删除、学员管理等操作。教务管理员可以根据课程的属性，支持创建课程分类，包括课程分类名称、所属级别、父级，对课程分类进行新建、编辑、删除等，教师创建课程时可选择相应的课程分类。

（9）后台管理

为了方便管理员、教务管理员查看和管理平台资源，后台可以查看平台所有资源的列表，进行资源的编辑、删除等操作。

主要是针对管理员对用户信息的管理，包括用户信息的新建与导入、角色管理、权限的设置与管理、组织结构的管理。

可以查看用户的登录日志列表，支持按照组织结构进行筛选和导出。

2. 教学资源管理平台

教学资源管理系统利用云资源管理、语音识别、人脸识别、教育大数据统计分析等技术手段，连结课堂教学、线上教学、资源制作、资源展示等环节，实现线下教室教学资源监管与收录、线上教学资源管理与制作，对各类教育资源的收、存、管、编、用提供全流程支持，打造统一的校级资源库，同时可对接其他业务系统实现资源的集中调用。

（1）个人工作台

系统提供个人工作台页面，便于用户便捷管理个人资源相关业务。支持查看个人资源库总容量与已使用容量，支持查看个人资源库资源总数，支持发起个人资源库容量扩充申请，支持查看个人资源库各类别资源数量，支持查看最近上传的资源，支持查看最近浏览的资源，支持以资源名称、标签对资源进行检索，并提供检索历史功能、智能推荐，系统根据最近使用的资源标题和标签，推荐相同和相似资源。

（2）网页端上传

用户可通过 Web 网页端上传的方式直接上传文件进入视音频教学资源管理中心，该模块打破了传统的 FTP 回传的文件要再解压、转码模式，甚至文件不可用等一系列问题。实现资源回传的同时，支持回传资源自动收入到平台的编辑库，可直接使用。支持资源文件以 Web 网页端上传、支持上传视频、音频、图片、文件等相关内容、支持在上传的同时选择栏目节点、支持批量上传。

（3）个人资源中心

资源管理平台提供了全面、多样化的教育资源管理模块，具有丰富的资源管理功能，包括资源的复制、移动、删除、下载、排序、筛选、检索以及资源库容量统计、资源分类数量统计、最近上传、最近浏览等功能，便于教师能快速、准确地查找教育资源，编辑课程，提高课程生产发布效率。支持资源下载、移动、删除、重命名等操作。支持删除资源时判断资源是否已分享，未分享资源放入回收站，已分享资源确认是否同步撤回分享。支持视频资源复制，生成资源副本，并选择副本存储位置。支持手动发起 AI，支持手动为音频、视频、图片资源发起 AI 分析流程，分析内容包含语音识别、标签分析、ocr 识别等。

（4）资源发现库

资源管理平台提供了用于用户分享优质资源的资源发现库，用户可自发地将资源分享至发现库，经管理员审核后即可显示在发现库页面中，其他用户可对发现库中的资源进行点赞、收藏、评论，以及转存至个人资源中心等操作，管理员也可将已分享的资源进行撤除，实现优质资源的共享。

（5）资源分享与共享

教学资源管理平台为用户提供了共享资源模式，用户可将资源或文件夹共享给其他用户或用户群组，多个用户共同查看和编辑同一个资源，为资源的交互及资源应用提供了更多途径。

（6）群组管理

教学资源管理平台为用户提供群组创建及管理功能，便于用户进行资源的分享及共享。支持用户自主创建群组，支持自定义群组名称、支持群主可管理群组内人员及群组内资源。

（7）资源处理

教学资源管理平台对入库的资源进行统一视频基础处理，包含转码合成及抽帧等服务。用户可根据业务需求灵活选择转码模式，对于业务量较大、转码速率要求高的业务，可采用硬件加速达到快速生产的效果；对于业务量较小、转码速率要求不高，但是对画质要求较高的业务，可采用纯软件编码从而保证最优画质。支持视频合成服务，提供教育资源的打包合成。支持视频转码服务，提供视音频教育资源文件的格式转换。支持图片抽帧服务，提供视频转场图片关键帧抽取。

（8）课程视频编辑工具

课程视频编辑工具可完成对资源库中的视频文件进行剪切、拼接等操作，编辑完成后在后台生成一个全新的课程资源。避免了传统课程资源加工需要回迁到制作系统中或是使用第三方平台及工具的冗余操作，适用于发布前对课程视频的简单编辑。

（9）视频批量加工工具

视频批量加工工具可以对入库的资源进行统一加工。支持对网页端上传的教学视频进行片头片尾、水印的自动叠加、支持对教室流汇聚服务汇聚后的教学视频进行片头片尾、水印的自动叠加。

3. 课程视频赋能中台

课程视频赋能中台由视频处理能力平台及AI处理能力平台构成，对"视频+AI"底层原子能力进行编排及调度，将各种异构的能力归一化接入，实现服务能力的整合输出。同时依托深度学习技术，采用逐层训练方法，实现对平台各项原子能力进行自适应优化。

（1）视频处理能力平台

视频处理能力平台将合成转码、渲染、超分、流媒体处理等媒体基础能力进行接入及整合，通过标准接口输出至SaaS层，并且对能力调用进行管理、监控及结果回调，满足各种场景下对媒体处理的能力要求。

视频拼接：支持将多个视频片段拼接为一个新的连续整段。

视频关键帧：视频关键帧技术即通过镜头检测、图像特征提取、运动信息分析等方法对视频帧自带的信息特征进行分析处理，同时对于连续视频帧之间的关联信息进行判断，从而提取其中最能代表视频关键信息的关键帧数据，视频关键帧技术为视频检索提供了核心的技术基础。

字幕处理：支持调整视频中的字幕颜色、大小属性，提供丰富的字幕模板，支持外挂字幕；支持时间线上唱词展开子句，通过快捷键可对子句做对齐、内容、长度修改操作；支持智能唱词，可对视频进行语音识别后并形成文字与视频的对应关系，便于进行快速字幕编辑。

视频流处理：支持数百种音视频编解码流封装协议。

（2）AI 处理能力平台

AI 处理能力平台将文字识别、人物识别、语音识别、多语言转译、PPT 识别等 AI 基础能力进行接入及整合，通过标准接口输出至 SaaS 层，并且对能力调用进行管理、监控及结果回调，满足各种场景下对 AI 处理的能力要求。AI 处理能力平台具备以下特点：

支持数百种媒体 AI 能力接入，包括语音识别、文字识别、人物识别、PPT 识别、多语言转译、语音合成、虚拟场景合成、虚拟形象合成等智能能力；支持根据不同的业务场景，灵活调度各原子 AI 能力，可根据任务执行时间、资源占用量和优先级灵活调度，并通过机器学习统计和分析历史任务执行情况，自动优化调度策略；支持在子服务故障时重新启动失败的服务，快速替换和重新部署，保证在线服务可用数量；自动重启健康检查失败的服务，确保线上服务不中断；基于深度学习框架，采用卷积神经网络 CNN、自动编码器、稀疏编码、限制玻尔兹曼机等多种的算法，结合媒体镜头组成特性、音视频内容同步识别结果，实现独有媒体特定场景识别、无样本聚类技术等特定智能媒体应用场景。

媒体 AIPaaS 接入 AI 能力如下：

① 场景识别：通过提取和分析场景图像中的特征，获取场景的信息，从而对图像所属的场景进行识别。在人机交互、图像视频匹配和检索、智能安防系统、机器人智能视觉系统、智能交通等领域都得到了广泛的应用，可识别视频中的场景信息，如会议室、教室、操场、礼堂等。

② 人物识别：基于人脸样本、特征子脸、神经网络等多维度技术能力，对海量视

频数据中的人脸进行快速检测并识别。支持角度识别、表情识别等一系列衍生功能，全方位地深度挖掘人脸信息；支持自定义人脸库，可根据实际使用情况灵活归类如视频中出现的名人、教师等。

③文字识别：基于二值化、边缘检测、字符分割、版面分析、深度神经网络等多维度技术能力，对视频内容中出现的文字进行快速检测并识别成文本，基于CPU+GPU的处理模式，可以极大提升文字识别的处理效率。

④语音识别：基于信号处理、特征数据提取、矢量化、声学模型、动态时间规整、神经网络等多维度技术能力，对音频数据进行智能解析识别成文字；支持中英文语音识别，可适配绝大多数的教学、媒体应用、会议等场景；针对专业内容的识别可提供训练增强的能力，提升针对某些专业性较强场景的适配性。

⑤智能PPT识别：输入PPT录屏视频或视频流，通过画面像素变化检测连续且重复的帧，去重后进行图片抽帧，智能PPT识别可对老师授课的PPT流进行动态识别抓取，将课堂解构为一张张PPT图，便于解放学员的双手，专注课堂本身，提升学习效率。

⑥多语言转译：多语言转译翻译引擎致力于解决全场景语言障碍，多领域适用，可快速实现从一种语言到另一种语言的自动翻译，通用版翻译覆盖汉语普通话、英语等多种语言，支持互译。

4. 学习时光机

在学院的教室内选择合适位置架设摄像头，当在进行教学活动时，系统对摄像头的视频流进行收录，后台实时识别视频中人脸特征生成特征码，并对拍摄角度佳、清晰度高、曝光度合适的视频进行指纹筛选和处理，然后将资源入库。用户将某个学员的个人照片上传到系统发起短视频集锦的行为，系统在收到请求后通过学员照片与视频库中的学员视频片段进行头像比对，当学员视频素材时长较长时通过智能算法对镜头进行分析，筛选剪切出所拍摄视频中角度好、人物特征清晰、短暂停留等精彩片段或图片自动合成一段短视频。同时系统提供多种滤镜特效、转场效果、横屏转视频、美颜效果、背景音乐供用户选择。

（1）视频收录

视频收录支持实现传统视频信号、新媒体信号收录能力，能够根据业务的场景，进行视频收录的编排，收录信号可以同时转成多个码率文件，满足不同终端的播放需求，收录系统支持多种收录来源、多样化收录方式以及专业化收录服务管理，保障了平台收录的灵活性、稳定性、时效性。

（2）视频分析及识别

系统支持视频分析及人物识别功能，支持对收录的视频进行智能分析，与信息库中的人像进行智能比对匹配，将现有人脸识别信息单独提取。单击人物标签，播放器可自动跳转相应时间段进行播放，同时支持跨素材选择人脸识别结果或人脸识别结果部分片段（可单击展开按钮精确选择语音识别的单个片段）。

（3）视频智能合成

基于后台精准算法对视频的精彩片段提取进行二次合成。快速、灵活、高效地对视频摘要进行智能化提取，自动合成视频精彩片段。同时支持将视频提交至后台进行多重包装，对图像进行重新优化，以此提高视频的质量。

支持多机位流实时分析，基于选定目标人物识别、表情识别以及区域识别、虚拟语音合成等多种智能识别技术，综合剪辑出人物镜头，同时辅助以多种包装能力如视频间特技、背景音乐、字幕背板等，合成人物集锦视频。

（4）数据治理

片段清理：根据视频保存周期进行视频清理；文件夹清理：对无视频文件生成的空文件夹进行清理；图片清理：根据保存周期对抽帧图片、用户上传图片进行清理；中间文件清理：对镜头生成策略等中间文件进行清理；成品文件清理：按照周期对学生的成片视频进行清理，如需长期保存可标注或者迁移至其他地方；数据库清理：按照周期迁移和数据库数据清理；日志清理：按照时间周期或者最大日志大小进行清理。

（5）业务应用

接口层：可对接网络学院。

H5展现：用户可使用小程序进行自拍上传、预览和选择图片、下载和预览成品页面。

5. 智慧教室的网络安全设计

（1）网络安全等级（分级）保护方案及测评计划

系统参照三级等级保护要求进行防护建设，电子政务外网信息系统符合等级保护测评和商用密码应用安全性评估。安全防护软件及设备以省政务云网络安全策略为准。

在网络安全层面，进行网络访问安全控制，并有效防止计算机病毒和黑客攻击。通过网络边界防火墙，严格限制边界访问控制策略，网络结构划分较为合理，网络带宽、设备性能基本满足需求。此外网络内部署了入侵防御系统、防病毒等安全设备。

在信息安全层面，遵循信息安全标准，提供多方式、多层次、多渠道的安全保密措施，防止各种形式与途径的非法侵入和机密信息的泄露，保证系统中数据的安全。

重要网络与信息系统项目按要求规划商用密码应用设计方案和安全性评估计划，商用密码应用安全性评估遵循商用密码管理政策和 GM/T0054—2018《信息系统密码应用基本要求》《信息系统密码测评要求（试行）》等相关密码标准和指导性文件的要求，遵循独立、客观、公正的原则，主要从合规性、正确性和有效性三个方面进行评估。

（2）商用密码应用合规性评估

商用密码应用合规性评估是指判定信息系统使用的密码算法、密码协议、密钥管理是否符合法律法规和密码相关国家标准、行业标准的有关要求，使用的密码产品和密码服务是否经过国家密码管理部门核准或由具备资格的机构认证合格。

①商用密码应用正确性评估

商用密码应用正确性评估是指判定密码算法、密码协议、密钥管理、密码产品和服务使用是否正确，即系统中采用的标准密码算法、协议和密钥管理机制是否按照相应的密码国家和行业标准进行正确的设计和实现，自定义密码协议、密钥管理机制的设计和实现是否正确，安全性是否满足要求，密码保障系统建设或改造过程中密码产品和服务的部署和应用是否正确。

②商用密码应用有效性评估

商用密码应用有效性评估是指判定信息系统中实现的密码保障系统是否在信息系统运行中发挥了实际效用，是否满足了信息系统的安全需求，是否切实解决了信息系统面临的安全问题。

（3）安全防护软件和设备

针对电子政务外网应用的安全防护，部署边界防火墙、入侵检测、审计系统等，用于保护网络及应用系统安全。

针对客户终端的安全防护，部署防病毒管理中心、日志审计与安全管理系统，并使用上网行为管理设备对终端接入的合规性进行统一控制。

三、项目案例介绍——某培训学院智慧教室建设

（一）建设目标

一是提升教育培训质量。通过智慧教学的建设，将现实课堂教学的时间和空间进行拓展，课堂延伸至线上，教学延伸至课后，实现课前-课中-课后教学闭环的转变，同时通过多种信息化技术手段，提高学员参与性，提升学习积极性，提升教育培训质量。二是沉淀优质教学资源。通过智慧教学的建设，能实时自动将教室内产生的资源收集到平台中，无须人工干预，极大地拓宽了资源获取渠道。同时通过各类简单易用的编辑工具帮助教师、管理员完成课程资源的二次加工，不断沉淀教育培训优质教学资源。三是实现数字化改革。教学作为学院运行管理的核心组成部分，通过智慧教学的建设，能够为学院整体数字化改革奠定基础，探索改革转型道路。

本次的智慧教室建设，通过学习空间、信息技术与教育教学的深度融合，构建一个5C（建构、交流、连接、协作、创造）学习环境，全面支撑创新教学法落地，打造支撑探究式教学、混合式教学、翻转课堂等新型教学模式的教学环境。

（二）技术要求

1. 保密性

系统确保信息在传输、处理、存储、使用等过程中不被泄露给非授权的个人。

2. 易用性

系统以教学需求为核心，从互动教学、资源管理、能力调用等角度运行系统平台的功能。

设计、开发，结合良好前端页面设计的运用。系统同时具有良好的运行速度，有较高的数据承载能力，在网络稳定环境下操作界面单一的系统响应时间小于5秒，整个系统平均年故障时间控制在8小时之内，即可用性达到99%，操作平均响应时间不超过5秒。

3. 兼容性

在系统建设过程中，可采用模块化结构，提高数据、程序模块的独立性，既便于

模块的修改，又便于增加新的内容，提高信息系统兼容性能力。系统可移植、可扩展，可在 Linux、UNIX、Windows 等操作系统环境下运行，支持国产自主研发的中间件和数据库技术。

4. 可靠性

系统采用对关键设备的冗余设计和对数据的备份等手段，提高系统的可靠性，增强信息系统抗干扰的能力及受外界干扰时的恢复能力，能适应 7×24 小时不间断运行任务。数据的定期安全备份，防止误操作，权限设置合理，网络、数据安全，有完善的灾难应急功能和恢复能力，系统能提供 7×24 小时的连续运行，平均年故障时间小于 24 小时，平均故障修复时间小于 1 小时。

（三）建设内容

一是软件部分。包含智慧教室通用平台功能升级、智慧教室录播系统和课程研讨互动平台。实现所有智慧教室的课程直播、录播、课程接入学院规划平台、线上研讨互动等软件开发建设。

二是硬件部分。完成教学场所的多媒体和信息化设备升级改造。基于学校线上教学开展状况，以学生为中心，打造线上线下混合教学空间，实现面向教育教学资源云共享，围绕教学闭环，构建线上与线下相结合、课内与课外相融合的一体化教学管理平台。

（四）项目软件部分解决方案

通过智慧教学平台建设，达到以下建设目标：

1. 建成基于云计算架构的在线教育平台

随着信息技术迅速发展，特别是从互联网到移动互联网，云计算、大数据等，创造了跨时空的生活、工作和学习方式，使知识获取的方式发生了根本变化。"互联网+教育"带来了新的教育信息化发展需求，智慧教育成为教育信息化发展的新趋势。通过建设智慧教学平台，打破传统教学模式下课程、考试、作业受时间和空间的局限，解决教学质量和教学过程无法清晰明确地展现的问题，实现教与学不受时间、空间和地点条件的限制，知识获取渠道更加灵活与多样化。

智慧教学平台能够基于云计算架构，从而凸显出多种优势：①可以突破时间和空间的限制,提升了学习效率;②可以跨越因地域等方面造成的教育资源不平等分配,使教育资源共享化,降低了学习的门槛。通过网络,学员与教师即使相隔万里也可以开展教学活动;借助云资源课件,学员还可以随时随地进行学习,真正打破了时间和空间的限制,也是实现"慕课""翻转课程"以及"双师课堂"等先进在线教育手段的有效工具。

2. 实现开放式的理论实践一体化教学

为了满足实践教学的需求,近年来,高等教育的实践方式正发生着翻天覆地的变化,从传统的物理实验室、信息技术机房,逐步向以云平台架构为基础的云端在线实验室发展,逐步实现由云机房代替实体机房,由虚拟设备代替物理设备,由模拟场景代替真实场景。利用在线教育平台开展在线实验实践教学活动可以促进实验方式的改革,使得在线实验、远程实验、虚拟仿真实验成为可能。

智慧教学平台集成开放式的教学实践一体化功能,平台能够帮助施教者在理论教学环节中穿插各类实践活动,同时可以监控学生的实践行为、获取学生的实践成果,还可以设置考试环节来检测学生的学习、实践效果,实现了将传统模式下分开进行的"学""练""考"等环节进行融合,从而达到理论与实践相结合的教学目的,提升学生的动手实践能力。

3. 实现信息技术与教育教学的融合创新

深入探索信息技术与教育教学核心业务深度融合,将现实课堂教学的时间和空间进行拓展,课堂延伸至线上,教学延伸至课后,教学场景实现从课堂向课前-课中-课后教学闭环的转变,通过线上线下混合式教学模式,实现学校的教学模式、服务方式变革与创新。

4. 形成自由开放的现代化教学体系

构建以学习者为中心的在线教学平台,建立以"学生"为主体的教学模式,颠覆传统"灌输""被动"的教学理念,培养学生自主、探究、协作多方面的综合能力,强调学生长期持续性学习,注重教育的自主性、个体性和适配性,形成现代化的教学体系。

5. 打造现代化智慧化管理决策模式

基于对教学平台教学和学习数据进行跟踪,对教学活动中师生的行为数据进行深度分析,为学校的管理决策提供有效的数据支撑,有效规避校园管理的盲区、雷区,提供精准、全面、智能的科学决策依据，辅助管理者把控未来建设发展方向，打造现代化的智慧管理模式，实现学校整体的智慧化运行。

（五）技术架构

方案技术架构采用云原生技术进行微服务化架构设计，采用 Kubernetes 及容器化技术进行云端部署，确保系统具备高稳定性、高可靠性、高性能的特性，技术架构分为基础 IaaS 层，通用中间件 PaaS 层，高性能接口层，对外访问接入层，后台应用层，网络接入层及运维监层。技术架构如下图：

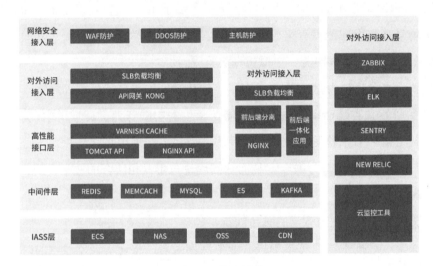

图 4-8　技术架构

（六）技术先进性

业务与技术双引擎设计理念，在技术先进性上做出赋能提升。平台总体架构基于云计算平台架构，结合应用容器化技术，辅以自动化性能管理、自动化运维手段实现完备的云计算平台支撑。业务应用上，采用大数据、人工智能、超高清等多种先进技术提升业务应用的能力与效率。构建基于微服务构架实现的离散式、耦合少、易排查、易开发、易升级，扩展方便、弹性部署的智慧互动在线教学微服务平台。

1. 平台稳定性

平台提供 7×24h 连续运行能力。平台高可用性需要满足两个部分，第一是提高每个服务节点的可靠性，第二是一旦一个节点停止服务，其他节点能够接替该节点继续处理请求。

2. 安全性

平台从数据安全、访问安全、系统安全三个方面保障业务独立运行，安全隔离。主要以网络安全、主机安全、应用安全及 DDOS 防护为基础，网络安全依靠云服务架构的基础安全能力。

主机安全通过两方面完成，一方面仅部分主机开发互联网对外接口并引入白名单机制；另一方面使用云服务主机安全防护，对主机漏洞、异常访问等进行全方位的监控。DDOS 防护用于防护互联网异常流量攻击，保证系统的可用性。

3. 适用性

平台软件系统适配市面上大多数电脑系统，对电脑硬件没有硬性要求，只要电脑能上网，即可在任意地点使用平台软件功能。系统总体布局合理，施工工艺科学规范便于维护。采用多种手段实现设备管理、故障管理、流程监控等，能够对系统进行全面和完善的管理。系统管理界面简洁明了、易学易用，实现统一的用户登录与使用界面。

4. 可扩展性

充分考虑平台计算能力和带宽匹配性，应用服务器具备垂直扩展能力，以及计算和处理能力。

此外，全部的请求负载在服务器间分配，保证充分利用资源。开放 API：认证服务、课表服务、课程服务、应用服务等均提供开放的 API 以及测试 SDK，以便各种应用与服务能够接入进来。形成多云智能功能，构建云点播、云直播、云文档、云搜索、多云端服务形态，适用于其余平台的二次开发。

5. 业务流程设计

智慧教学平台面向学校业务场景，提供三种课程模式，包括点播课程、直播课程、互动直播。

A. 点播课程：是教师创建系列点播课程，根据课程大纲安排章节课程，包括添加视频课程，随堂测试和实验项目。视频课程需在资源中心添加，随堂测试是和考试系统连接的，实验项目可以提交作业。流程示意图如下：

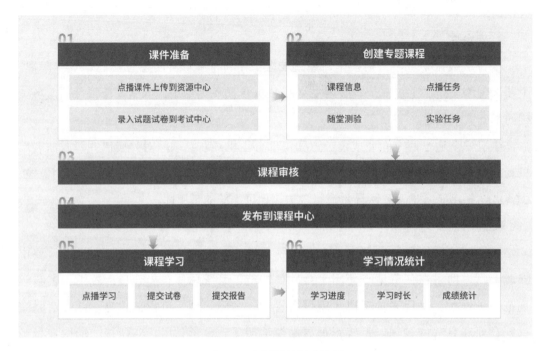

图 4-9 点播课程创建流程

B. 直播课程：主要应用于教室直播，通过对接教室已有的录播系统和学校课程表，根据课表时间自动开始/关闭直播，教师在教室上课的同时，即可自动完成在线直播教学。

第五章 沉浸式教学和未来干部教育方式方法的创新

第一节 沉浸式教学的概念与优势

一、关注沉浸式教学的原因

在 21 世纪的当下,我们深受网络文化影响,缺乏对红色文化的亲身体验和情感涉入。只有深入挖掘和探索红色文化教育的新形式和新路径,才能找到红色文化与干部教育的结合点,完成"红色经典"文本话语向教学话语的转化。近年来,在党和国家愈加重视红色文化教育的背景下,有别于抖音等短视频碎片化学习,我们对沉浸式教学理论进行了有益的探索与创新。

二、沉浸理论及其在教学中的引入和运用

沉浸理论起源于芝加哥大学心理学教授米哈里·契克森米哈赖(Mihaly Csikszentmihalyi)对沉浸体验的研究。20 世纪 60 年代,他对数百名艺术家、棋手、运动员和普通人进行深度访谈后发现,人们在从事自己喜爱的工作时会获得一种情绪体验,这种

体验能使他们全身心地投入工作，产生满意、享受、平静及内部和谐的主观感受，并获得继续向前的动力和创造力。契克森米哈赖将这种情绪体验称为沉浸体验（flow experience），将其定义为"个体完全专注于自己的活动当中并无视其他事物存在状态的体验，并且这种体验往往伴随着个体的愉悦感，是'最优体验'（optimal experience）"[1]。

契克森米哈赖在研究沉浸体验的过程中提出了沉浸理论（flow theory）。早期沉浸理论认为，当外部活动难度高于个体所感知的自我技能水平时，个体会产生焦虑情绪；当外部活动的难度低于个体技能水平时，则会出现厌倦心理；只有当两者相互协调时，才会出现沉浸体验。随着研究的进一步深入，契克森米哈赖认为，只有高难度挑战与卓越的能力相互配合，个人的全身心投入才可能塑造出异于平常的体验与感受[2]。由此可见，沉浸理论是以塑造个体的沉浸体验为目的而开展的，其核心是关注人们如何才能快速有效地进入沉浸状态并获得情绪体验，从而提升学习与工作的创造力与效率。

沉浸理论存在的独特优势使其逐渐被引入教育教学之中，确立了沉浸式教学的基本形式[3]。沉浸式教学模式最早被运用于语言教学中，1965年加拿大魁北克省的St.Lmabert地区开展法语沉浸式教学，将干部要学习的第二语言——法语作为大部分课程的教学语言，让干部深度沉浸到法语的氛围中，在学习过程中掌握法语。研究发现，沉浸式教学使得干部对法语的学习掌握达到了惊人的水平[4]。随后沉浸式教学在加拿大流行，并被借鉴到许多国家和地区，极大地推动了课堂实践教育教学。

沉浸式教学的实施主要包括三个阶段（图5–1）：第一阶段，设置教学目标与创设教学环境。教师结合教学内容确立以促进干部身心整体发展为导向的教学目标，并整合教学资源，创设沉浸式学习情境，这一部分是沉浸式教学开展的理论基础与必要条件。第二阶段是沉浸式教学的具体实施，其本质是以主客体、环境三者交互为机制的教学活动。沉浸式教学的主体为教师和干部，客体则是相对师生而言的教学资源、媒介等。第三阶段是沉浸式教学的评价阶段，教师对干部的评价、干部自我评价和学习分析共同组成了沉浸式教学的评价体系。在这一阶段，教师还需对干部进行分层作业

---

[1] 习近平. 中华优秀传统文化是中华民族的精神命脉[EB/OL]. 人民网, 2014-10-16. http://cpc.people.com.cn/n/2014/1016/c164113-25845591.html.

[2] Csikszentmihalyi, Mihaly and Csikszentmihalyi, Isabella Selega, eds. Optimal Experience: Psychological studies off low in consciousness[M]. Cambridge: Cambridge University Press,1988.

[3] 沈兆正. 沉浸式教学与民俗文化的学校教育传承之路[J]. 教学与管理, 2020 (36).

[4] 王助. 加拿大"沉浸式"法语教学[J]. 国外外语教学, 1995 (1).

设计,以强化不同专业的干部对学习内容的理解与掌握①。

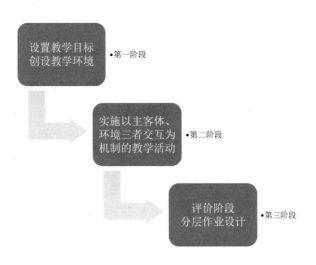

图 5-1 沉浸式教学的三个阶段

沉浸式教学引入我国后不仅在语言教学领域使用,而且逐步推广应用于其他领域的教学中,并作出新的定义——"教育教学工作者在施教过程中巧妙地运用多种教学手段,激发干部的学习兴趣,使干部进入一种'沉浸'体验的学习状态,从而提高教学水平与成效"②。沉浸式教学包括多种沉浸方式,从文字、图片、音视频到实地体验和虚拟现实技术构建的逼真教学环节,在教学过程中进一步增强了课堂的沉浸感、交互性,全面调动干部对知识能力的探索与自我创造行为。

近年来,党和国家愈加重视红色文化教育,但由于育人机制单一枯燥、教学方法灵活性不足等问题,在干部教育的道路上仍存在着一些亟须解决的现实问题。

一是教学模式单一枯燥,育人机制有待创新。目前干部教育普遍存在重形式内容、轻互动交流、缺创新创造的问题③。长期以来,干部教育以课堂教学、教师单向灌输式授课为主,教学过程缺乏互动交流,故而无法发挥干部们的主观能动性与积极性,最终导致干部的学习热情不足、学习效果不佳。

二是实践教学形式固定,体验感融入不佳。当前干部教育实践教学大多以参观红

---

① 艾兴,李苇. 基于具身认知的沉浸式教学:理论架构、本质特征与应用探索 [J]. 远程教育杂志,2021 (5).
② 余璐,周超飞. 论我国高等教育中的沉浸教学模式与实践 [J]. 河南社会科学,2012 (6).
③ 黄慧. 论红色文化融入高校实践育人体系的路径 [J]. 学校党建与思想教育,2019 (18).

色教育基地、革命纪念馆、历史博物馆为主，教育过程重视理论知识教学而忽视情感倾注环节，在实践过程中照本宣科地向干部展示红色文化、历史知识，未能将红色文化蕴含的丰富情感内核传达给干部。这样的实践教学形式难免会使红色教育流于形式，干部在接受红色教育时理解不深入。

三是课程考核方式单一，教学成果转化率低。干部教育课程考核方式大多为指定主题让干部撰写思想感悟，或者以试卷考试的形式考查干部对于红色知识点的记诵。此类考核形式没有考虑到干部的专业特色和心理特点，导致干部对红色文化教育的认同感降低，或将红色课程视为学习任务甚至是负担，导致红色课程教育质量下降。也会有单位不拘形式，灵活安排干部制作红色宣传音视频、海报、绘画等作品作为检验成果，锻炼干部的思维创造力和动手能力，为干部教育增添活力与趣味。但后续对干部产出的作品重视程度不够，没有组织比赛、参与项目，导致教学成果转换率较低，干部的能力和成果创造得不到进一步的提升，这也是一种资源的浪费。

三、沉浸式教学的定义和优势

沉浸式教学是一种利用高科技技术，如元宇宙（Metaverse）、人工智能（AI）、虚拟现实（VR）、增强现实（AR）等，为干部创造身临其境的学习体验，提供更加互动、生动、具有实践性的教学方法。通过模拟真实场景、情境和体验，沉浸式教学能够激发干部的学习兴趣、提高学习效果，具有许多优势。

（一）增强学习体验

沉浸式教学通过虚拟现实技术，将干部置身于虚拟的三维环境中，使得学习变得更加真实、身临其境。干部可以亲自参与、操作和体验，与学习内容进行互动，提高学习的参与度和体验感。例如，在学习历史时，干部可以通过 VR 技术参观历史建筑，亲身感受历史事件；在学习理论时，干部可以通过 AR 技术观察政治影响和化学反应，加深对抽象概念的理解。

（二）提供个性化学习

沉浸式教学结合人工智能技术，可以根据干部的个性化需求和学习进度，提供定制化的学习内容和反馈。AI 可以根据干部的学习表现和反馈，智能调整学习内容和难度，提供个性化的学习路径。同时，AI还可以根据干部的学习数据和模式，提供针对性的辅导和建议，帮助干部更好地理解和掌握知识。

（三）培养创新思维和解决问题的能力

沉浸式教学注重干部的主动参与和实践操作，培养干部的创新思维和解决问题的能力。干部在虚拟环境中可以进行自由探索、实验和模拟，通过观察、推理和实践，解决问题和面对挑战。这种亲身实践和探索的过程，能够培养干部的观察力、分析力、创造力和团队合作能力，提高干部的综合素质。

（四）拓展领域边界和跨领域融合

沉浸式教学可以打破传统领域的界限，将不同领域进行融合和交叉。干部在虚拟环境中可以同时学习多个领域的知识和技能，加深对领域之间关联性的理解。例如，在学习党史时，可以结合历史、文化、生态、经济等多个领域的内容，提供全方位的学习体验。这种跨领域的学习方式，能够培养干部的综合思维和跨领域的解决问题的能力，更好地适应未来社会的需求。

总之，沉浸式教学利用高科技技术为干部提供更加身临其境的学习体验，增强学习的参与度和体验感。通过个性化学习、培养创新思维和解决问题能力，以及拓展领域边界和跨领域融合，沉浸式教学能够提高干部的学习效果和综合素质，为未来教育的发展带来新的可能性。

第二节　沉浸式教学的应用

一、沉浸式教学模式的构建

在泛众传播的格局下，沉浸式传播被新兴技术赋能，打破了传统时空的限制，使人能够拥有"心流体验"。沉浸式传播为传统意义上的沉浸教学提供了新的思路，即以干部为核心，构建一个超脱时空的学习环境，让干部自己在心流体验中自主选择和构建自身的能力。当前我国关于沉浸实践教学的研究为数不多,其中有的探究了沉浸教学模式下课堂教育效果构建应具备的要素①,部分探讨了体验式教学对传播红色经典的意义②③。

课程沉浸式教学模式主要从教学环境、教学结构、教学方法、师生关系与过程评价五个方面进行构建。

(一)教学环境:具身化、可交互的学习场景

沉浸式教学的目标为引导学习者快速有效地进入沉浸状态,因而其教学环境是具备具身化、可交互等特点的体验式学习场景。沉浸式教学环境的构成,是以实况、实地、实物为主的物理环境要素为基础,搭配以认知工具、技术资源等为主的资源环境要素,和以学习氛围、情感渲染等为主的情感环境要素。在教学过程中,不同要素之间互相作用、互相影响,共同构建沉浸式学习场景④。

图 5-2 沉浸式教学环境包含要素

---

① 余璐,周超飞. 论我国高等教育中的沉浸教学模式与实践 [J]. 河南社会科学,2012 (6).
② 欧巧云,甄凌. 红色经典体验:高校思想政治教育实践教学范式创新研究 [J]. 湖南社会科学,2019 (2).
③ 温新荣. 红色体验式教学在红色经典微型课程中的应用探究——以传承红色文化为例 [J]. 大学教育,2019 (2).
④ 李志河,李鹏媛,周娜娜,刘芷秀. 具身认知学习环境设计:特征、要素、应用及发展趋势 [J]. 远程教育杂志,2018 (5).

（二）教学结构：开放性、动态性的时空结构

教学结构包括教师、学习者、教学媒介、教学时间和教学地点等要素①。沉浸式教学结构具有动态性与开放性的特点。一方面，沉浸式教学可根据教学内容和学习者学习需要，灵活安排教学时间和教学空间，不必拘泥于固定的时间段和教室。另一方面，沉浸式教学广泛应用了网络直播、线上教学等技术手段，将教学时空结构的外延不断扩大，教学呈现出开放性的特征。课程采取网络直播的方式，连接实景课堂之外身处教室的干部，以此打破教学空间限制。"云上"同步沉浸教学全程，网络技术在沉浸式教学中的应用，使得沉浸式教学时空结构的边界呈现出虚实融合、虚实叠加的特征，课程边界进一步扩大，课程成果受益面得到拓展。

（三）教学方法：个性化、多样化的展开方式

沉浸式教学的开展需要灵活运用多种教学方法，为学习者创设富有沉浸感的学习环境，以增强学习者在学习过程中的身心交互、具体体验②。沉浸式教学能为学习者提供丰富多样的学习环境和设备资源，干部可利用环境资源开展个性化学习，充分发挥学习者的自主性与能动性。此外，沉浸式教学围绕教学内容展开，不同教学章节有不同的展开方式、学习方式与评价方式，可以为学习者提供多样化的学习资源和学习计划③。

（四）师生关系：平等的、互动的主体关系

沉浸式教学摆脱了传统教学关系中师生主客二元的束缚，师生在教学过程中是相互理解、平等交流、主动分享的关系④。教师是学习环境的设计者，是沉浸式学习的引导者；学习者是学习环境的体验者，是学习的投入者。这样设计的目的是消解教师权威，提高学习者的主体性，进而提高学习者的主动性与创造性。

（五）过程评价：同步、专业、动态的评价机制

为保障沉浸式教学的教学质量，需要在教学过程中对学习者进行同步跟踪。只有

---

① 叶进，陆贝贝. 大干部初心使命教育的实现路径——基于体验式学习视角 [J]. 决策与信息，2020 (5).
② Freitas SD, Neumann T. The use of exploratory learning for supporting immersive learning invirtualenvironments[J]. Computers & Education, 2009, 52 (2).
③ 陶佳，范晨晨. 沉浸式学习理论视域下的游戏化课程目标设计：机理、框架与应用 [J]. 远程教育杂志，2021 (5).
④ 郝文武. 师生主体间性建构的哲学基础和实践策略 [J]. 北京师范大学学报（社会科学版），2005 (4).

动态了解学习者的学习状态与具体问题，方能制定和完善考核内容和方式，提供精准有效的教学支持。沉浸式教学过程评价主要包括两方面，一是教师从干部的眼神和表情中获得实时反馈信息，当发现异常时及时调整教学节奏[①]；二是教师根据学习者的专业特点布置相应考核作业，检验沉浸式教学的效果与学习者的投入度、参与度[②]。综合干部表现、课后作业，以及感受与体验等因素，持续改进教学设计、调整考核方式。

二、元宇宙馆的上线

随着科技的不断发展，虚拟化技术已经逐渐渗透到各个领域，虚拟教学馆是运用虚拟技术，为用户搭建虚拟场景，提供无限的、全方位的、沉浸式知识内容展示和学习互动，从而满足体验者的体验需求，将知识和文化以更加生动、直观的方式呈现给广大学员。

虚拟教学馆场景可以是建筑物，也可以是自然场景，学习内容可以是一个知识点，也可以是一个主题，通过视频、图文、实物建模展示课程内容，表现形式更新颖，因为内容可以无限增加所以更充实，学员可以在学习过程中进行互动，让知识掌握更牢固。

同时可以将各地优秀案例、特色教育、知名景点、地标通过虚拟化还原制作，让不能到现场的人能有一种沉浸感，足不出户就能学习各种知识。

技术上采用前端代码+后端中控结合，通过浏览器无门槛进入，学习过程以答题互动为节点来计算进度。

（一）建设目标

通过建设线上教学馆，提供丰富的教学内容，利用先进的技术手段，改变传统学习方式，以全景式、体验式、沉浸式教学模式方法，切实增强教学的吸引力和感染力。

1. 核心理念

（1）百变内容：线上教学馆的内容可以根据主题从资源库内挑选适配。千人千课，为学员打造个性化学习内容，达到更好的学习效果。可对现有视频课程进行改造，让平面课程立体化，让内容活起来。

---

① 余璐，周超飞. 论我国高等教育中的沉浸教学模式与实践 [J]. 河南社会科学，2012 (6).
② 黄少静. 沉浸理论视角下大学英语网络学习平台的构建研究 [J]. 教育评论，2017 (5).

(2) 沉浸式学习：摆脱传统的说教式学习方式，通过数字人讲解、视觉设计、声音设计、交互设计、答题设计，利用虚拟现实、立体模型等技术手段，让学员跟着引导一步步沉浸式学习复杂知识，学习成果更牢固。

(3) 灵活方便：产品部署在互联网，可以随时随地学习，解决工学矛盾。将现实场馆投影到互联网，突破场地、师资、时间限制，可以无限扩展内容。

(4) 精品式定制：针对精品内容进行定制化、持续化开发，一课一馆，内容常新，多种场景灵活搭配，减少反复投入和资源浪费。

2. 技术路线

(1) 游戏引擎驱动：使用游戏引擎开发沉浸式互动线上教学馆，让学习更有趣。

(2) 精致建模展现：采用建模工具对课程内容进行 3D 建模，生动形象地还原课程内容，让学员过目不忘。

(3) 科技互动加持：集成 Web3.0、WebGL、VR、AR、全息等技术手段，让学习内容立体动态，带来沉浸式体验。

(4) 前沿技术赋能：结合数字人播报，让内容从文字变为声音，学习更轻松。结合聊天机器人，一问一答，发散思维，掌握更多知识。采用即时通信技术，让馆内学员可以互动，也可以和后台老师即时互动。

(5) 教学内容常新：通过埋点和后端管理系统打通，可以随时增加内容、更新内容、删除内容，让教学馆内容常新。

(6) 线上线下联通：可以和线下教学基地、展馆、教室联通，线上线下时空重叠，最大化传播教学内容。

(7) 多终端兼容：产品可以在 Windows 电脑、苹果电脑、国产电脑上运行，也可以在手机端、平板端运行。

3. 建设方案

(1) 普通 2D 虚拟教学馆

采用主流前端技术开发，使用建筑物建模技术规划设计空间，让每个空间看起来真实立体，在空间表面放置展板和热点，展示后台配置的图片、文字、视频等资料，学员可以跟随设定好的线路行走和学习。

功能上支持场景选择、页面全屏、播放音乐、VR 模式、多种视角切换、分享、点赞。

（2）普通 3D 虚拟教学馆

除了具备普通 2D 虚拟教学馆的功能之外，3D 虚拟教学馆学员可以自由行走，内部物品使用 3D 建模工具建模，更加立体生动。

（3）普通元宇宙虚拟教学馆

元宇宙馆在普通虚拟馆基础上增加了虚拟人制作、多人同时在线学习、虚拟人骨骼动作开发、虚拟导游、多人协同社交、语音对话、视频聊天、飘屏弹幕、大数据管理看板等元宇宙功能，让学习更有趣。

（4）沉浸式元宇宙虚拟教学馆

采用游戏引擎开发，采用云端渲染技术实现沉浸式观感的多维"无界"场景切换，实时图形渲染的虚拟视效，支持动态光效、雾效／倒影，虚拟物理材质，画面更细腻，物品建模更美观，人物动作更丰富。

4. 主要开发内容

表 5-1

教学馆设计	教学馆整体设计	3D 教学馆建筑空间整体视觉规划设计
	平面设计	场馆内部墙面地面平面设计
三维制作	场景灯光设计制作	教学馆整体效果灯光设计
	场馆 3D 设计	教学馆内部物品 3D 设计
	3D 互动游戏制作	教学馆内互动类型游戏制作
功能开发	自动漫游导航	自动按照设定的路线浏览
	学习路线导航	地面学习录像导航箭头
	图片视频热点	图片视频可根据用户自由更换
	语音解说	进入展厅触发语音解说
	AI 自动 3D 模型	简单模型使用 AI 工具自动生成
	2D 平面示意图	展示场景的平面图
	背景音乐	可配置符合主题的背景音乐
	VR 模式	可切换 VR 模式，戴上 VR 眼镜后立体感更强
	H5 展示页面及链接	手机端页面功能
元宇宙功能	元宇宙功能	虚拟人制作，虚拟人骨骼动作开发，虚拟导游，多人协同社交，语音对话，视频聊天，飘屏弹幕，大数据管理看板

（续表）

后台功能	全景、模型素材管理	内容管理
	热点标签编辑	热点编辑
	图片、视频摆放	将图片和视频放到热点上
	漫游浏览方式及点位设置	漫游设置
	互动试题管理	试题管理
	数据统计	访问数据统计，地域数据等
	基础设置	联系人信息、封面图、场景介绍、地图信息、背景音乐、画质及前端展示
部署	本地化部署	部署到指定服务器

5. 功能比对

表5-2

功能模块	功能名称	普通2D馆	普通3D馆	普通元宇宙馆	沉浸式元宇宙馆
设计	整体结构设计	有	有	有	有
	平面设计	有	有	有	有
3D制作	场景灯光设计制作	无	有	有	有
	场馆3D设计	无	有	有	有
	3D互动游戏制作	无	无	无	有
功能开发	自动漫游导航	无	有	有	有
	学习路线导航	有	有	有	有
	图片视频热点	有	有	有	有
	语音解说	有	有	有	有
	AI自动3D模型	无	有	有	有
	2D平面示意图	有	有	有	有
	背景音乐	有	有	有	有
	VR模式	无	有	有	有
	H5展示页面及链接	有	有	有	有

（续表）

元宇宙功能	元宇宙功能	无	无	有	有
后台功能（SaaS模式）	全景、模型素材管理	有	有	有	有
	热点标签编辑	无	有	有	有
	图片、视频摆放	无	有	有	有
	漫游浏览方式及点位设置	无	有	有	有
	互动试题管理	有	有	有	有
	数据统计	无	有	有	有
	基础设置	有	有	有	有
部署	支持本地化部署	有	有	有	无

6. 案例

建设"习近平总书记经济思想数字教室"方案概要

（1）问题提出

现代教育体系存在两大问题，一是过于追求标准化。标准化、大规模培训，"千校一面"成了现代教育最突出的弊端，无法满足个性化、多元化、高质量的学习需求，"规模化"与"个性化"的矛盾越来越突出。随着新一轮科技革命的快速发展，人工智能、大数据、元宇宙等技术加速推进各行各业的数字化转型，新时代发展必然要求干部教育进行一场结构性变革。

二是普遍的碎片化学习。通过微课等网络视频平台碎片化学习带来的问题也是显而易见的，长期接受碎片化学习，必然导致学员难以深入思考，无法培养系统思考和全局解决问题的能力，一旦遇到问题，就会陷入难以自拔的焦虑之中。习近平总书记强调"要培养干部系统性、全局性思维"，所以干部教育的数字化变革是刻不容缓的。

（2）建设内容

数字教室基于云端渲染、虚拟现实等技术打造3D全景可互动的线上教室，鲜活、立体、活生生地再现教学内容，达到深刻、感人、入心入脑的教育效果，实现教室跟着学员走、跟着班级走，随时随地可交互、可体验。

数字教室按延安时期经济工作（含素材文件等）、社会主义建设时期经济发展工作、改革开放与社会主义现代化建设时期经济发展、习近平新时代中国特色社会主义经济思想和中国式现代化建设四个模块内容来整理展陈内容和教学方案、相关教材、课程、师资库等建设内容。

（3）元宇宙的技术方案

三维全景数字教室是基于三维全景、大数据技术和多媒体技术相融合的高科技数字媒体新的展现，将给人们带来全新的真实现场感和交互式感受。浏览者可以对图像进行放大、缩小、移动观看等操作，还可以实现数字教室场景中的热点链接、多场景之间的数字化漫游、语音解说、视频播放、背景音乐、文字说明、高清图片细节展示、物品720°环视、一键分享等。它采用最新的HTML5技术，可以轻松实现跨平台运行，可以与网络学院、校园数字化系统进行对接，实现一站式学习、一张图督学促学等功能目标。

数字教室主要由前台可视部分和中控系统两部分组成，架构图如下：

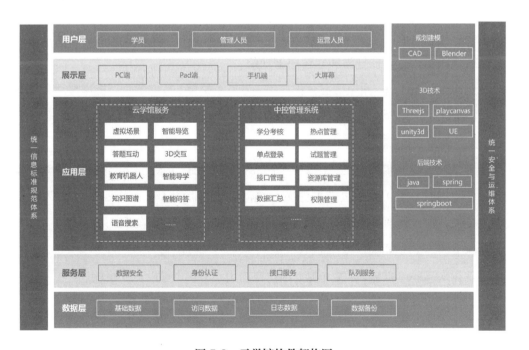

图 5-3　云学馆软件架构图

①前台可视三维展现部分主要技术开发内容

A. 展陈内容分析

按照展陈内容，按照目录章节对内容的展现形式进行梳理规划，对所需的素材进行收集整理，对重要的知识点进行登记，确定交互形式，形成表格便于下一步建模使用。

B. 总体设计

依据整理好的展陈大纲，利用 CAD 技术对整个数字教室进行总体规划设计，包括空间划分、游览线路设计、布展设计，让学习更有针对性、有效性。

C. 三维场景制作全景图

根据总体规划，利用 3DS MAX、MAYA、Blender、PS 等工具对数字教室进行场馆墙面天花板地面门窗建模、展示内容制作、贴材质、布局灯光、渲染出全景图。通过预设场景教学顺序，方便直观，可用语音简捷操作，为学员提供全程智能化教学体验。

使用 Threejs、PlayCanvas 等 webGL 框架制作数字教室 3D 界面，将全景图导入框架，将图片制作为可在浏览器浏览的场景，并实现路径导览、360 度环视等交互功能。

D. 添加课程或者教材、教案热点

调取接口利用 HTML5、javascript、JSON、VUE 等技术根据坐标位置给关键知识点添加热点，调取接口展示视频、图文、试题等内容，学员通过点击热点学习知识。

E. 教学机器人、智能导学和知识图谱功能

按照岗位知识图谱，利用数据分析技术，为每个岗位、每位学员智能匹配学习路径，实现精准推荐，优化学习路径。学员也可以利用教育机器人随时调取需要的学习资源。

F. 数字人解说

基于 VR 核心技术研发的 AI 数字人产品，通过动作驱动、唇形驱动、语音驱动，化身教学虚拟代言人，为学员带来更加自由、详尽的讲解介绍。并指导学员智能化完成学习要求。也方便学员优化学习路径，实现个性化、智能化学习。

G. 操作简单，适用面广泛

可以在 windows 电脑、苹果电脑、国产电脑上运行，也可以在手机端、平板端运行，学习无门槛。

②中控系统主要功能

中控系统采用 java 语言开发，系统通过等保测评，可部署在自主可控环境。

A. 进度学分考核功能

数字教室可以通过知识点学习数量、馆内停留时间、答题互动等方式来进行考核，

通过监控学员的学习过程，将数据采集到中控系统，并通过接口汇总报送到网络学院、在线学习系统。

B. 单点登录功能

可通过接口和网络学院等主入口打通，实现单点登录，数字教室只记录登录票据信息，不存放敏感信息，避免数据泄露。

C. 学习资源管理系统

中控系统管理展陈内容，录入图片、视频、文字、试题等素材，通过接口输出给数字教室，实现内容的更新和定制。

D. 热点管理功能

管理数字教室中的热点位置及资源关联，设计多种模式，可根据不同班级和学员输出不同内容。

③部署

数字教室可与网络学院等主平台通过链接打通，实现无缝接入。数字教室的代码和资源对服务器要求不高，可以利用已有的设备即可。

④核心价值

建成后的虚拟数字教室具备体验好、内容体系化、智能化、场地要求低、内容可维护、成本低、覆盖面广等特点。

A. 成本低。避免和解决了线下主题展馆投资大、占地场馆要求高等问题，立足干部网络培训面广量大、年轻一代干部对线上培训方式的偏重，发挥数字教室方便灵活、成本低廉等优势。

B. 体验好。使用3DWebGL、智能机器人等新技术构建，是一门新型的课程，内容立体、形式多样，让学员过目不忘，学习体验更好。

C. 内容体系化，培养学员全局思维。一馆一课，提供全景式系统性学习方案，依据智能化引导优化学习路径，内容系统全面，避免学习碎片化。

D. 智能化。根据教学需要和授课对象不同，依托教育机器人从资源库智能调取课程、案例、师资或图书内容，精准匹配学习内容，让学习更有针对性。

E. 覆盖面广。跟随互联网技术发展浪潮，把学习内容搬上云端，可远程可带走。

F. 内容可维护。配备管理后台，可更换维护学习内容，让内容常新。

因此，"数字教室"的定位，是新时代干部教育方式方法创新的一次重要探索，是在充分挖掘现代互联网技术的基础上,把元宇宙、现代视听技术、人工智能技术与新时代干部教育的新趋势、新要求融合的新路径,同时也解决了单纯网络课程学习的单一和枯燥,第一次把"习近平经济思想的学习培训"建成"实训中心、体验中心、交流中心、管理中心"。

三、中控系统

随着信息自动化发展和人类社会活动的加快,在各种场馆中使用传递会议信息的媒体手段也在随着增长,如投影机、语音会议系统、影碟机、录像机、视频展示台、多媒体电脑、电动屏幕、大型会议室同声传译系统、电子表决系统、大屏幕投影、多画面切换系统、远程视频会议系统,等等。多种设备给展示的交互性带来极大便利,但是其使用必定繁杂,为了有效地管理设备,提高内容获取质量,于是产生了多媒体中控系统,其对多媒体设备起到了集中、统一管理,提高了内容展示的效率。

图 5-4　教学馆中控系统

中控系统是教学馆的核心大脑,所有的控制和内容都从中控系统管理、配置、发出指令。

1. 中控控制能力

（1）中控基本能力，主要包括对展示内容、屏幕、音响以及相关软硬件设备等进行全面的集中的调度、控制、管理和监控；其中屏幕展示支持多屏拼接、单屏分割或混合拼接等功能。

（2）展厅多个场景预设，实现场景一键切换功能。其中场景预设元素包括但不限于展示风格、展示内容、灯光、音响、屏幕显示效果等；一键切换功能既可由控制平台侧（服务器/PC 端）进行操控，也可由移动终端进行远程操控。

（3）移动端支持浏览器调用及全屏展示功能，提供虚拟键盘鼠标。

2. 中控内容管理

（1）能够支持图片、PPT、网页、视频（支持 4K）、系统原型、远程页面、可执行应用程序等文件格式和内容的放映。

（2）能够支持对展示内容进行分类，按照不同的行业、应用类型建立展示内容目录，支持通过管理界面对内容进行上传、下载、修改（名称）、删除等功能。

（3）能够支持针对不同的人群、人员、班级配置不同的模式，调取不同的内容，实现一人一馆。

（4）可以配合教学资源库，从外部源源不断调取资源，满足学员深入学习需求。

（5）开发内容模板，可以动态调用内容填充展示，灵活展示教学内容。

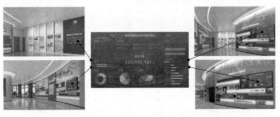

图 5-5　教学馆云中控

3. 中控平台建设要求

表 5-3

序号	类别	平台功能要求
1	综合信息管理云平台	要求支持对内容云化管理，能够支持在云端实现内容的存储，中控系统能够支持通过云端调取所需呈现的内容（图片、PPT、视频、网页等），内容展现端可根据后台配置自动更新内容，Pad 端可根据后台自动更新数据和对应界面
2	中控能力	中控主机应具备多个 RS232，多个 RS485 接口，多路 10A220V 强电继电器，多路红外发射口和多路 io 控制接收口
3	业务展示	（1）平板电脑与各类显示屏联动展示 （2）手机与各类显示屏联动展示 （3）支持第三方的演示业务的接入演示
4	运营能力	（1）支持主题一键切换等 （2）支持为不同行业提供专属的参观主题与内容
5	标准	（1）平台架构符合各展项标题内容、影片切换控制 （2）具备支持开发接口的能力
6	业务演示操作	（1）所有灯光和开馆、闭馆均通过 Pad 操作完成，可以一键操作，也可以分区操作 （2）支持多个主题，主题可以通过 Pad 一键切换 （3）资源（包括但不限于视频、动画、图片、PPT）在大屏、投影、电视等终端上的展现均通过 Pad 来操作，包括业务的演示切换 （4）展示的视频/动画不得低于高清 1080P 的标准 （5）互动操作的响应时间原则上不得大于 1s
7	网络	（1）网络统一规划部署配置 （2）无线网络接入统一管理，全厅无死角覆盖 （3）支持 VPN、支持 DMZ，区分展厅内、VPN 和互联网区对展厅资源的访问和控制
8	连接线缆	（1）强电与弱电线路分离，直流电源线与交流电源线以及弱电线分离，独立部署，不同类型线路不得相互交叉重叠 （2）原则上展示区域不得出现明线部署 （3）所有布线两端必须有对应的标签 （4）布线走线必须美观整齐
9	音响	（1）讲解员的讲解声音从吸顶喇叭播放 （2）视频播放的声音与讲解员的声音不能互相干扰
10	电源	针对强电设备控制需提供智能配电箱，采用交流接触器控制设备通断电，不能直接使用继电器类设备对强电进行直接控制，智能配电箱需提供每路的手动控制功能
11	开放性、兼容性	（1）应满足国际标准化、开放性、一致性、完备性、正确性、健壮性、灵活性、可扩展性、高可靠性、稳定性、安全性、可运营性和可维护性等要求 （2）应采用国际、国内的标准技术，采用规范的接口和协议，保证系统各组成部分的协同一致，构成可兼容、易移植的系统平台 （3）保证对外接口的开放性，支持与不同厂商设备间的互联

(续表)

序号	属性名称	要求
12	扩展性、易维护	（1）具有较好的可维护性，能够根据实际的运行情况及时维护和适时调整系统 （2）系统应该提供友好的人机界面，便于用户操作 （3）具备统一管理平台，包括从集中式管理展厅运营到展厅维护的各个方面 （4）提供免费保修期内的内容无偿修改
13	资源	（1）展示资源（包括但不限于视频、动画、图片、PPT）可以全馆共享 （2）在资源共享过程角色权限需要平台统一控制 （3）对平台的资源统一存储管理 （4）支持展厅内资源的自动推送和更新
14	内容安全	内容展现端以及PAD控制端与服务器通信采用加密认证，保证与服务器连接的安全性

4. 中控云平台功能清单

表 5-4

序号	属性名称	类别	要求
1	云平台总体能力	云展厅智能管理平台	平台数据支持开放性，并开发好各个区域端口。实现1+N模式。
		互联网云展厅控制管理系统软件	支持通过云计算的智能协同处理技术，实现客户的文件、信息的同步、分享和文件、资料的备份与管理。通过云计算的海量存储技术和1:3备份机制，为客户提供未来存储空间，同时还可按需实现动态、在线扩展存储空间。
2	内容管理	集中控制系统软件	内容管控： （1）功能模块（提供内容名称、业务类型、所属分区和存放位置等管理功能） （2）设备管控：功能模块（包括设备创建、设备查询、设备修改、设备删除、网络设备状态监测等功能） （3）场景管控：功能模块（定义一个体验厅场景中所需要的信息，以及这些信息的体验厅终端，包括场景的增删改查和场景的切换等功能） （4）情景管控：功能模块（情景元素则为各逻辑区域中终端和页面的对应关系，包括情景元素的增删改查和情景元素和演示内容的绑定等） （5）推送管理：后台管理系统能够提供相应的接口供iPad端进行调用，完成在iPad端发起Flash推送的功能。管理员使用的Pad能够根据业务情况将后台保存的Flash等文件推送进行播放

(续表)

3	应用及内容共享	集中控制管理体系软件	资源可以按照场景进行管理，支持内容自由组合，适应不同场景式内容演示，至少3个场景
4	资源管理	多媒体交互软件	实现对演示厅内设备能力元素的全面管理，包括但不限于对PPT、图像、WEB页面、Flash、视频、终端投屏等可以全厅共享，也可以与地市展厅共享；平台可以与后续其他展厅实现资源共享
		智能多媒体控制软件	支持对平台的资源统一存储管理、演示应用跨物理演示厅范围调用能力资源；对资源使用的智能调度能力，避免资源使用冲突；支持展厅内资源的自动推送和更新
		内容管理系统软件	资源可以按照场景进行管理，支持内容自由组合，适应不同场景式内容演示，至少3个场景
5	用户管理	互联网云平台控制系统软件	模块化后台设计，通过Web端后台管理实现一站式控制管理（总、分），场馆所有内容存放至云服务器，并且后台数据库系统一体化对接，展项设备对接，自由配置功能十分强大，打破传统展厅受局限、不灵活的弊端。支持后台/移动端（如iPad）自定义配置
		集中控制系统嵌入式软件	（1）账号管理：系统内置多种权限定义，企业可以设置权限组合分配用户，分权限设置不同账号状态说明，如登录状态、非登录状态不同情况下会有不同界面；不同账号切换时，页面提示变化。 （2）灯光管理：用户在该板块可通过后台进行灯光添加/删除控制。通过后台修改灯光控制参数，及删除指定灯光。如增加灯光控制的线路，编辑好对应的参数选择对应的区域位置。填写完成后单击添加，会提示添加文件。 （3）分级端口：平台上预留内容管理端口从地市，到县区，到地方客户经理的交互系统。 （4）权限功能：内容权限包含内容发布权限、内容复制权限等多类权限设置。 （5）收文管理：收录子分系统上传内容登记、处理、归档、查询
6	界面管理	中控iPad版客户端软件	提供统一的维护管理界面；支持体验厅的主题一键切换等，提供演示应用及内容的部署、发布、演示管理，可提供参观脚本管理；支持物理演示厅的能力定义及配置管理；支持演示厅物理设备的维护管理；支持运营数据管理及报表模块，包括资源的使用情况、展厅设备状态等

5. 中控系统需要实现的具体功能

表 5-5

序号	系统	功能
1	灯光控制子系统	一键开关控制功能
2	声音控制子系统	展项声音控制功能
3	展项设备控制子系统	设备一键开关及状态反馈
4	受控播放子系统	欢迎词设置功能
		模拟鼠键功能
		内容播放控制功能
4	受控播放子系统	演示场景设置功能
		PPT 预加载
		客户端调用
		交互演示控制功能
5	数据更新子系统	数据同步功能
6	命令触发子系统	iPad 端控制程序定制
		iPad 界面 UI 定制
7	PC 端后台管理子系统	后台设备管理功能
		后台内容管理功能
		后台演示场景管理功能
8	后台系统数据接口	后台数据同步功能
		后台第三方接口功能
9	云平台安全	访问安全
		白名单
10	内容池云化管理	云化存储与调用
		内容更新
		内容同步与清理
11	客户端数据更新	云平台数据同步功能

(续表)

12	维护管理	预约管理
		账号管理
		设备管理
13	云平台处理能力	云平台支持多种文件格式
		文件灵活配置
		WEB应用支持
		可执行程序支持
		自定义文件分类

6. 中控功能描述

主题教学馆配置管理系统使用云服务器应提供包含控制系统网络拓扑图、控制界面图、相应控制功能操作说明。需包含如下功能：

（1）区域管理

①展区列表

主题教学馆管理主要是对主题教学馆进行区域的划分、区域下操作的编组，复合操作（场景）的编排，以及每个操作的详细设置。集合了主题教学馆涉及的方案、场景、设备的详细信息，在此功能中，可以添加、删除、查询各个主题教学馆展示区，并关联到该主题教学馆展示区的方案、场景、设备。

②设备列表

主要分为展示资源和设备资源，主要是对资源进行增删改查操作。

③素材管理

展示资源有视频文件、幻灯片、网页及其他一些形式。

④设备类型

设备资源主要为电脑主机、空开等，并且每台设备会有自己的操作，设备资源包含了设备支持的协议、状态等相关设置。

（2）系统管理

①系统设置

系统管理功能对组织、用户、角色、权限进行划分。

②其他设置

用于用户管理个人信息、用户密码等设置和系统的基本信息展示。

内容检索：用户可以在搜索引擎输出框中输出自己所需的资源，在海量的资料数据库中查找相关的资料，关键词搜索功能从标签检索到内容检索均可实现。

配置管理：对媒体资源素材（宣传片、文件、PPT、DEMO等）进行分类、编辑、配置、关联等，根据用户的权限配置相关产品素材，配置内容对应的组织、对应的映射地址等，进行内容配置管理且审核通过后，相应的资源即发布成功，对应的展馆可以进行访问。

关联配置：对新媒体内容进行关联编辑，配置完成云管理系统类别、目录、资源等编码及生成规则和要求的配置；完成外围接口对接必要的资源信息配置；完成系统运行策略的信息配置；完成系统其他信息和要求的配置等。

内容配置：进行多媒体展项的内容配置，如访问的内容、对应的组织、映射地址等。

内容审核发布：对配置的内容进行审核、发布。

（3）展项管理

①业务系统管理

用户在资源配置管理系统进行资源管理，可对该资源进行创建、修改、删除、查询，资源组合配置以及已配置的资源的状态的查看、播放以及访问的管控等。

②资源创建

创建主要功能是新建展项内容，上传、存储。包括名称、描述、文件上传等。

③资源修改

可对已有的资源信息进行修改。可对已有的内容进行删除／更新。如用户仍然有在线的资源使用，则系统禁止删除或更新该资源。

④资源查询

用户对已有的资源信息进行查询。支持在搜索框通过检索语法进行关键字查询；支持对关键字的精确查询和模糊查询。可查看展项的状态，如应用程序展示是否过期，需要进行更新等状态的查看等。

⑤组合配置

组合配置模块是对主题教学馆申请展示的内容进行配置时需要获取多媒体软件资源并将其安装到物理设备上，自动部署模块则可以根据服务实例的要求将软件部署到虚拟机中给用户提供增值服务，组合配置包括资源标识、资源名称、类型、访问的组织、对应的服务器设备（工作站）、域名、IP 地址，软件 License 信息等。

（4）程序管控

针对各主题教学馆关联内容以及关联的物理服务器进行远程的、统一的、可批量执行的配置管理，如关机、启动、播放、暂停等配置操作。

①统计管理

统计分析功能提供对管理系统各类资源集的使用情况、运营情况等数据搜集、存储以及展示等功能，提供可视化以及各种统计报表和分析报告。

②数据库

数据资源库汇集浙江红船干部学院多功能中心展示的各类资源信息，建设媒体资源数据库，形成大量的新媒体资源数据，实现数据资源交互、共享使用。

③产品资源基础库

构建基础数据库对招标人的产品资源进行存储管理，利用多类型数据融合技术进行存储设计，主要实现针对结构化数据、半结构化数据、非结构化数据的整合存储工作，结合现实资源不断增长的需求，预留平行扩展的基础能力，通过强化 ETL 的集成整合能力，逐步实现针对多种异构资源的集成支撑，在物理结构上实现多种数据库技术（如大数据存储）的平行扩展。

④配置库

按照统一接口标准和授权规范，建设配置库，包括资源模块的版本、资源内容标识、申请资源对象、调用的服务设备等，配置库以实现资源整合及共享的业务需求。

（5）主题教学馆中央控制系统

可视化集中控制管理

本次改造需要建设一套可视化集中控制管理系统。

在信号层面，系统通过专用节点设备将主题教学馆内所有操作行为进行 IP 化转换，实现以下功能。

①音视频信号控制。实现多路音视频信号、高清信号的可视化集中控制管理和切换。

②强弱电设备控制。通过加装专用控制设备，实现对主题教学馆内所有强电设备、弱电设备的统一采集、自动检测、在线管理等功能，实现可视化精细管理。

③内容在线编辑系统。构建自有数据库系统，并开发专用在线云编辑功能，实现

对馆内展示内容的在线编辑、在线管理、在线展示等功能实现单出口的一对多管理，简化操作难度与流程。

④场景预置与编辑功能。通过中控程序内置的无人值守程序及后台伺服程序，使用者根据日常使用习惯及接待日程安排，对场内展示内容、设备等进行预置场景编辑，实现一键换装、联动出发等功能。

⑤信号处理系统，实现对液晶电视等显示设备的开关控制及信号源的选择控制，输出信号同步或非同步控制，简化使用者对显示设备的操作。

（6）资源集中控制管理

整个系统分为客户端、中控端、平板端、被控设备。客户端指的是受控的投屏电脑主机上安装的软件，客户端用于显示相关内容，例如PPT、视频、网站等，并能够对投屏电脑主机进行音量大小、播放暂停等控制。控制的对象，主要有灯、电器设备、音响系统等。

①客户端管理

A. 客户端程序

客户端程序主要安装在受控的投屏主机上，主要是对PC端的显示内容进行控制，在收到指令后可以快速地展现出指定的PPT、视频、网站，并能够在接收到中控的音量控制指令后对音量进行调节。

B. 更新操作

通过更新操作，便捷地将投屏的PPT、视频等资源传输，实现快速更新显示内容文件的目的。

C. 打开关闭

中控端可以打开关闭客户端程序。

②资源管理

A. 灯光管理

中控端能够进行灯光设备的增删改，能够控制受控灯的电源开和电源关。

B. 电脑管理

中控端能够进行电脑主机内容的增删改，能够控制电脑主机的电源开、关，并可以发送指令到客户端软件来进行内容呈现、PPS翻页、视频暂停、视频播放、呈现内容清理、音量加减及静音操作。

C. 投影仪管理

中控端能够进行投影仪的增删改，并能够控制投影仪的电源开、关。

D. 矩阵管理

中控端能够进行矩阵的增删改，并能够控制矩阵进行切换。

E. 快速对接

整个资源的对象模型要易于扩展更新设备类型和控制方式。

③场景编排

每一台设备都存在各自的操作，例如投影仪的电源开、关，矩阵的切换，这里定义设备的操作为动作。场景指的是一系列的动作的组合。

A. 场景管理

能够对场景进行增删改，并能够运行场景和取消运行中的场景，场景运行及按照定义的动作组合进行顺序执行。

B. 场景编排

可以指定一个场景对场景进行编排，编排指的是能够对这个场景添加任意的动作，并能够调整动作执行的顺序。另外能够提供一些通过的动作，例如延时、并发、循环等。

④平板中控

A. 区域管理

一般主题教学馆都分为多个区域，每个区域可能展现主题教学馆主体的一部分，所以平板中控能够进行区域的划分来清晰地展现出主题教学馆的布局。

B. 分组管理

每个区域都对应多台设备来展现相关的主题，这里加入分组功能主要用于设备动作的分组，便于管理和展示。

C. 动作管理

可以在分组下添加任意的动作，并能够进行排序调整。

D. 背景管理

平板程序需要一张图片来展现当前主题教学馆的样貌，中控可以选择一个主题教学馆图片同步到平板程序端以提高平板端显示的逼真程度。

E. 平板端程序

平板端程序能够根据中控配置的区域、分组、动作、背景，动态生成界面来提供控制功能。

(7) 中控开发方案介绍

MX-5100 和 MX-PCSII 展厅中控系统采用工业级 32 位嵌入式 ARM 处理器。配置超大内存可快速地处理复杂的逻辑指令，强大的内置可编程接口，使 BPCC 可以控制几乎所有的外接设备（包括第三方设备），独有的 BPBUS 总线系统可以扩展多达 256 个网络设备。支持多连接的内置网卡，方便多个 iPad，iPhone 等设备连接至主机。支持发送 TCP/IP 和 UDP 码。支持会议室集中管理。支持脚本编程，支持控制电脑开关机。

应用场合：展厅控制，会议室、指挥控制中心、大型多媒体会议厅，等等。

11. 中控扩展槽：用于安装中控扩展板卡，比如串口扩展卡等。

12. COMPUTER 串行接口：是用于下载用户工程和学习红外文件用的接口。端口描述如下：2 脚是 TXD 端，3 脚是 RXD 端，5 脚是电源端，其他脚悬空。

13. LAN：以太网接口。用于通过网络下载用户工程，学习红外文件，连接控制平板以及发送网络代码。

14. IROUT：是用于红外控制信号的输出的接口，一共有 8 路，即 IR1 到 IR8。

15. LAN-SET：内部网卡的设置接口。

16. BPBUS 接口：是用于接中控主机外围设备的专用总线接口，如继电器、调光器等各种外接设备。

17. COM 接口：COM1-COM8 为 RS232-422-485 控制接口，可自定义 RS232/422/485 协议。用于控制投影仪等 RS232 接口的设备以及摄像头云台等 RS485 接口的设备。

18. IO 接口：弱电开关信号输入／输出接口，可以接外部的门磁、按键开关等开关信号。电压范围为 DC0—5V，电流 0—10mA。在机箱上标示为 G 的插针为底线端，其余八个标示为信号端。

19. RELAY 接口：弱继电器接口，用于控制弱电开关。8 路继电器输出端口（常开），1—8 的每一对引脚是一个继电器的输出端口。

①展厅视频播放控制

A. 视频片源一般存放在电脑中；

B. 电脑通过网线连接到交换机；

C. 电脑可以设置成上电自动启动，中控通过控制电脑的电源实现电脑开机；

D. 电脑的关机通过中控给电脑发送关机指令来实现。关机指令通过网络发送；

E. 片源的播放控制：在电脑中安装专用的播放器，中控通过网络来控制电脑的播放器的播放、暂停、选曲、音量控制；

F. PPT 播放控制图片播放控制，都可以通过专用软件来实现。

②展厅方案设计和配单说明

A. 展厅中会使用到 LED 显示屏、LCD 拼接屏、投影和融合、触摸互动一体机等显示互动设备。

B. 展厅设备的特点是：每一个显示设备，比如 LED，LCD 和投影机显示的内容大致是固定的，即需要控制宣传片或者片源的播放以及电脑的开关机。所以在一些要求简单的展厅，我们使用中控去控制电脑的播放器就可以了。然后再控制显示屏的电源、电脑的开关机和灯光音响的电源开关等即可。

C. 播放器怎么控制呢？我们专门做了一款可以被中控控制的视频播放器，这样的话就可以适应展厅的需求了。

D. 这个播放器可以通过网络发命令进行控制。也可以多台电脑同时播放宣传片。针对更复杂的展厅，在前面的基础上，我们再配上 LED 调光器，给展厅营造灯光氛围。还可以增加投影和融合，给墙面、地面打造流光溢彩的效果。

③展厅配单说明

表 5-6

序号	设备名称	参考型号	主要功能及技术指标	单位
1	网络可编程中央控制主机	MX-DP100	实现所有设备的集中控制。可以连接 IPAD、PC 安卓平板和墙面开关。接口包括 4—8 个 RS232/485/422，8 个红外接口，以及弱电继电器接口和总线式设备扩展接口，等等。	台
2	中控主机编程软件	DP 系列脚本软件	支持脚本或者图形化的编程	套
3	8 路电源控制器	PSW81	用来控制展厅的灯光系统。如果要控制的灯光比较多，需要配上交流接触器。参数：8 路继电器接口 20A 电流，支持 232 控制，有手动控流，支持 232 控制，有手动控制开关。	台

(续表)

4	IPAD 触控软件	ECONTROLM	IPAD 上使用的可编程触控界面软件。	套
5	双频 5G 千兆无线路由器	WDR7300	用来连接触控平板电脑和中控主机。	台
6	9.7 寸平板电脑	MRJP2CH/A	触控平板电脑，也可以选择安卓平板电脑。	台
7	串口扩展器	UART8	一进八出的 RS232 扩展设备，用来控制多台投影机、触控一体机等设备。	台
8	播放控制软件	WINDOWS 版播放器软件	宣传片播放软件、支持；选曲、开始播放、操作控制。	

图 5-6　展厅配单说明

展厅中控主机：实现整体控制。

8 路电源控制器：控制灯光和显示屏的电源。

IPAD 或者其他平板电脑：触控面板。

串口扩展器：控制投影机等设备。

播放控制软件：装在电脑中实现视频、PPT、图片、打开网页的控制，以及电脑关机控制。

第三节　未来干部教育方式方法创新

一、沉浸式未来教室的创新价值和应用特点

（一）教育数字化转型是必然趋势

孔子是我国历史上第一位伟大的教育家，"因材施教"是孔子提倡的一个重要的教育原则，他认为，针对人的智力、个性、爱好的千差万别，教育上应区别对待，要根

据不同学生的不同性格、不同特点进行针对性的教育，采用不同的方案。这是一种行之有效的教学方法，是我国教育史的一个宝贵传统。

在古代，"因材施教"是一种"小规模松散化"的教育方式。随着手工作坊被大规模机器生产替代，第一次工业革命的兴起需要培养大批拥有熟练技能的人才，由此必然要求建立新的大规模标准化培养人才的现代教育体系。现代教育需要的不再是培养少量的贵族，而是以特有的集约化组织优势和专业高效的运行模式，实现了"大规模标准化教育"的历史性转变。

但是，现代教育体系也存在着很多问题，由于过于追求标准化，"千校一面"成了现代教育最突出的弊端，无法满足个性化、多元化、高质量的学习需求，"规模化"与"个性化"的矛盾越来越突出。随着新一轮科技革命的快速发展，人工智能、大数据、元宇宙等技术加速推进各行各业的数字化转型，新时代发展必然要求干部教育进行一场结构性变革。

（二）干部教育信息化发展的优势和弊端

在传统教室，"一个老师一群学生，一块黑板一支粉笔"构成了校园环境的基本主体，书本等纸质媒介是重要载体。不论学生素质高低、学习能力好坏、个性特点差异，老师基本是同一化的施教，其教学场景类似工厂生产，偏重于解决"能"的问题，满足了大规模技能人才培养的社会需要。

到信息化阶段，每个党校普遍建立了网络学院和信息化教室（智慧校园），整个校园普遍接入网络，逐步建设了多媒体教室、虚拟仿真实验室、网络学院等软硬件配置，网课、慕课、翻转课堂、电子图书等各类数字教育资源不断丰富，实现了随时随地学习，打破了时空限制，解决了工学矛盾。信息化发展（智慧校园）的主要优势表现为：一是智能化发展，可以对教学情况进行实时监测和自动调整，提供教学全流程管控，保证了各项教学活动的高效运行和实际效率；二是数据驱动，通过各种数据采集，解决了"信息孤岛"，深度挖掘分析数据背后的规律，通过对学习者的识别和教学考核研判及时改进教学效果；三是精准服务，各项业务全流程线上办理，各个部门之间高效协同，为教学活动提供全周期管理服务。

尽管智慧校园推进了教育方式方法的重大变革，发展了教学的各种新形态，但是，智慧校园依然建立在大规模标准化的现代教育体系之下，其核心问题还是无法突破"工业化教育"的底层逻辑，教育面对"思"的问题越发凸显。

通过微课等网络视频平台碎片化学习带来的问题也是显而易见的，长期接受碎片化学习，必然导致学员难以深入思考，无法培养系统思考和全局解决问题的能力，一旦遇到问题，就会陷入难以自拔的焦虑之中。这与习近平总书记所强调的"要培养干部系统性、全局性思维"是有很大差距的。所以，立足新时代、构建新发展格局，干部教育的数字化变革刻不容缓。

（三）从智慧校园到沉浸式未来教室

中国共产党人靠学习走到今天，也必然依靠学习走向未来。干部教育是战略性、基础性、先导性工作，高素质的干部队伍需要高水平的教育培训来支撑。干部教育的数字化转型和其他领域不同，其特殊性集中体现在"人"的复杂性、多样性、动态性上。复杂性要求教育保持开放度、弹性化和人文性；多样性要求教育提供丰富多元的选择和灵活弹性的机制；动态性要求教育着眼长远，结合时代要求不断更新教育理念、变革教育模式，适应未来人才培养的需要。

在智慧校园建设阶段，教育往往强调的是技术支撑赋能、数据驱动等元素，更多表现的是技术对教育手段的局部改善。

那么，新时代新征程，为什么说沉浸式教学是未来干部教育方式方法创新的主要方向呢？

所谓沉浸式教学，"沉"代表教育的深度，"浸"代表教育的渗透性。沉浸式教学就是在智慧教室的基础上，通过学习空间、教学资源、智慧技术与教育教学管理的深度融合，构建一个5C（建构、交流、连接、协作、创造）学习环境，打造支撑探究式教学、混合式教学、系统性教学和智慧型教学等新型教学模式融合发展的新生态智慧教学体系。

在未来教室发展阶段，技术更多为内容服务，教学更多关注培养人、锻炼人、提升人，是教育形态的整体重构和系统变革，是"工业化教育"转向"智慧型教育"的必然结果。未来教室的定位，是思想引领之地、学习研究之地、示范带动之地、实践体验之地，努力满足每一个学员的个性化、高质量教育需求，其核心是大规模、标准化教育迈向个性化、系统性学习。

建设沉浸式未来教室，旨在用鲜明时代精神的具体视觉化语言，充分利用人工智能、AR、VR 等现代技术，鲜活、立体、活生生地再现教学内容，达到深刻、感人、入心入脑的教育效果，从而进一步增强学员的全局性、系统性的思维、理念、认知。由此可见，未来教室要把各种现代数字技术作为教育教学的创新要素和变革因子，建设以学习者为中心的新型教育环境，促进教学流程再造、课程体系重构、评价方式转型和管理模式变革。

最近中共中央组织部把沉浸式教学写入了新的《干部教育培训工作条例》。沉浸式未来教室虽然作为新生事物，需要不断实践来完善和总结提升，但代表未来干部教育方式方法上的主要创新方向是毋庸置疑的。结合目前沉浸式教学的实际应用，总结未来教室发展的主要特点有：

一是通过系统性的知识体系构建，建立相互融通的学习场景。从空间轴上，把社会一切有利的教育资源和全国优秀典型的案例进行汇集比较、总结和提炼。从时间轴上，把从古至今，特别是从延安时期以来到新时代的发展历史，不同时期的方法论体系、教育资源体系等引入教室，实现教育场景与网络学习场景、社会实践场景的有机结合，"一门课程即一个系统"。

二是学习方式灵活多元，学习方法鲜活生动，开展面向真实情境和丰富技术支持的深度学习，使知识学习与社会实践、正式学习与非正式学习融为一体，达到再学习、再教育、再启发、再提升的效果。

三是结合"能"和"思"两个方面的问题，把人的全面素质提升和实际能力纳入教育质量评价。把知识资源体系分为存量知识和增量知识，"课程"的概念不断淡化和模糊。针对存量知识，通过智慧技术实现精准推荐和匹配，优化学习路径。针对增量知识，以问题为导向开展探究式教学，充分建立泛在学习体系，加强案例"发生"教育和模拟实训系统。

四是统筹解决人才培养和产业发展"两张皮"的问题，推进产教融合、科教融合，形成干部教育紧密对接产业链、创新链的专业体系，产业发展也借助干部教育起到"放大器"的作用，更好推动干部培养和产业发展相融互促。

二、互联网时代沉浸式教学的意义与成效

互联网时代，传统教学模式吸引力下降，干部注意力易分散、兴趣点难以集中，

因而沉浸式教学模式日益引起重视。沉浸式教学打造了生动、逼真、身临其境的教学情境，引导干部进入专注、投入、高效率的沉浸学习状态，触发干部的创造力与学习潜力。它将课堂的主导权交给干部，鼓励干部自主学习、主动创作，促使课堂向以干部为中心的教育观转变，提升干部的参与感和存在感。

沉浸式教学提供了干部教育新的教学方式，避免单方面枯燥地向干部灌输红色文化这一方式的弊端，实景沉浸式体验打通独立的红色经典作品之间的时空界限，使红色文化多符号、多元素作为统一主体出现在教学过程中。而将干部重构为教学关系的主体，给予干部充分的主动性和选择权，让干部有机会在课堂上完成自我建构，是有效提高干部的综合素质和学习能力的关键。

（一）转变教学模式，教与学的身份重构

沉浸化交互式教学环境将干部重构为教学关系的主体，由授课为主转变为教与学相互协作，在培训前期，鼓励干部提出想法与思路，引导干部发挥主动性与创造性。培训中期，干部做课堂"主讲人"，干部在红色纪念馆讲述红色故事，朗诵和宣讲红色经典。培训后期，干部撰写调研报告、心得感悟等，在教学过程中，干部是教学活动的积极参与者和知识的积极建构者，以达到最好的教学效果。

（二）泛化学习边界，提升干部探究能力

沉浸式教学重构教学体系，给予干部更深层次的学习体验，提升干部学习兴趣和自主学习能力。改变过去课堂"单向灌输"为"双向走进"，改变实践课程"走马观花"为"互动分享"。干部深入教育课程，全方位投入到学习过程中，使得干部在教学过程中主动考察与研究，完成自我意义的建构。通过进行仿真学习，最大限度地克服了书本知识教授环境因素的限制，让干部在沉浸体验中有效地完成既定的学习任务，从而提升专业能力。

（三）拓展社会资源，培养干部实践能力

沉浸式教学模式侧重参与实践，通过融入教学的宣讲策划、组织与实施全过程，干部的专业技能与综合素质得到历练，还在实践中提升了对红色文化的思想认同，从而促进对课堂产生价值认同与归属感。

（四）消融学习藩篱，强化思政教育效果

沉浸式教学亲身体验、代入感强，容易让学习者消除红色经典的距离感。在沉浸式教学中，干部身心与沉浸情境产生交互体验，获得丰富的情感刺激与精神感悟。沉浸式教学带来的直观体验与震撼效果能够提高干部对马克思主义和红色党史的感知与了解，以此增强干部对社会主义制度优越性的认同，达到更好的思政教育效果，引导干部理解红色基因的内涵及其与红色文化的关系，坚定理想信念，增强文化自信和使命担当，使红色基因内化为干部良好的思想品质，以此创新干部思想政治教育教学的新形式。

三、结语与反思

随着信息技术的日新月异，云计算、人工智能、虚拟现实技术等科技进入大众视野并深刻影响着教育界，其中虚拟现实技术与教学的结合成为当下教育行业研究的热点[①]。虚拟现实技术可以通过计算机模拟产生一个三维的虚拟世界，进而通过模拟视觉、听觉、触觉等多重感官来使体验者达到身临其境的沉浸式体验效果[②]。将虚拟现实技术与传统课堂教学相结合，可以将传统的二维课堂转变为三维立体交互课堂，改善传统课堂被动交互及枯燥乏味的缺陷，给干部带来沉浸式体验，提升教学质量与效果。

通过将课堂教学与虚拟现实技术的三大特性——沉浸式、交互性、构想性相结合，借助仿真系统模拟出红色基地、红色纪念地等场景，创设出"红色教育实践基地实景"的"真实"情境，让干部在课堂上身临其境、切身感受；无论是视觉效果还是情境导入，都能给干部带来交互性和沉浸式的体验，提高干部的学习积极性和教学便利性。坚持问题导向和教学任务驱动，探索人工智能、大数据、5G等新技术助力干部教育改革的新路径和新模式，核心聚焦于沉浸式主题教育馆，助力红色文化传播，建设具有技术特征和现实场景拓展的沉浸教学场域，实现理论传授、价值引领和能力培养的多元统一。

---

① 高义栋，闫秀敏，李欣. 沉浸式虚拟现实场馆的设计与实现——以高校思想政治理论课实践教学中红色VR展馆开发为例[J]. 电化教育研究，2017 (12).
② 王丽. 高校"沉浸式教学"实践与创新探析——以"红色经典阅读与传播"课程为例[A]. 决策与信息[J]，2022 (06).

参考文献

第一章 教育理论和教育哲学

[1] 习近平干部教育培训思想研究课题组. 习近平干部教育培训思想对党的干部教育培训理论的继承和创新 [J]. 求实，2015 (07): 18-25.

[2] 2018—2022年全国干部教育培训规划 [M]. 北京：人民出版社，2018.

[3] 干部教育培训工作条例 [M]. 北京：人民出版社，2015.

[4] 顾聪. 干部教育培训合理发展研究 [D]. 长春：东北师范大学，2017.

[5] 程波. 培育和规范干部教育培训市场的实践与思考 [J]. 中国延安干部学院学报，2011-09.

[6] 李波. 我党干部教育的基本经验 [J]. 理论探索，2010 (01): 11-15.

[7] 朱诗柱. 干部教育培训改革创新过程中若干重要问题辨析 [J]. 中国井冈山干部学院学报，2009 (04): 4-8.

[8] 陈光春. 积极创新干部教育培训工作 [J]. 党员干部之友，2011 (01): 3-7.

[9] 西蒙斯. 关联主义：数字时代的一种学习理论 [J]. 李萍，译. 全球教育展望，2005，34 (08)：D9-13.

[10] 王志军，陈丽. 联通主义学习理论及其最新进展 [J]. 开放教育研究，2014, 20 (05): 11-28.

[11] 王志军，虞天芸. 国际联通主义学习实践的图谱、特征与展望 [J/OL]. 现代远程教育研究：1-12[2023-09-11].

[12] 陈丽，徐亚倩. 联通主义的哲学观及其对教育变革的启示 [J]. 教育研究，2023，44 (01): 16-25.

[13] George Siemens. Connectivism: A Learning Theory for the Digital Age. Elearnspace [EB/OL]. http://www.elearnspace.org/Articles/connectivism.html.

[14] 程璐楠. E-learning 时代的学习理论——联通主义 [J]. 中国国际财经（中英文）, 2016 (19): 35-38. DOI: 10.19516/j.cnki.10-1438/f.2016.19.019.

[15] 陈新忠, 金笑阳. 教育哲学的百年演进及发展趋向 [J]. 徐州工程学院学报（社会科学版）, 2018, 33 (05): 82-87.

[16] 杜威. 民主主义与教育 [M]. 王承绪, 译. 北京：人民教育出版社, 1990: 12-46.

[17] 冯建军. 创新发展新时代中国教育哲学 [N]. 中国社会科学报, 2020-02-10 (004).

[18] 詹姆士. 实用主义 [M]. 陈羽伦, 孙瑞禾, 译. 北京：商务印书馆, 2012: 32-26.

[19] 吴式颖, 任钟印. 外国教育思想通史：第 10 卷 [M]. 长沙：湖南教育出版社, 2002: 376-408.

[20] 金传宝. 美国教育之要素主义的世纪回顾与展望 [J]. 教育学报, 2005(2): 32-36.

[21] 考夫曼. 存在主义 [M]. 陈鼓应, 孟祥森, 刘崎, 译. 北京：商务印书馆, 2012: 32-36.

[22] 陈波. 分析哲学：回顾与反省 [M]. 成都：四川教育出版社, 2001: 85-113.

[23] 皮亚杰. 结构主义 [M]. 倪连生, 王琳, 译. 北京：商务印书馆, 1984: 37-51.

[24] BELSEY C. Post-structuralism: A Very Short Introduction[M]. New York: Oxford University Press, 2002: 69-88.

[25] 陆有铨. 现代西方教育哲学 [M]. 北京：北京大学出版社, 2012: 168.

[26] 伊格尔顿. 后现代主义的幻想 [M]. 华明, 译. 北京：商务印书馆, 2000: 148-152.

[27] 朗格朗. 终身教育引论 [M]. 周南照, 陈树清, 译. 北京：中国对外翻译出版公司, 1985: 2-18.

[28] 董朝霞. 马克思的教育哲学思想与当代价值探究 [J]. 佳木斯职业学院学报, 2018(03): 106-107.

[29] 古特克. 哲学与意识形态视野中的教育 [M]. 北京：北京师范大学出版社, 2008: 273.

[30] 葛兰西. 狱中札记 [M]. 曹雷雨, 姜丽, 张跣, 译. 北京：中国社会科学出版社, 2000: 38.

[31] S. 鲍尔斯, H. 金蒂斯. 美国：经济生活与教育改革 [M]. 上海：上海教育出版社, 1990.

[32] 保罗·弗莱雷. 被压迫者教育学 [M]. 上海：华东师范大学出版社, 2001: 7.

[33] 亨利·吉鲁. 教师作为知识分子——迈向批判教育学 [M]. 朱红文, 译. 北京: 教育科学出版社, 2008: 154.

[34] 韩一德. 李大钊文集（下）[M]. 石家庄：河北人民出版社, 1984: 68.

[35] 陈独秀. 陈独秀书信集 [M]. 北京：新华出版社, 1987: 348.

[36] 毛泽东论教育（第三版）[M]. 北京：人民教育出版社, 2008: 1-2, 293-294, 272, 291.

[37] 余清臣. 教育实践的技术化必然与限度——兼论技术在教育基本理论中的逻辑定位 [J]. 教育研究, 2020(6).

[38] 李政涛, 等. 面对信息技术, 教育学理论何为? [J]. 华东师范大学学报（教育科学版）, 2019(4).

[39] 陈丽, 等. 互联网驱动教育变革的基本原理和总体思路——"互联网＋教育"创新发展的理论与政策研究（一）[J]. 电化教育研究, 2022(3).

[40] 王志军, 等. 联通主义："互联网＋教育"的本体论 [J]. 中国远程教育, 2019（8）.

[41] Siemens, G. Connectivism: Learning as Network-creation [EB/OL]. http://www.360doc.com/content/07/0518/23/18017_507942.html.

[42] 王佑镁, 等. 从联结主义到联通主义：学习理论的新取向 [J]. 中国电化教育, 2006 (3).

[43] 王志军, 等. 联通主义学习理论及其最新进展 [J]. 开放教育研究, 2014, (5).

[44] 徐亚倩, 等. 生生交互为主的在线学习复杂性规律探究 [J]. 中国远程教育, 2021 (10).

[45] Attar, M. Connectivism Theory a Noteworthy Necessity in the Process of Making Schools Smart[J]. International Conference on Psychology, Educational and Behavioral Sciences, 2018 (3).

[46] 陈丽, 等. 开放、联通：互联网思维与开放大学创新发展——访北京师范大学副校长陈丽教授 [J]. 终身教育研究, 2017 (3).

[47] 余清臣. 人工智能时代的知识教育 [J]. 人民教育, 2019 (9).

[48] 哲学百科 [Z]. 伦敦：英国 DK 出版社, 2014. 153.

[49] Downes, S. Connectivism and Connective Knowledge: Essays on Meaning and Learning Networks [DB/OL]. http://www.downes.ca/files/books/Connective_Knowledge-19May2012.Pdf.

[50] Cabrero, R. S. & Román, O. C. Psychopedagogical. Predecessors of Connectivism as a New Paradigm of Learning[J]. International Journal of Educational Excellence, 2018 (2).

[51] 史蒂芬·道恩斯, 等. 突破机构教育之囿：网络世界的个人学习 [J]. 中国远程教育, 2015 (5).

[52] 石中英. 教育哲学 [M]. 北京：北京师范大学出版社，2007. 101.

[53] 联合国教科文组织. 反思教育：向"全球共同利益"的理念转变？[M]. 北京：教育科学出版社，2017. 8.

[54] 陈丽，等."互联网＋教育"的知识观：知识回归与知识进化 [J]. 中国远程教育，2019 (7).

[55] 徐亚倩，等. 互联网推动教育理论与学术创新的主要方向——"互联网＋教育"创新发展的理论与政策研究（五）[J]. 电化教育研究，2022 (5).

[56] 习近平. 在教育文化卫生体育领域专家代表座谈会上的讲话 [N]. 人民日报，2020-09-23.

[57] 刘三女牙，等. 再论"计算教育学"：人工智能何以改变教育研究 [J]. 教育研究，2022 (4).

[58] 冯建军. 二十世纪上半叶中国教育哲学的初创及其贡献 [J]. 当代教育与文化，2020 (1).

[59] 冯建军. 中国教育哲学百年发展中的问题审思——兼议中国特色教育哲学的构建 [J]. 高等教育研究，2019 (9).

[60] 胡金木. 20 世纪上半叶中国教育哲学学科发展的回顾与审思 [J]. 高等教育研究，2016 (8).

[61] 于述胜. 近 30 年中国传统教育哲学研究的不同理路 [J]. 北京师范大学学报（社会科学版），2010 (6).

[62] 杜威. 学校与社会·明日之学校 [M]. 赵祥麟，任钟印，吴志宏，译. 北京：人民教育出版社，2008: 74-114.

[63] 陈明文，万金湖，李桂平，陈亦炼，万拓. 干部网络教育培训理论与实践创新研究 [M]. 长沙：湖南大学出版社，2022.

第二章　教育技术发展史

[1] 苏新菊，阳瑞新，阳晓彤. 基于大数据的人工智能教育系统设计 [J]. 中国科技信息，2017 (23): 52-55.

[2] 黄荣怀，刘德建，刘晓琳，徐晶晶. 互联网促进教育变革的基本格局 [J]. 中国电化教育，2017 (01): 7-16.

[3] 黎加厚. 2005AECT 教育技术定义：讨论与批判 [J]. 现代远程教育研究, 2005 (1): 11-16.

[4] 教育信息化 2.0 行动计划. 中华人民共和国教育部, 2018-4-13.

[5] 祝智庭. 现代教育技术——走进信息化教育 [M]. 北京：高等出版社, 2001: 73-86.

[6] 张一春, 等. 教育技术研究 [M]. 福州：福建教育出版社, 2022.

[7] 孙健三. 1936 年电化教育在中国诞生的经过与相关文献史料 [J]. 电化教育研究, 2009 (02): 112-120.

[8] 李龙. 信息化教育：教育技术发展的新阶段（上）——四论教育技术学科的理论与实践 [J]. 电化教育研究, 2004 (04): 6-7.

[9] 李兴保, 刘成新. 现代教育技术应用基础 [M]. 济南：山东科学技术出版社, 2004: 72.

[10] 潘燕. 让 3D 全息投影技术走进课堂 [J]. 亚太教育, 2016 (11): 273.

[11] 许成果, 艾伦. 从教学媒体看教育技术的发展 [J]. 中国教育技术装备, 2007 (07)：3-6.

[12] 胡凯. 浅谈计算机辅助数学教学 [J]. 电子世界, 2017 (05): 18.

[13] 张红伟, 秦丽珠, 杨天林. CAI 在中学教学中的弊端及优化措施 [J]. 中学教学参考, 2019 (24): 52-53.

[14] 曹娟, 赵旭阳, 米文鹏, 洪成华. 浅析虚拟现实技术 [J]. 计算机与网络, 2011 (10): 65-66.

[15] 关博. 人工智能技术在计算机网络教育中的应用 [J]. 电子技术与软件工程, 2019 (03): 240.

第三章 从 E-Learning 到干部网络学院建设

[1] 马克·J. 罗森柏格. 在线学习：强化企业优势的知识策略 [M]. 北京：机械工业出版社, 2002.

[2] 上超望, 尹爱青, 吴圆圆, 段智辰, 周孟. E-learning 3.0：内涵、挑战与生态框架 [J]. 现代教育技术, 2016 (26): 18-23.

[3] 聂竹明. 从共享到共生的 e-Learning 理论与实践 [M]. 芜湖：安徽师范大学出版社, 2015.

[4] 中国互联网信息中心. 第 47 次中国互联网络发展状况统计报告 [R]. 北京：中共中央网络安全和信息化委员会办公室, 中华人民共和国国家互联网信息办公室, 中国互联网络信息中心, 2021.

[5] 杭州精英在线有限公司案例. 建设干部网上学习平台必须注意的几个关键点 [J]. 全国干部教育通讯, 2009 (8): 28.

[6] 杭州精英在线教育科技有限公司. 先进的网络学习平台如何炼成 [J]. 中国远程教育, 2011 (2): 28-29.

[7] 陈孟炎. 实现快乐学习的关键要素 [J]. 中国远程教育, 2011 (2): 30.

[8] 陈烨. 不能缺失的监控体系 [J]. 中国远程教育, 2011 (2): 31.

[9] 王秀玲. 运营维护体系是可持续发展的保障 [J]. 中国远程教育, 2011 (2): 32-33.

[10] 陈明文, 万金湖, 李桂平, 陈亦炼, 万拓. 干部网络教育培训理论与实践创新研究 [M]. 长沙: 湖南大学出版社, 2022.

[11] GB/T 38861-2020, 干部网络培训课程制作流程.

[12] GB/T 38862-2020, 干部网络培训课程审核.

[13] 邓毅, 单志龙, 武丽志. 在线学习方法 [M]. 北京: 清华大学出版社, 2021.

第五章 沉浸式教学和未来干部教育方式方法的创新

[1] 弗兰克·克莫德. 经典与时代 [A]. 阎嘉. 文学理论精粹读本 [C]. 北京: 中国人民大学出版社, 2006.

[2] 习近平. 中华优秀传统文化是中华民族的精神命脉 [EB/OL]. 人民网, 2014-10-16. http://cpc.people.com.cn/n/2014/1016/c164113-25845591.html.

[3] 米哈里·契克森米哈赖. 当下的幸福: 我们并非不快乐 [M]. 张定绮, 译. 北京: 中信出版社, 2011.

[4] Csikszentmihalyi, Mihaly. Flow. the psychology of optimal experience[M]. New York: Harper & Rowpublisher, 1990.

[5] Csikszentmihalyi, Mihaly and Csikszentmihalyi, Isabella Selega, eds.Optimal Experience: Psychological studies off low in consciousness[M]. Cambridge: Cambridge University Press,1988.

[6] 沈兆正. 沉浸式教学与民俗文化的学校教育传承之路 [J]. 教学与管理, 2020 (36).

[7] 王助. 加拿大"沉浸式"法语教学 [J]. 国外外语教学, 1995 (1).

[8] 艾兴, 李苇. 基于具身认知的沉浸式教学: 理论架构、本质特征与应用探索 [J]. 远程教育杂志, 2021 (5).

[9] 余璐, 周超飞. 论我国高等教育中的沉浸教学模式与实践 [J]. 河南社会科学, 2012 (6).

[10] 黄慧. 论红色文化融入高校实践育人体系的路径 [J]. 学校党建与思想教育, 2019 (18).

[11] 葛涛. 红色文化融入思想政治教育的现状分析及对策建议 [J]. 思想政治教育研究, 2021 (6).

[12] 黄艳. 红色文化融入高校思想政治教育路径研究 [J]. 北方民族大学学报, 2021 (6).

[13] 欧巧云, 甄凌. 红色经典体验: 高校思想政治教育实践教学范式创新研究 [J]. 湖南社会科学, 2019 (2).

[14] 温新荣. 红色体验式教学在红色经典微型课程中的应用探究——以传承红色文化为例 [J]. 大学教育, 2019 (2).

[15] 李志河, 李鹏媛, 周娜娜, 刘芷秀. 具身认知学习环境设计: 特征、要素、应用及发展趋势 [J]. 远程教育杂志, 2018 (5).

[16] 叶进, 陆贝贝. 大干部初心使命教育的实现路径——基于体验式学习视角 [J]. 决策与信息, 2020 (5).

[17] Freitas SD, Neumann T. The use of exploratory learning for supporting immersive learning invirtualen vironments[J]. Computers & Education, 2009, 52 (2).

[18] 陶佳, 范晨晨. 沉浸式学习理论视域下的游戏化课程目标设计: 机理、框架与应用 [J]. 远程教育杂志, 2021 (5).

[19] 郝文武. 师生主体间性建构的哲学基础和实践策略 [J]. 北京师范大学学报（社会科学版), 2005 (4).

[20] 黄少静. 沉浸理论视角下大学英语网络学习平台的构建研究 [J]. 教育评论, 2017 (5).

[21] 高义栋, 闫秀敏, 李欣. 沉浸式虚拟现实场馆的设计与实现——以高校思想政治理论课实践教学中红色 VR 展馆开发为例 [J]. 电化教育研究, 2017 (12).

[22] 王丽. 高校"沉浸式教学"实践与创新探析——以"红色经典阅读与传播"课程为例 [A]. 决策与信息 [J], 2022 (06).

[23] Zhao Q. Asurvey on virtual reality[J]. Science in China Series F: Information Sciences, 2009, 52 (3).